MANAGEMENT IN
HUMAN SERVICES

사회복지 행정론

최상미
김아래미 공저

학지사

머리말

우리나라에서 사회복지는 이제 가장 중요한 국가 의제가 되었고, 사회복지 예산 또한 국가예산 중 가장 많은 비중을 차지할 정도로 확대되었다. 그러나 양적 확대와 그 중요성에 대한 강조에도 불구하고 여전히 복지혜택을 충분히 그리고 적절하게 받고 있다고 생각하는 국민들은 그리 많지 않다. 이는 급격한 증대에도 불구하고 사회복지 공급량이 여전히 절대적으로 부족하며, 다른 한편으로는 사회서비스가 국민들에게 효과적이고 효율적으로 전달되지 못한 데 기인한다. 사회복지행정은 이러한 문제에 대응하여 사회복지 정책 및 서비스를 국민들에게 잘 전달하는 데 관심을 둔다. 이 책 또한 사회복지행정의 주요 관심인 사회복지 정책 및 서비스를 효과적으로 전달하기 위한 사회복지 전달체계의 구조화와 사회복지조직의 관리를 논의한다.

사회복지행정은 사회서비스 제공 조직의 급격한 확대와 다원화, 이용자 및 자원 확보를 위한 사회서비스 제공 조직 간 경쟁 발생, 자원 독립의 압력, 사회적 책임성 검증 압력 증대와 같은 환경의 변화에 직면하여 위기와 도전을 경험하고 있다. 이러한 상황에 직면하여 전통적 사회복지조직들은 과거에는 영리조직에서나 필요한 것이라고 생각한 자원 확보, 이용자 확보, 효율성 향상을 위한 조직관리, 성과관리를 요구받으면서 조직의 체질 변화를 위해 고군분투하고 있다.

이 책은 급변하는 사회복지를 둘러싼 환경의 변화 속에서 사회복지행정 영역과 관련하여 사회복지조직이 경험하는 사회적 요구들을 반영하고자 하였다. 이러한 내용을 반영하여 사회복지행정에 대한 개념과 역사는 서론에서 다루는 정도로 축소하여 간략하게 논의하는 반면, 상대적으로 간과되어 온 자원 확보와 이용자 확보를 위한 마케팅, 모금관리, 자원봉사관리는 독립된 장으로 분리하여 비중 있게 다루었다. 더하여 시장화, 영리조직화를 요구받는 상황에서도 사회복지조직을 포함한 사회서비스 제공 조직에서 가장 중요한 것은 미션이라는 저자들의 합의를 바탕으로 미션관리 또한 독립된 장으로 다루었다.

제1장 사회복지 전달체계, 제3장 사회복지조직 구조와 조직이론, 제4장 사회복지조직의 미션관리, 제7장 사회복지조직의 프로그램 관리, 제8장 사회복지조직의 성과관리, 제10장 사회복지조직의 자원봉사관리, 제12장 사회복지조직의 모금관리는 최상미가, 제2장 공공 및 민간 사회복지 전달체계의 변화, 제5장 사회복지조직의 마케팅, 제6장 사회복지조직의 정보관리, 제9장 사회복지조직의 인적자원관리, 제11장 사회복지조직의 재정관리는 김아래미가 집필하였다. 이 책을 통해 예비사회복지사들이 서비스 제공에 있어 사회복지행정이 어떠한 역할을 하는지 이해하고, 현재의 전달체계 및 조직관리 관련 쟁점들을 논의하며 실용적인 행정 지식을 학습하게 되기를 기대한다.

2020년 3월

저자를 대표하여 최상미

차례

제2부 사회복지조직의 전략관리

서론

사회복지를 둘러싼 환경의 변화와 사회복지행정의 위기, 그리고 도전

우리 사회의 저출산, 노령화, 실업률의 증가와 청년실업, 사회적 양극화, 부와 빈곤의 대물림 등 신사회적 위험의 등장과 심화는 사회적 수요를 확대할 뿐 아니라 새로운 종류의 사회적 수요를 양산하고 있다. 이러한 사회적 수요에 대응하여 정부는 사회서비스를 빠르게 확대해 왔다. 증가하는 사회서비스 수요에 대응하여 우리나라는 단기간에 사회서비스를 빠르게 확대하기 위한 방안으로 전통적으로 사회서비스 제공을 전적으로 책임져 왔던 사회복지시설 외에도 사회서비스 바우처 기관, 사회적 경제 조직, 요양시설과 같이 영리를 추구하는 사회서비스 제공 시설, 사회공헌 사업으로 사회서비스를 제공하는 영리기업 등으로 사회서비스 제공 주체를 확대 및 다원화해 왔다.

이렇게 바우처, 사회적 경제와 영리조직의 사회서비스 제공을 허용하는 방식으로 사회서비스 제공 주체를 다원화한 것은 정부가 큰 부담 없이 빠른 시간 내에 사회서비스를 다양화, 증대시키는 것을 가능하게 하였다. 반면 경쟁을 통해 서비스 질이 향상될 것이라는 기대와는 달리, 사회서비스 제공 주체들의 이윤 추구, 정부 통제의 어려움 등의 문제로 오히려 서비스 질이 저하하면서 새로운 과제를 야기하고 있다.

더불어 사회서비스 영역의 급격한 확대는 대체로 비영리조직이 사회서비스 제공의 역할을 수행하면서 비영리 영역의 확대를 가져왔다. 이러한 비영리 영역의 증가는 비단 우리나라에서만 목격되는 모습이 아닌 전 세계적 경향이기도 하다. 학자들은 전 세계적으로 나타나고 있는 비영리 영역의 등장과 확대를 설명하기 위해 노력해 왔는데, 비영리 영역의 등장과 확대를 설명하는 다양한 이론 중 가장 많이 사용되는 것은 정부의 실패와 시장의 실패 이론이다. 즉, 비영리 영역은 외부효과, 무임승차, 정보의 불평등과 같은 시장의 실패, 그리고 효율성의 저하, 비전문성, 관료화 등의 정부의 실패를 경험하면서 그 대안으로 등장하여 확대되고 있다는 것이다(Weisbrod, 1975; Hansmann, 1980; Salamon, 1987; Salamon, 1994). Salamon(1994)은 이에 더하여 전 세계적 위기 상황과 환경적 변화가 비영리 영역의 확대에 기여해 왔다고 설명하였는데, 복지국가의 위기(crisis of modern welfare state), 개발의 위기(crisis of development), 환경 파괴에 대한 위기(global environmental crisis), 사회주의의 위기(suspect about the promise of socialism)와 같은 전 세계적 위기 상황과 위성 · 인터넷의 상용화로 인한 소통의 혁명, 경제 성장으로 인한 중산층의 확대, 역량 강화와 같은 혁명적 변화가 비영리 영역의 확대를 촉진해 왔다는 것이다.

우리나라 또한 한편으로는 정부의 부담을 최소화하며 사회서비스를 확대하기 위한 방안으로서, 다른 한편으로는 시민의식의 성숙에 따라 사회문제를 자발적, 주도적으로 해결하려는 시민사회의 움직임으로서 비영리 영역의 확대라는 전 세계적 흐름에 편승해 왔다. 사회적 욕구 충족과 문제 해결을 위해 정부와 시민사회 모두가 합의하는 방안으로서 비영리조직이 활용되면서 우리나라에서는 전통적으로 사회복지서비스를 제공해 온 사회복지시설 외에도 사회서비스 바우처 기관, 사회적기업, 사회적협동조합, 마을 공동체(기업), 시민단체 등 다양한 비영리조직이 사회서비스 제공의 역할을 수행하고 있다. 이러한 비영리조직의 확대 및 다원화는 각 조직 유형의 특성을 반영하는 행정 및 관리 방식의 정교화를 요구하게 되었다. 더하여 범국가적 사회복지예산의 증가와 잊을 만하면 발생하는 복지 사각지대의 문제는 사회복지 전달체계와 사회서비스 제공 조직들의 효과적 · 효율적 운영에 대한 사회적 책임 검증에 대한 압력을 증가시키고 있다.

사회복지예산이 지속적으로 증가해 왔음에도 사회서비스 제공 조직 또한 그 수가 빠르게 증가하면서 자원 확보를 위한 경쟁이 발생하게 되었다. 이는 정부로부터 지원받은 예산을 집행하는 정부의 대리인적 역할만을 수행하면 되었던 과거에 비해 자원 확보라는 새로운 역할을 수행해야 함을 의미한다. 이는 사회복지조직을 비롯한 비영리조직에서 기부·후원자 개발, 모금, 프로포절 작성 등 자원 확보를 위한 노력을 기울이게 하고 있다. 더하여 전통적으로 수요 대비 공급이 턱없이 부족하여 시혜적 태도로 서비스를 제공했던 과거와 달리 사회서비스 제공자의 증가와 이로 인한 이용자 확보를 위한 경쟁이 발생하면서 사회복지조직에서도 이용자 확보와 유지를 위한 전략이 요구되기 시작하였다.

즉, 현대의 사회복지조직은 그 운영과 관리에 있어서 사회서비스를 정부 대신 전달하는 대리인의 역할을 수행하면서 정부로부터 당연하게 자원을 제공받고 이를 이용자에게 시혜적으로 제공해 온 역사적 배경 하에서 전통적으로 간과해 온 조직관리 전략을 새로이 도입하거나 정교화해야 하는 전환점에 서있다. 이 책은 부족하나마 이러한 내용들을 담으려고 노력하며, 1부에서는 거시적·역사적 맥락에서 사회복지 전달체계의 발전 과정, 구조와 현황을 검토한다. 사회복지 전달체계는 우리나라의 주요 사회보장체계, 공공과 민간의 역할을 중심으로 최근 논의의 중심에 서 있는 읍면동 복지허브화, 지역사회 통합돌봄, 사회서비스원 및 사회서비스 전달 주체로서 그 역할을 넓혀 가고 있는 사회적 경제 조직 또한 함께 검토한다.

사회복지 전달체계에 대한 이해를 바탕으로 사회복지조직에 대한 논의로 넘어가서 2부에서는 조직이론, 미션 관리, 마케팅, 정보관리, 프로그램 관리, 성과관리 등 사회복지조직의 조직관리와 운영을 위한 기본적인 지식과 기술을 다룬다. 다음으로 3부에서는 직원과 자원봉사자를 포괄하는 인적자원, 재정자원에 대한 자원 관리 기법을 다룬다. 사람이 사람을 대상으로 서비스를 제공하는 것을 주요 활동 내용으로 하는 휴먼서비스 조직의 성공을 결정하는 가장 중요한 요인은 인적자원의 질이다. 이에 최고관리자와 중간관리자에 적용될 수 있는 인적자원 이론이자 전략인 리더십과 종사자 관리를 검토하고, 이어서 사회복지조직의 또 다른 중요한 인적자원인 자원봉사자 모집과 관리 전략을 독립된 장으로 검토한다. 인적자원과 함께 사회복지조직의 또 다른 중요한 자원인 재정자원은 자원을 확보하는 것을 내용으로 하는 모금관리와 이를 효율적으로 관리·사용하는 데 초점을 둔 재정관리로 나누어 검토한다.

이렇듯 이 책은 전통적으로 사회복지영역에서 간과되어 온 마케팅, 모금관리, 자원봉사관리, 재정관리 등을 중요하게 다룬다. 동시에 영리와 비영리의 영역이 모호해지면서 영리에게는 비영리적 요소로 간주되어 온 사회적 가치를, 비영리에게는 영리적 요소로 간주되어 온 경제적 가치를 강조하고 있는 상황에서 사회복지조직을 비롯한 비영리조직을 영리와 구분 짓는 것은 결국 미션이며, 조직의 미션이 조직의 정체성과 방향을 결정한다고 보고, 사회복지조직에서의 미션의 의미, 그리고 좋은 미션을 개발하여 활용하는 전략을 포함하는 미션관리를 중요하게 다룬다. 또한 비록 결론짓지는 않았지만 현재 가장 활발하게 논의되고 있는 전달체계 관련 이슈들(사회서비스원, 지역사회 통합돌봄, 읍면동 복지허브화 등)을 공공 전달체계의 연장선상에서 다룬다.

제1부

사회복지 전달체계

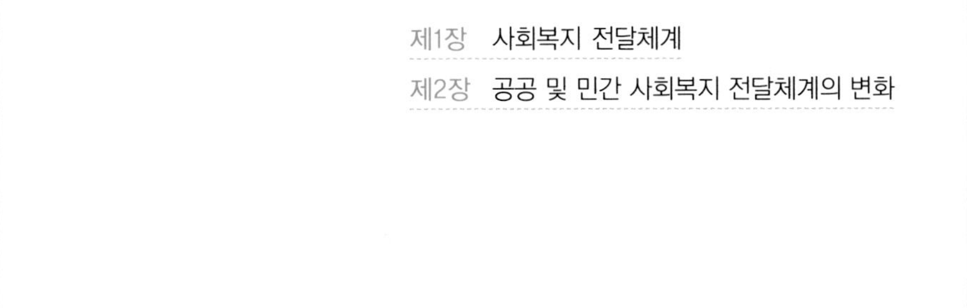

제1장

사회복지 전달체계

이 장에서는 사회복지 전달체계의 개념, 역할, 원칙 및 유형에 대해 개괄한다. 또한 우리나라의 주요 사회보장체계인 사회보험, 공공부조, 사회서비스별 전달체계의 구조와 특성에 대해 검토함으로써 사회복지 전달체계를 광의적 관점에서 이해하는 것을 목적으로 한다.

주요학습내용

1. 사회복지 전달체계의 개념과 구성요소
2. 사회복지 전달체계의 원칙
3. 사회복지 전달체계의 유형과 특징
4. 우리나라의 주요 사회보장제도별 사회복지 전달체계의 구조와 특징
5. 우리나라 사회서비스 전달체계의 구조와 특징

1. 사회복지 전달체계의 개념과 구성요소

사회복지 전달체계에 대해 Gilbert와 Specht(1974)는 '지역사회적 맥락에서 사회복지 급여와 서비스를 공급하는 조직 및 행위자 간의 조직적인 연계 및 공급자와 소비자 간의 조직적인 연결'로 정의하였다. 한편 김영종(2017)은 사회복지 전달체계를 '사회복지의 정책 내용이 전달되는 과정에 존재하는 조직이나 인력들의 체계'라고 정의하였으며, 성은미와 민소영(2015) 또한 유사하게 '사회복지 급여와 서비스가 정부로부터 수혜자에게 이르는 전 과정에서 나타나는 조직적 구조'라 정의한 바 있다.

다음 〈표 1-1〉과 같이 사회복지 전달체계는 학자들에 따라 다소 상이하게 제시되어 왔다. 그러나 사회복지 전달체계에 대한 개념 정의를 종합해 보

표 1-1 학자들이 제시하고 있는 사회복지 전달체계에 대한 정의

학자	내용
Gilbert & Specht (1986)	급여 또는 서비스를 효율적으로 서비스 이용자에게 전달하기 위하여 어떠한 조직을 통해서 실천할 것인지에 대한 전략을 선택하는 것
Friedlander & Apte(1980)	사회복지시설과 환경 등 모든 공적 · 사적 사회복지시설과 이들 사회복지시설의 서비스 전달망
Gilbert & Terrell (2005)	사회서비스 공급자 간에, 그리고 공급자와 소비자 간에 존재하는 조직적 배열
최성재 · 남기민 (2006)	지역사회에 존재하는 사회복지서비스의 공급자와 공급자를 연결시키기 위해 또는 공급자와 소비자를 연결시키기 위해 만들어진 조직 장치
성은미 · 민소영 (2015)	사회복지 급여와 서비스가 정부로부터 수혜자에게 이르는 전 과정에서 나타나는 조직적 구조
김영종(2017)	사회복지 급여가 이루어지는 과정에서의 수많은 조직과 프로그램의 체계적 연결

면, 사회복지 전달체계는 '**지역사회 혹은 그 이상의 지역 단위에서 사회복지 정책, 제도 및 서비스가 이용자에게 전달되는 과정에서 발생하는 일련의 조직과 활동을 포괄하는 것**'으로 이해할 수 있다.

사회복지 전달체계는 다음 [그림 1-1]에서 제시된 바와 같이 크게 네 가지 요소로 구성된다(Gilbert & Specht, 1974). 즉, 사회복지 전달체계는 누구에게(배분), 무엇을(급여), 어떻게 제공(전달)할 것이며, 재원은 어떻게 확보할 것인가(재원조달)의 이슈를 아우른다.

각 구성요소의 내용을 좀 더 구체적으로 살펴보면 다음과 같다. 먼저, 배분(allocation)은 사회복지 급여 및 서비스의 대상에 관한 것으로서, '**어떤 개인 혹은 집단에게 급여 및 서비스를 제공할 것인가**'를 의미한다. 즉, 특정 복지 급여 및 서비스의 대상 집단을 소수로 한정할 것인지 아니면 전 국민을 대상으로 할 것인지의 연속선상에서의 결정의 문제로 이는 선별적 복지와 보편적 복지의 문제와 관련된다.

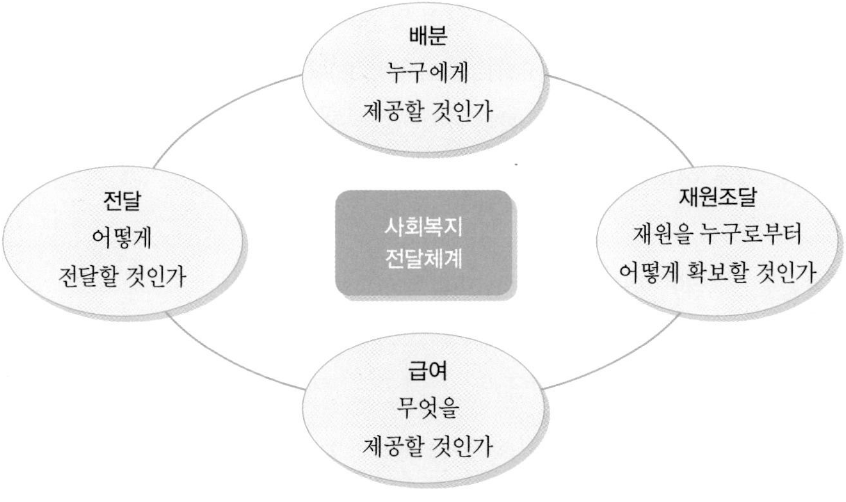

[그림 1-1] **사회복지 전달체계 구성요소**

출처: Gilbert & Specht (1974), pp. 31-32.

둘째, 급여(provision)는 선정된 대상자들에게 급여를 **'어떠한 형태로 제공할 것인가'**와 관련된다. 사회복지 전달체계 내에서 급여는 대체로 세 가지 방식으로 제공되는데, 첫 번째는 현금급여로 현금을 지급함으로써 대상자들이 급여의 사용을 자유롭게 결정할 수 있도록 한다. 두 번째는 현물급여로 정책 목적에 맞는 물품이나 서비스를 직접 제공하는 방식이다. 세 번째 방식은 이용권을 제공하는 방식으로, 이용자에게 제한된 범위 안에서 선택할 수 있도록 이용권을 지급하는 방식이다. 현금급여가 대상자의 효용성을 극대화하는 방법이라면, 현물급여는 공급자의 효용성을 극대화하는 방식이며, 이용권은 현금급여와 현물급여의 중간적 특성을 가진다. 현물급여, 이용권급여, 현금급여의 특징을 비교하면 다음 〈표 1-2〉와 같다.

셋째, 전달(delivery)은 **'사회복지 급여 및 서비스를 어떻게 전달할 것인가'**에 대한 문제이다. 사회복지 급여를 제공하는 주체와 수급자를 연결하는 과정에 속한 체계를 말하는 것으로, 권한의 소재, 업무수행자와 그 자격, 전달조직의 유형과 규모 등이 포함된다.

넷째, 재정(finance)은 **'사회복지 급여 및 서비스 제공의 재원조달방식'**을 의미한다. 예를 들어, 공공재원(사회보험료, 세금 등)을 활용할지 혹은 민간재원(이용료 부담, 기부 · 후원금 등)을 활용할지, 또는 공공재원과 민간재원을 함께 사용하는 경우 어떠한 비율로 충당할지에 대한 문제이다.

표 1-2 현물급여, 이용권급여, 현금급여의 특성

	현물	이용권	현금
정책의 목표효율성	높음	←→	낮음
운영효율성	낮음	←→	높음
이용자 효용	낮음	←→	높음
이용자 선택권/ 소비자 주권	낮음	←→	높음

2. 사회복지 전달체계의 원칙

사회복지 전달체계는 효과적이고 효율적인 서비스 전달을 목적으로 한다. 양극화 및 빈곤의 심화, 복지 사각지대 그리고 사회문제의 다양화에 따른 사회복지 수요 확대와 다원화 같은 환경 변화 속에서 사회복지 전달체계가 그 목적을 달성하고 있는지에 대해 확인할 필요가 있다. 이에 이 절에서는 사회복지 전달체계가 갖추어야 하는 원칙이 무엇인지 그리고 각 원칙에 대한 평가 기준 및 내용이 무엇인지를 검토한다. 다음 〈표 1-3〉은 학자들이 제안해 온 사회복지 전달체계의 원칙으로, 이 중 충분성, 접근성, 연속성, 포괄성, 통합성, 책임성 등이 다양한 학자에 의해 공통적으로 제시되었다. 여기서는 많은 학자가 공통적으로 제안해 온 원칙들을 중심으로 보다 구체적으로 살펴본다.

첫째, 충분성. 충분성은 지역사회의 문제 해결 및 욕구 충족을 위해 충분한 양의 서비스가 제공되고 있는 정도를 말한다.

둘째, 접근성. 서비스나 급여를 필요로 하는 주민이 서비스 이용 및 수급에 가지는 장벽을 최대한 낮추어 접근을 용이하게 하는 노력의 정도를 말한다.

셋째, 연속성. 전달체계 내 서비스나 프로그램, 조직이 적절하게 연결되어 있어 서비스의 단절을 최소화하는 정도를 말한다.

넷째, 포괄성. 다양한 서비스나 급여를 필요로 하는 주민의 욕구에 다차원적으로 대응하는 정도를 말한다.

다섯째, 통합성. 서비스의 편중이나 누락 없이 제공되는 정도를 말한다.

여섯째, 책임성. 전달체계에 주어진 사회적 위임과 기대들을 체계 내 조직과 프로그램들이 수행하고 있는 정도를 말한다.

표 1-3 학자들이 제안해 온 사회복지 전달체계의 원칙

<table>
<tr><th>Gates
(1980)</th><th>Gilbert
&
Specht
(1986)</th><th colspan="2">서상목 · 최일섭 · 김상균
(1988)</th><th>성규탁
(1992)</th><th>최성재 ·
남기민
(2006)</th><th colspan="2">박경일
(1997)</th><th>김영종
(2017)</th></tr>
<tr><td rowspan="2">포괄성
접근성
계속성
비단편성
(통합성)
책임성</td><td rowspan="2">통합성
계획성
접근성
책임성</td><td>행정
측면</td><td>기능분담의 체계성
전문성에 따른
업무분담
책임성
접근용이성
통합조정
지역사회참여
조사 · 연구</td><td rowspan="2">접근성
지속성
적합성
포괄성
통합성
공평성
적절성
조사
연구</td><td rowspan="2">전문성
적절성
포괄성
지속성
통합성
평등성
책임성
접근성</td><td>조직
구조
측면</td><td>권리성
전문성
통합성
접근용이성
기능부담체계
지역사회참여
문화적 특수성</td><td rowspan="2">충분성
접근성
연속성
비파편성
책임성</td></tr>
<tr><td>서비스
제공
측면</td><td>평등성
재활 및 자활 목표
적절성
포괄성
지속성
가족중심</td><td>관리
운영
측면</td><td>평등성
포괄성
책임성
재활 · 자활 목표
계획성
적절성
지속성
가족중심서비스</td></tr>
</table>

3. 사회복지 전달체계의 유형과 특징

사회복지 전달체계는 그 구성에 따라 급여와 서비스 전달이 달라진다. 사회복지 전달체계는 세 가지 기준에 따라 다음과 같이 유형화가 가능하다(김영종, 2001; 오세영, 2009)(〈표 1-4〉 참조).

첫 번째는 구조기능적 기준에 따른 유형화로, 서비스를 공급하는 조직의 구조와 기능에 따른 구분이다. 구조적 차원에서 사회복지 전달체계는 행정체계와 집행체계로 구분된다. 행정체계는 사회복지 급여나 서비스의 전달을 기획, 지원, 관리하는 기능을 담당하고, 집행체계는 소비자를 만나 서비스를

표 1-4 사회복지 전달체계의 유형

기준	분류	내용
구조기능적 기준	행정체계	서비스 전달을 기획, 지원 및 관리하는 체계 (예: 보건복지부 → 특별시/광역시/도 → 시/군/구)
	집행체계	전달자가 소비자와 상호 접촉을 통해 서비스를 직접 전달하는 체계 (예: 읍/면/동 → 서비스 이용자)
운영주체	공공 전달체계	정부, 공공기관 (예: 보건복지부 → 특별시/광역시/도 → 시/군/구 → 읍/면/동 → 대상자)
	민간 전달체계	민간 시설 및 단체 (예: 복지재단, 자원봉사단체, 사회복지시설, 개인 등)
서비스 종류와 성격	아동복지서비스 전달체계	관련 공공기관, 보육시설, 학교급식, 일시보호
	노인복지서비스 전달체계	관련 공공기관, 주간보호소, 양로원, 재가서비스
	정신질환서비스 전달체계	관련 공공기관, 정신질환환자가족협회, 정신병원, 요양병원
	생활보호서비스 전달체계	관련 공공기관, 대상자 발굴기관, 의료 관련기관

직접 전달하는 기능을 담당한다. 구조기능적 유형화는 전달체계 내에서 특정 조직들이 어떤 역할과 기능을 하는지에 대한 이해와 사회복지 급여와 서비스 전달의 책임 규명을 용이하게 한다는 장점을 가진다.

두 번째는 운영주체에 따른 구분이다. 운영주체의 성격에 따른 유형화에 따르면 사회복지 전달체계는 공공 전달체계와 민간 전달체계로 구분된다. 공공 전달체계는 정부나 공공기관이 직접 운영하는 방식인 반면, 민간 전달체계는 민간단체나 개인이 직접 운영한다. 공공 전달체계는 세금이라는 안정적 재원을 사용하여 관료제적 조직 구조를 통해 전달되므로 자원의 안정성이라는 장점을 가지는 반면, 관료제적 구조로 전달됨으로써 서비스의 경직성이 초래되기도 한다. 서비스의 경직성은 사회 변화에 따른 현장의 요구에 민감하고 융통성 있는 반응이 어렵다는 한계를 가진다. 반면, 민간 전달체계는 그 안에 다양한 주체가 활동하는데, 이들 기관은 위탁, 기부 · 후원, 자원봉사 등과 같은 자발적 민간 자원에 의해 운영됨으로써 자원의 불안정성이라는 한계를 가지는 한편, 공공 전달체계에 비해 민감하고 유연한 서비스 제공이 가능하다는 장점을 가진다.[1)]

세 번째는 서비스의 종류와 성격에 따른 유형화로, 서비스 이용자의 욕구에 따라 그것을 실현하기 위한 서비스 전달체계를 분류한다. 사람들이 가지는 다양한 욕구와 문제를 충족하고 해결하기 위해서는 욕구와 문제별로 다양한 유형의 사회복지조직이 존재하며, 다양한 조직은 지역사회 내에서 상호간에 조정, 연계 등을 통해 통합적 · 포괄적 서비스를 제공한다.

4. 우리나라의 주요 사회보장제도별 사회복지 전달체계의 구조와 특징

우리나라의 사회보장체계는 크게 사회보험, 공공부조, 사회서비스라는 사회보장제도로 구성되며, 이러한 사회보장제도별로 전달체계를 구축해 왔다. [그림 1-2]에서 볼 수 있듯이 사회보험의 경우 개인의 기여금을 재원으로 공단이라는 전달체계를 통해서, 공공부조의 경우 세금을 재원으로 정부에 의해 직접, 사회서비스의 경우 세금, 이용료, 기부 · 후원금 등의 재원을 복합적으로 활용하여 공공 혹은 민간, 민간 중에서도 비영리 혹은 영리에 의해 제공되

1) 김영종(2001)은 운영주체에 의한 사회복지 전달체계의 구분은 이 사회복지 전달체계를 이해하는데 도움이 되지 않는다고 주장하였는데, 이는 사회서비스 조직의 대부분이 민간 법인이나 단체, 개인으로 구성되어 있지만 운영에 있어 공공과 민간의 전달체계로부터 자원을 공급받고 있는 현실에 기인한다. 즉, 자원 의존에 따른 개연성으로 인해 민간 전달체계에 속한 많은 사회복지조직이 반관반민(半官半民)의 특성을 갖고 있기 때문에 이분법적 구분에 무리가 있다는 것이다.

[그림 1-2] 우리나라 사회보장체계의 전달체계
출처: 김영종(2017), p. 382에서 재구성.

는 형태를 가진다. 이 절에서는 우리나라의 사회보장제도별 전달체계의 구조와 특징을 개괄적으로 살펴본다.

1) 사회보험

사회보험은 국민의 경제생활을 위협하는 질병, 장애, 노령, 실업, 사망 등의 사회적 위험에 국가가 강제적으로 보험방식을 활용하여 대처하는 사회보장제도이다. 우리나라를 비롯하여 많은 국가가 강제가입의 의무보험으로 사회보험제도를 운영하는 것은 다음과 같은 이유에서이다. 첫째, 민간보험은 위험이 큰 사람만 가입하는 역선택 문제로 재정파탄의 우려가 있다. 둘째, 보험사가 이윤 추구를 우선시함으로써 위험률이 낮은 사람만을 선택적으로 가입시킴으로써 일부 국민이 배제될 수 있다. 셋째, 강제 가입하지 않으면 미래에 발생할 수 있는 위험을 대비하지 못한 국민은 빈곤층이 될 가능성이 크고 이는 사회적 문제로 연결될 수 있다.

표 1-5 우리나라의 사회보험제도와 운영체계

구분	국민연금	건강보험	노인장기 요양보험	고용보험	산업재해보험
시행 연도	1988년	1977년	2008년	1995년	1964년
법률	「국민연금법」	「국민건강보험법」	「노인장기 요양보험법」	「고용보험법」	「산업재해 보상보험법」
기본 성격	소득보장 장기보험	의료보장 단기보험	장기요양장 단기보험	실업고용 중기보험	산재보상 단기보험
급여 방식	현금급여 소득비례	현물급여 균등급여	현물급여	현금급여 소득비례	현물-균등급여 현금-소득비례
재정 및 관리	수정적립방식 전체일괄관리	부과방식 이원화 (직장, 지역)관리	부과방식 이원화 (직장, 지역)관리	수정적립 방식	순부과방식
관리 단위	개인별관리	사업장 · 세대별관리	사업장 · 세대별관리	사업	사업장
관리 운영 체계	보건복지부 국민연금공단	보건복지부 국민건강보험공단	보건복지부 국민건강보험공단	고용노동부 근로복지공단 고용지원센터	고용노동부 근로복지공단
자격 관리 방식	직장 · 지역 통합관리	직장 · 지역 통합관리	직장 · 지역 통합관리	사업별관리 가입자관리	사업별관리 가입자관리
보험료 부과 단위	사업장, 지역(개인별)	사업장, 지역(세대별)	사업장, 지역(세대별)	사업	사업

출처: 국가기록원에서 재구성.

이러한 이유로 우리나라는 근로자의 사회보험 가입을 국가가 강제하고 공단을 통해 가입자가 보험료를 납입하고 청구하는 방식으로 운영 · 관리된다. 우리나라의 사회보험은 현재 건강보험, 국민연금, 산업재해보험, 고용보험, 노인장기요양보험으로 구성되어 있으며, 국민건강보험관리공단, 국민연금관리공단, 근로복지공단을 전달체계로 두고 있다(〈표 1-5〉 참조).

2) 공공부조

공공부조는 우리나라에서뿐 아니라 전 세계적으로 가장 오랜 역사를 가진 사회보장제도로서, 국민의 기본권으로서 모든 국민의 인간다운 생활을 보장하고자 국가 및 지방자치단체의 책임 아래 생활유지능력이 없거나 어려운 국민의 최저생활을 보장하고 자립을 지원하는 경제적 보호제도이다. 공공부조는 빈곤에 대한 최후의 국가적 대응, 대상자를 선정하여 원조를 제공하는 선별주의적 성격, 일반 조세를 통해 운영, 소득의 재분배적 기능 도모 등의 특성을 가지며, 공공부조와 관련하여「의료급여법」과「국민기초생활보장법」이 적용되고 있다.

공공부조제도는 세금을 재원으로 사용하며 정부 조직에 의해 직접 관리 · 운영된다. 중앙정부 → 지방자치단체(시도) → 기초지방자치단체(시군구) → 읍면동(사회복지전담공무원)의 수직적 체계와 정부조직의 관료제적 특성을 반영하며 전달된다.

3) 사회복지서비스

사회복지서비스는 사회보험, 공공부조의 소득 보충적 성격과 달리 다양한 사회적 욕구에 대응하여 교육, 보육, 건강, 케어, 요양 등의 서비스를 제공하는 것을 내용으로 한다. 사회복지서비스 전달체계에는 공공과 민간의 다양한 조직이 다양한 방식으로 참여한다. 공공은 대체로 직접 서비스 제공보다는 재정 지원과 관리, 통제 및 조정자로서의 역할을 수행하는 반면, 민간은 서비스 생산 및 공급자의 역할을 수행한다. 사회복지서비스 전달체계는 기존의 서비스가 중단, 확대, 감소하기도 하고 새로운 사회복지서비스가 추가되기도 하는 등 변화하는 서비스 전달을 위해 다양한 전달체계가 함께 참여하며, 복지혼합이라고도 불리는 방식으로 진화하고 있다.

먼저, 과거 취약계층을 대상으로 잔여적이고 선별적 관점을 반영한 사회복지서비스는 그 내용과 영역이 확대되면서 기존의 사회복지서비스를 포함하는 광의적 관점에서 교육, 문화, 보건의료, 공공행정, 주거, 고용 등 다양한 영역을 포괄하는 사회서비스라는 용어로 대체되고 있다. 사회서비스(social service)는 사회복지서비스(social welfare service), 휴먼서비스(human service), 사회적 돌봄서비스(social care service) 등으로 혼용되며 합의된 하나의 개념

표 1-6 사회복지서비스와 사회서비스 비교

용어	사회복지서비스	사회서비스
법률상의 규정	• 국가 · 지방자치단체 및 민간부문의 도움을 필요로 하는 모든 국민에게 상담, 재활, 직업 소개 및 지도, 사회복지시설의 이용 등을 제공하여 정상적인 사회생활이 가능하도록 제도적으로 지원하는 것(「사회복지사업법」 제2조 제6항)	• 국가 · 지방자치단체 및 민간부문의 도움이 필요한 모든 국민에게 복지, 보건의료, 교육, 고용, 주거, 문화, 환경 등의 분야에서 인간다운 생활을 보장하고 상담, 재활, 돌봄, 정보의 제공, 관련 시설의 이용, 역량 개발, 사회참여 지원 등을 통하여 국민의 삶의 질이 향상되도록 지원하는 제도(「사회보장기본법」 제2조 제4항) • 교육 · 보건 · 사회복지 · 환경 및 문화 분야의 서비스, 그 밖에 이에 준하는 서비스(「사회적기업육성법」 제2조 제3항) • 「사회복지사업법」 제2조 제4항에 따른 사회복지서비스, 「보건의료기본법」 제3조 제2항에 따른 보건의료서비스, 그 밖에 이에 준하는 서비스(「사회서비스 이용 및 이용권 관리에 관한 법률」 제2조)
관점	선별적 관점	보편적 · 포괄적 관점
대상	사회적 취약계층	일반 국민
영역	복지(상담, 재활, 직업 소개 및 지도, 사회복지시설의 이용 등) 서비스	복지(상담, 재활, 직업 소개 및 지도, 사회복지시설의 이용 등)를 포함한 보건의료, 교육, 고용, 주거, 문화, 환경 서비스
전달체계	정부, 지방자치단체, 비영리민간 사회복지법인 · 시설	정부, 지방자치단체, 비영리민간 사회복지법인 · 시설, 민간 영리기관
제공방식	현물	현물+이용권(voucher)

정의가 존재하지는 않는다. 그러나 대체로 넓은 의미에서는 행정, 교육, 보건, 의료, 주거 등을 포괄하는 공공에 의한 서비스를 뜻하는 반면, 좁은 의미에서는 사회적 취약계층을 대상으로 하는 돌봄, 의식주, 의료, 교육 및 훈련 서비스를 의미한다(강혜규 외, 2009). 전통적으로 사용되어 온 사회복지서비스와 사회서비스의 차이를 비교하면 〈표 1-6〉과 같다.

사회서비스의 법률적 근거는 「사회보장기본법」에서 확인할 수 있으며, 「사회보장기본법」에 따르면 사회서비스는 상담, 재활, 돌봄, 정보제공, 시설 이용 등 기존의 사회복지서비스를 포함하여 보건의료, 교육, 주거, 문화, 환경 등을 포괄하는 광의적 개념이다. 즉, 사회복지서비스가 다원화, 확대되는 사회적 변화 속에서 사회서비스라는 용어가 사회복지서비스를 대신하고 있으며, 사회서비스는 복지, 보건의료, 교육, 고용, 주거, 문화, 환경 등의 영역에서 국가 · 지방자치단체 및 민간부문의 도움이 필요한 모든 국민에게 인간다운 생활을 보장하고 상담, 재활, 돌봄, 정보의 제공, 관련 시설의 이용, 역량개발, 사회참여 지원 등을 통하여 국민의 삶의 질이 향상되도록 지원하는 제도를 의미한다(「사회보장기본법」 제3조 제4항).

사회복지서비스의 사회서비스로의 확대 필요성과 사회복지서비스와 대비되는 사회서비스의 특징은 다음과 같다(보건복지부, 2017).

첫째, 새로운 사회적 위험에 전략적 대응 가능. 인구구조의 변화, 여성의 경제활동참여 증가에 따른 가족기능 약화, 저성장 고착에 따른 근로빈곤 등 새로운 사회적 위험이 등장함에 따라 돌봄, 간병, 재활 등 전통적인 사회복지 접근으로 해결할 수 없는 다양한 복지욕구를 사회서비스를 통해 충족할 수 있다.

둘째, 인적자본 형성을 통한 예방적 복지 구현. 중산층 감소, 근로빈곤층 증가 등 빈곤의 고착화 문제를 해결하기 위해 인적자본에 대한 투자가 필요하다. 사회서비스는 아동에게 공정한 기회 제공, 여성 등 근로취약계층의 고용시장 참여 확대를 통해 사회이동을 촉진하고 빈곤의 대물림 방지에 기여할 수 있다.

셋째, 양질의 사회적 일자리 창출. 사회서비스는 타 분야에 비해 고용의 창출 효과가 크고 새로운 고부가가치 산업을 창출할 수 있는 잠재력이 높은 편이다. 취약계층에게 적합한 일자리를 제공하여 서민의 생활안정 및 고용복지를 실현하면서 동시에 서비스 제공을 통한 국민의 삶의 질 향상을 도모할 수 있다.

넷째, 고용 창출. 사회서비스 산업은 다른 산업에 비해 비경제활동인구로부터의 유입이 많아 타 노동시장을 교란하는 효과가 적은 편이다.

이처럼 사회서비스가 사회복지서비스를 대체하는 사회적 변화를 반영하여 이 책에서는 사회서비스 용어를 사용한다.

5. 우리나라 사회서비스 전달체계의 구조와 특징

앞서 4절에서는 우리나라의 주요 사회보장제도인 사회보험, 공공부조, 사회서비스별 전달체계를 개괄적으로 살펴보았다. 이 절에서는 사회보험이나 공공부조와 달리 급변하는 사회를 반영하여 빠르게 변화하고 있는 사회서비스 시장의 전달체계를 보다 구체적으로 살펴본다.

1) 사회서비스 전달체계의 구조

김영종(2017)은 [그림 1-3]과 같이 사회서비스 전달체계의 구조를 서비스 제공자, 서비스 이용자, 자원 제공자, 서비스 통제 · 규제자의 네 가지 체계로 구분하여 설명하고 있다. 사회서비스 전달체계를 이루는 각 체계별 역할과 특징은 다음과 같다.

먼저, **서비스 제공자**는 서비스를 생산하여 이용자에게 제공하는 역할을 수행한다. 사회서비스는 무형적 형태를 띠며 생산과 동시에 이용자와의 상호

[그림 1-3] **사회서비스 전달체계의 구조**

작용 속에서 소비되는 소멸성의 특징을 가진다. 이러한 특징을 가짐으로써 사회서비스에서 서비스의 질 및 만족도는 서비스 제공자의 역량에 의해 결정되며, 서비스 제공자와 이용자의 상호작용에 의해 영향을 받는다. 우리나라의 사회서비스 제공 주체는 전통적으로 사회복지시설이 정부로부터 민간이 위탁받아 운영하는 민영화, 민간 위탁의 형태가 주를 이루었다. 최근에는 바우처 사업의 확대로 사회서비스 바우처 제공기관, 사회적기업, 자활 기업, 사회적 협동조합, 마을 공동체/마을 기업과 같은 사회적경제 조직, 시민단체, 자선단체, 요양원 등 민간영리시설 등으로 다원화되고 있다. 이들은 모두 자원 제공자 및 통제자의 관리 · 지도를 받는다. 대체로 우리나라에서는 정부가 통제자의 역할을 수행하고 있으나 민간 자원의 확대로 민간 감시기관 또한 확대되고 있다.

서비스 이용자의 경우, 제공되는 사회서비스를 이용하는 이용자를 의미한다. 사회서비스의 경우 서비스 이용을 통해 직접적으로 도움을 받는 이용자 집단, 간접적으로 혜택을 받는 이용자 집단, 이 둘의 특성을 동시에 가지는 이용자 집단으로 구분할 수 있다.

자원 제공자는 사회서비스의 수요와 공급에 필요한 자원을 제공하는 역할을 수행한다. 자원제공자는 제공한 자원을 어떻게 사용하고 있는지와 사용했는지를 감시하는 역할을 수행함으로써 동시에 서비스 제공자에 대한 규제자, 통제자, 조정자의 역할을 수행하기도 한다. 우리나라 사회서비스는 상당 부분 정부 재원을 사용함으로써 공공이 주 자원제공자이자 규제자, 통제자, 조정자의 역할을 동시에 수행하고 있다. 그러나 개인기부, 기업기부 등 자선(charity) 시장의 확대와 함께 민간 기부자, 후원자, 자원봉사자, 자선단체 등도 사회서비스의 주요 민간 자원제공자로 자리매김하고 있다.

규제자, 통제자, 조정자는 전달체계 내에서 사회서비스와 관련된 제반 규칙, 규범을 만들거나 그 수행을 조정, 통제, 관리하는 역할을 담당한다. 대체로 주 자원제공자인 입법부, 행정부, 사법부 등의 공공조직들이 이러한 역할을 수행하고 있으나, 점차 민간 자원 활용 비율이 증가하면서 민간의 감시자 역할 또한 확대되고 있다. 비영리조직에 대한 정보 제공, 비영리조직 운영 가이드라인 마련, 비영리조직의 투명하고 효율적 관리를 위한 연구개발사업, 교육사업 등을 실시하고 있는 한국가이드스타(www.guidestar.or.kr) 등이 대표적인 예이다.

2) 사회서비스 전달체계의 유형

자유 시장에서의 전달체계는 서비스 제공자와 서비스 이용자 두 주체가 직접 거래하는 방식, 즉 서비스 이용자가 서비스를 구매하여 이용하고 서비스 제공자는 그 대가로 서비스를 제공하는 방식을 따른다. 반면, 사회서비스 시장의 경우 이용자의 상당수는 구매력이 없어 이러한 자유 시장에서의 전달체계 방식을 따르기 힘들다. 이에 사회서비스 전달체계는 자원제공자라는 제3의 주체가 존재하며, 자원제공자가 누구에게 자원을 제공하느냐 그리고 어떤 형태로 제공하느냐에 따라 다양한 방식으로 나타난다.

먼저 우리나라의 전통적인 사회서비스 전달체계는 다음 [그림 1-4]에서

[그림 1-4] 서비스 제공자에게 보조금을 지원하는 방식의 사회서비스 전달체계

볼 수 있듯이, 정부가 자원제공자로서 보조금(grant)의 형태로 서비스 제공자에게 자원을 제공하고 서비스 제공자는 정부로부터 제공받은 자원을 활용하여 서비스 이용자에게 서비스를 생산하여 제공하며 서비스 이용자는 이를 무료 혹은 최소 비용으로 이용하는 방식이었다. 이 방식은 정부가 사회서비스 제공에 대한 일차적 책임을 가지므로 자원을 제공하되, 정부가 직접 제공할 때 발생할 수 있는 관료제적 비효율성과 비탄력성을 최소화하고자 '전달'은 보다 유연하고 전문성을 가진 민간 주체에게 맡기는 형태이다. 즉, 이 방법은 정부 직접성의 수준을 간접적 방법을 통해 확장한 형태로 사회복지시설이 재원조달을 공공에 의존한 대리인, 집행인으로서의 성격을 가지게 한 우리나라의 전통적인 사회서비스 전달체계의 모습이자 현재까지도 주된 사회서비스 전달체계의 모습이다.

우리나라 사회서비스 시장의 경우 자원제공자가 서비스 제공자를 지원하는 방식으로 보조금 방식을 채택하여 이용해 왔지만 자원제공자가 서비스 제공자를 지원하는 또 다른 방법으로 서비스구매계약(purchase of service contract: POSC)이 있다. 서비스구매계약은 정부가 민간서비스 제공자가 생산하여 제공하는 서비스를 욕구는 있으나 구매력이 없는 이용자 대신 계약해 적절한 서비스 대상자에게 서비스가 제공되도록 하는 구매자와 공급자가 분리된 계약이다. 보조금은 주로 지원받은 기관이 하고자 하는 사업을 할 수 있도록 지원하는 의미가 강한 반면, 서비스구매계약은 재정을 지원하는 측이 시행하고자 하는 사업을 서비스 계약자가 대행하는 방식이다.

앞서 설명하였듯이 우리나라 사회서비스 전달체계의 전통적 방식은 자원 제공자인 정부가 서비스 제공자에게 보조금의 형태로 자원을 제공하여 서비스를 이용자에게 전달하도록 하는 방식이었다. 그러나 지난 2007년 이래 우리나라가 증가하는 사회서비스 요구에 대응하여 짧은 시간에 빠르게 서비스를 확대하기 위해 채택한 방식은 서비스 제공자에게 직접 지원하는 지원방식이 아닌 이용자 지원 방식으로, 이용자가 서비스를 직접 구매할 수 있도록 이용자의 구매력을 지원하는 방식이다([그림 1-5] 참조). 이 방식에서 자원제공자는 서비스 욕구를 가진 잠재 이용자에게 특정 서비스만을 이용할 수 있는 바우처를 제공하며, 서비스 이용자는 해당 서비스를 제공하는 서비스 제공자들 중 선택하여 현금 대신 바우처를 지불하는 방식으로 서비스를 이용한다. 한편 서비스 제공자는 이용자로부터 받은 바우처를 정부에 제공하고 상환을 받는다.

이처럼 우리나라는 이용자의 구매력을 높이기 위해 현금이 아닌 바우처를 지급하는 방식을 택하였다. 바우처는 교환할 수 있는 서비스 내용이 사전에 정해진다는 점에서 완전한 선택권의 보장보다 정해진 서비스 내에서 어떤 서비스 제공자를 선택할지의 선택권만을 인정한다.

[그림 1-5] 서비스 이용자에게 바우처를 지원하는 방식의 사회서비스 전달체계

3) 바우처 방식을 활용하여 확대하고 있는 사회서비스 시장의 현실과 과제

지난 10여 년간 우리나라는 급증하는 사회서비스 요구에 대응하여 바우처 방식으로 사회서비스를 다원화, 확대해 왔고, 그 결과 사회서비스 전달체계에서 바우처 방식의 역할과 중요성 또한 증대되어 왔다. 이에 점차 중요성이 강조되고 있는 바우처 방식을 활용한 사회서비스 전달의 현실을 바탕으로 향후 과제를 고민해 보고자 한다.

사회서비스 바우처는 신자유주의적 기조하에서 사회서비스에 대한 증가하는 수요에 대응하기 위한 방법으로 2007년에 도입된 이래, 사회서비스의 주된 전달방식으로 확대되어 왔다. 바우처는 재화나 서비스를 제한된 범위 안에서 선택할 수 있도록 구매력을 제한하여 개인에게 지급하는 보조금(subsidy; Steuerle, 2000)으로 '(사용범위가) 제한된 수요 측면의 보조(tied demand side subsidy)'라고 정의할 수 있다(Daniels & Trebilcock, 2005: 양난주, 2015에서 재인용). 이러한 바우처 방식을 활용한 사회서비스 제공은 현물 급여에 비해 이용자의 선택권, 소비자 주권을 보장하고 운영의 효율성을 모색함과 동시에 현금급여에 비해서는 사용범위를 제한함으로써 정책의 목표 효율성을 도모할 수 있다는 상대적 장점을 가짐으로써 사회서비스 확대의 수단으로 사용되었다. 다시 말해서, 정부는 증가하는 사회복지, 나아가 사회서비스 수요에 대응하기 위한 방식으로 전통적 방식인 사회복지시설을 확대하고 사회복지시설에 보조금을 지급하는 공급자 중심 방식이 아닌 이용자에게 이용권을 지급하여 사용하게 함으로써 민간에서 자생적으로 사회서비스가 생겨나는 바우처 방식을 채택하였다. 이는 한편으로는 이용자 직접 지원 방식을 통해 선택권을 부여하고 공급자 간 경쟁을 유발하게 함으로써 서비스 질 향상을 모색하고, 다른 한편으로는 사회복지시설 확대로부터 유발되는 공공전달체계 확대의 부담을 민간 서비스 전달체계에 전가하고자 한 것이다.

이러한 사회서비스 바우처 사업은 2007년 장애인활동보조사업, 노인돌봄사업, 지역사회서비스 투자사업의 세 가지 사업으로 시작하였으나 2017년 현재 14개 사업으로 확대·다변화되고, 사회서비스 바우처 제공기관도 2007년 1,274개소에서 2015년 22,960개소로 18배가량, 이용자의 경우에도 2007년 357명에서 2015년 1,166명으로 3배 이상 증가하였다. 또한 사회서비스 바우처 영역의 돌봄서비스 제공인력 또한 2007년 약 3만 6천 명에서 2015년 16만 5천여 명으로 다섯 배 이상 증가하였다(〈표 1-7〉 참조). 이러한 사회서비스 바우처 사업의 빠른 증가는 지난 십여 년간 바우처 중심으로 확대되어 온 사회서비스 시장의 모습을 대변한다.

이러한 배경하에 도입·확대되어 온 바우처 방식의 활용은 서비스 생산자-공급자 지원 방식에서 서비스 이용자 지원 방식으로의 전환, 경쟁과 선택이라는 시장 기제의 도입이라는 패러다임의 전환을 가져옴으로써 우리나라의 사회서비스 정책의 성격과 서비스 전달체계를 바꾸는 분기점이 된 것으로 평가(양난주, 2015)된다. 이처럼 사회서비스 바우처 사업은 이용자의 선택권을 강화하고 사회서비스 이용자 확대에 기여해 온 의미를 가진다. 반면, 공급자 간 경쟁이 발생할 만큼 서비스 공급자가 증가하지 않았으며 서비스 공급자와 이용자 간의 정보 비대칭으로 이용자들에게 기대한 만큼의 선택권을 주지 못해 왔다는 비판 또한 존재한다. 더하여, 일부 바우처 사업기관이 이윤 추구를 우선함으로써 서비스 질을 희생하거나 부정수급이 발생하고 기

표 1-7 사회서비스 바우처 확대 현황

	사회서비스 바우처 예산 (단위: 억 원)	사회서비스 바우처 이용자 (단위: 천 명)	사회서비스 바우처 제공기관 (단위: 개소)	사회서비스 바우처 제공인력 (단위: 천 명)
2007	1,874	357	1,274	36
2015	14,158	1,166	22,960	165

주) 사회서비스 예산: 보건복지부(2011). 보건복지부 길잡이 통계.
출처: 사회서비스 전자바우처 홈페이지.

존의 제공자 지원 방식에 비해 정부의 통제와 감독이 어려워 사회서비스 바우처가 도입 시 기대한 효과를 보이지 못하고 있다는 지적도 제기되고 있다.

이에 사회서비스 바우처 방식을 통한 사회서비스 확대를 지속하기 위해서는 서비스 공급자 간 경쟁을 통해 이용자의 선택권이 실질적으로 발휘될 수 있게 하기 위한 방안, 서비스 공급자와 이용자 간의 정보 비대칭을 해소하기 위한 방안, 서비스 질적 수준을 제고하기 위한 제공인력 및 서비스 질 관리 방안 등을 보완해 나갈 필요가 있다.[2)]

생각해 보기

1. 사회서비스 제공, 나아가 사회보장체계의 전달에 있어서 본인이 생각하는 최적의 공공과 민간의 역할분담의 모습은 무엇일까?
2. 사회서비스 확대를 위한 방법으로 바우처 방식이 최선일까?
3. 바우처 방식으로 확대되고 있는 사회서비스 시장에서 사회복지사의 역할은 무엇이며, 무엇이어야 할까?

활동하기

- 관심 있는 사회서비스를 하나 선택하여 다음의 내용에 관한 정보를 탐색해 보자.
  - 서비스명
  - 누구에게 제공하는가?
  - 어떤 형태로 제공되는가? (현금인 경우, 금액도 적시하라.)
  - 재원은 어디로부터 오는가?
  - 어떻게 전달하고 있는가? (어디서 누가 제공하는가?)

2) 이에 대해 Cave(2001)는 경쟁적 시장 구조, 서비스 표준화, 충분한 정보 제공, 신축적 가격구조 등이 전제되어야 바우처의 성공을 담보할 수 있다고 제안한 바 있다.

참고문헌

강혜규 · 박세경 · 고경환 · 이재형 · 김은정 · 김은지 · 박소현(2009). **사회서비스공급 실태조사 및 발전방안 연구: 사회서비스 사업체를 중심으로.** 보건복지가족부 · 한국보건사회연구원.

김송이(2016). 바우처 제도의 이용자 선택권 강화가 돌봄노동자에게 미친 영향과 그 의미. **사회복지연구, 47**(4), 281-307.

김영종(2001). **사회복지행정론.** 서울: 학지사.

김영종(2017). **사회복지행정론**(4판). 서울: 학지사.

김인(2010). 사회복지 서비스 전달에 있어서 바우처 제도의 시장 경쟁성과 수급자 선택권이 서비스 질에 미치는 영향. **한국행정논집, 22**(2), 397-426.

김진우(2015). 변화하는 환경에서의 사회복지법인 역할에 대한 회고와 전망. **한국사회복지행정학회 학술대회 자료집,** 33-71.

남찬섭(2017). 사회서비스 전달체계의 문제점과 과제. **월간 복지동향, 227,** 5-13.

박경일(1997). 아동복지행정(전달체계). **아동복지편람,** 356-375.

보건복지부(2011). 보건복지부 길잡이 통계. 세종: 보건복지부.

보건복지부(2017). 2017년도 지역사회복지서비스 투자사업 안내. 세종: 보건복지부.

서상목 · 최일섭 · 김상균(1988). **사회복지전달체계의 개선과 전문인력 활용방안.** 세종: 한국개발연구원.

성규탁(1992). 사회복지서비스 전달체계의 개념적 틀과 분석방법의 예. **사회복지, 115,** 73-102.

성은미 · 민소영(2015). 읍 · 면 · 동 통합의 전달체계 변화 전략에 따른 서비스 접근성의 탐색-경기도 4개 도시를 중심으로. **한국지역사회복지학, 53,** 87-113.

손병일(2016). 사회서비스 전달체계 개선방안 연구. **한국사회복지행정학회 학술대회 자료집,** 297-315.

신복기 · 박경일 · 이명현(2013). **사회복지행정론.** 경기: 공동체.

양난주(2015). 사회서비스 바우처 정책 평가. **한국사회정책, 22**(4), 189-223.

엄기욱 · 김순규 · 배진희 · 오세영(2013). **사회복지개론.** 서울: 학지사.

염일열 · 이승현(2016). **사회복지행정론.** 경기: 공동체.

오민수 · 성은미 · 홍선미 · 민소영 · 안미연(2013). **사회복지시설 재정지원방식의 개편방안 연구: 서비스구매계약방식의 적용방안을 중심으로**. 경기: 경기복지재단.

오세영(2009). **사회복지행정론**. 서울: 도서출판 신정.

이현주 · 강혜규 · 서문희 · 정경희 · 유동철 · 정재훈 · 이승경 · 노언정 · 현명이(2003). **공공부조와 사회복지서비스의 체계분석 및 재편방안**. 한국보건사회연구원.

이현주 · 유진영(2015). **공공 사회복지 전달체계의 변화와 정책적 함의**. 세종: 한국보건사회연구원.

정지웅 · 이준우(2016). 사회복지서비스 공급 기관의 사회적경제 형태로의 전환 방안. **사회복지정책, 43**(3), 213-242.

조권중 · 최상미 · 장동열(2017). **기본소득 제도와 정책연구**. 서울: 서울연구원.

지은구(2012). 공공사회복지전달체계 개편의 문제점과 개선방안. **한국사회과학연구, 31**(2), 55-86.

최상미 · 신경희 · 이혜림(2017). **서울시 자원봉사 실태와 활성화 방안**. 서울: 서울연구원.

최성재 · 남기민(2006). **사회복지행정론**(2판). 경기: 나남.

한동우 · 박혜경 · 최상미 · 강일신 · 김정선 · 신유미(2016). 나눔문화 확산을 위한 전략 도출과 사회복지공동모금회법 개정 연구. 서울: 사회복지공동모금회 나눔연구소.

홍봉수 · 임현진 · 임안나 · 장승전 · 전경란 · 이해익 · 황영희 · 오현숙 · 김한덕 · 이순자 · 정경수(2016). **사회복지행정론**. 경기: 공동체.

Cave, M. (2001). Voucher programmes and their role in distributing public services. *OECD Journal on budgeting, 1*(1), 59-88.

Daniels, R., & Trebilcock, M. J. (2005). Towards a New Compact for University Education in Ontario. Retrieved from https://repository.upenn.edu/law_series/11.

Friedlander, W. A., & Apte, R. Z. (1980). *Introduction to social welfare*. Prentice-Hall.

Gates, B. L. (1980). *Social program administration: The implementation of social policy*. Prentice-Hall.

Gilbert, N., & Specht, H. (1974). The incomplete profession. *Social Work, 19*(6), 665-674.

Gilbert, N., & Specht, H. (1986). *Dimensions of welfare policy*. Englewood Prentice-Hall.

Gilbert, N., & Terrell, P. (2005). *Dimensions of Social Welfare Policy*. Boston: Allyn and Bacon.

Steuerle, C. (2000). Common issues for voucher programs. In C. Steuerle, O. Van Doorn, G. Pterson, & R. Reischauer (Eds.), *Vouchers and the provision of public services*(pp. 3-39). Washington D.C.: Brookings Institution Press.

국가기록원. https://www.archives.go.kr

사회서비스 전자바우처. https://www.socialservice.or.kr

제2장

공공 및 민간 사회복지 전달체계의 변화

최근 공공 사회복지 전달체계는 크게 변화하고 있다. 서비스 접근성을 높이고자 서비스 제공의 단위를 시군구에서 읍면동으로 변경하고, 주민참여수준을 증대시키기 위하여 읍면동에 지역사회보장협의체를 구성하고, 역할을 부여하였다. 또한 돌봄서비스가 필요한 자들이 지역사회에 거주하며 건강히 지낼 수 있도록 하는 지역사회 통합돌봄과 사회서비스 종사자의 양질의 일자리 창출 및 사회서비스 공공성 강화를 목적으로 추진되는 사회서비스원 선도사업이 2019년부터 시작되었다. 이 장에서는 이러한 공공 전달체계상에서의 변화의 내용과 의미에 대해 제시하고, 공공 전달체계상에서의 변화가 가져올 사회복지계의 변화와 앞으로의 과제에 대해 논의한다. 또한 민간 사회복지 전달체계도 변화하고 있다. 전달주체가 다양화되면서 사회적경제 조직과 영리 사회복지조직이 증가하고 있다. 이 장에서는 최근 주목받고 있는 사회적경제 조직과 영리 사회복지조직에 대하여 설명하고, 기존 비영리 사회복지조직과의 관계, 공통점, 차이점 등에 대하여 논의한다.

주요학습내용

1. 공공 전달체계의 변화
2. 읍면동 중심의 공공 전달체계 개편
3. 공공성 강화를 위한 공공 전달체계 개편
4. 민간 전달체계의 변화

1. 공공 전달체계의 변화

공공 사회복지 전달체계는 서비스 전달의 주체인 중앙정부나 지방자치단체가 사회서비스를 직접 전달하는 시스템이다. 공공 사회복지 전달체계는 주로 사회보장제도 중 사회보험과 공공부조를 담당하고 있고, 사회서비스는 지방정부의 시군구 및 읍면동에서 전달하기도 하나 민간 사회복지 전달체계를 통해 전달되는 경우가 더 많은 편이다.

공공부조는 중앙정부인 보건복지부가 서비스의 기획・지시・감독・지원 등의 역할을 하는 행정체계의 역할을 담당하고 있고, 읍면동 주민센터에서 서비스를 실행하는 집행체계로서의 역할을 담당하고 있다. 5대 사회보험은 종류에 따라 담당 부처가 상이하다. 보건복지부가 산하에 국민연금공단과 국민건강보험공단을 설치하여 서비스를 전달하고 있는데, 국민건강보험공단은 국민건강보험과 함께 노인장기요양보험까지 담당하여 서비스를 전달하고 있다. 고용노동부는 근로복지공단을 설치하여 고용보험과 산업재해보상보험을 담당하고 있다. 5대 보험은 2011년부터 징수 시스템을 일원화하여 건강보험공단에서 5대 보험을 통합징수하고 있고, 자격관리, 부과, 급여 등의 업무는 보험별 공단에서 담당하고 있다. 사회서비스는 시도단위 및 시군구단위가 행정체계의 역할을 담당하고 있고, 읍면동이 집행체계로서의 역할을 담당하고 있다.

공공 사회복지 전달체계의 효율성을 높이기 위해 그간 다양한 변화가 시도되어 왔다. 1987년 사회복지전문요원제도가 도입되었고, 이후 보건복지부사무소 시범사업(1995~1999년), 사회복지사무소 시범사업(2004~2006년) 등이 시범적으로 운영되었으나 사회복지사무소 시범사업은 주민들의 사회복지사무소 접근의 어려움, 일선 읍면동 사회복지전담공무원의 업무과중과 시군구와 협조체계 미흡, 지역사회 내에서 정부, 민간의 보건복지, 자원봉사, 고용관련 서비스 제공기관 간의 연계 미흡 등의 문제로 중단되었다(신복기 외, 2013). 2005년에는 서비스의 통합과 전문화를 제고하기 위하여 주민생활지원서비스 체계를 구축하였다. 2008년에는 공공-민간의 사회복지정보를 연계하고 효율적으로 관리하기 위하여 사회복지통합관리망 구축이 추진되었고, 노인장기요양보험제도가 도입되면서 건강보험공단이 노인장기요양보험제도의 운용을 담당하게 되었다. 2009년, 2010년에는 '사회복지 전달체계 개선 종합대책'을 발표하며 중앙정부 차원에서의 복지행정 지원정책을 강화하고자 하였다(강혜규, 2011). 개편의 핵심내용은 그간 사회복지 전달체계의 문제로 지적된 것으로 지방자치단체의 복지행정 개선, 사회복지통합관리망 구축, 국민연금공단의 장애인활동보조인제도 시행, 5대 보험의 통합징수 시작 등이다. 2012년의 대표적인 변화는 시군구에 희망복지지원단을 설치하면서 시군구단위의 공공 맞춤형 사례관리 체계를 구축한 것이다. 2014년에는 사회복지통합관리망이 사회보장정보시스템으로 명칭을 변경하였다. 2015년부터 현재까지의 두드러진 공공 사회복지 전달체계상의 변화는 읍면동 단위의 서비스가 강화되었다는 것이다. 2015년 서울시의 찾아가는 동주민센터 사업이 시작되었고, 2016년에는 보건복지부가 읍면동 복지허브화사업을 시작하여 현재까지 지속적으로 관련 사업이 확대되고 있다. 또한 2015년 이후 시군구단위의 지역사회보장협의체뿐만 아니라 읍면동단위의 지역사회보장협의체를 구성하게 되었다. 2019년부터는 공공성 강화의 흐름 속에서 지역사회통합돌봄과 사회서비스원 선도사업을 실시하고 있다. 1980년대 이후의 공공 사회복지 전달체계의 주요 변화를 살펴보면 다음과 같다(〈표 2-1〉 참조).

표 2-1 공공 사회복지 전달체계의 주요 변화

	주요 변화내용
1987년	사회복지전문요원제도 도입(별정직)
1995~1999년	보건복지사무소 시범사업 실시
2004~2006년	사회복지사무소 시범사업 실시
2005년	주민생활지원서비스 체계 구축
2008년	복지전달체계 개선대책 발표 –사회복지통합관리망 구축 건강보험공단의 노인장기요양보험 관리 시작
2009년	사회복지 전달체계 개선대책 발표 –복지담당공무원의 업무부담 완화 –부처별 복지전산망연계 강화 –급여 사전 · 사후 관리 강화 –민간복지전달체계 효율화
2010년	사회복지통합관리망(행복e음) 구축 시군구 '위기관리사례관리사업' 실시 한국보건복지정보개발원 설치
2011년	5대 보험 통합징수 시작(건강보험공단으로 일원화/자격관리, 부과, 급여업무는 각 공단) 국민연금관리공단의 장애인활동지원제도 관리 시작 한국보건복지정보개발원과 사회복지서비스관리원 통합
2012년	다부처 복지정보연계사업 본격 추진(복지부로 이관) 복지부 내 '복지행정지원단' 설치 시군구 희망복지지원단 설치
2014년	사회보장정보시스템으로 명칭 변경(행복e음)
2015~2016년	2015년 서울시 찾아가는 동주민센터 사업 실시 2015년 읍면동 지역사회보장협의체 구성 2016년 읍면동 복지허브화 사업 실시
2019년~	지역사회 통합돌봄 선도사업 시행 사회서비스원 선도사업 시행

출처: 강혜규(2011); 신복기 외(2013); 2014년 이후 전달체계 변화내용 등을 참고하여 작성함.

2. 읍면동 중심의 공공 전달체계 개편: 읍면동 복지허브화, 찾아가는 동주민센터, 읍면동 지역사회보장협의체

1) 읍면동 복지허브화, 찾아가는 동주민센터

2015년 이후 공공 사회복지 전달체계가 표방하고 있는 서비스는 촘촘한 맞춤형 서비스로, 높은 접근성을 가지고 개별화된 서비스를 제공하는 것에 중점을 두고 있다. 이러한 흐름이 형성된 계기는 복지 사각지대에 있는 사례의 잇따른 발견이었다.

2012년 11월 일가족 3명이 충북 청주에서 생활고로 도로변 차량에서 연탄불을 피워 자살하는 사고가 있었고, 2014년 2월에는 송파구의 세 모녀가 생활고로 동반 자살하는 사고가 있었다. 서비스 욕구가 매우 높음에도 불구하고 공공의 사회복지 전달체계 내에 편입되지 못하고 인간다운 삶을 유지하지 못하는 사각지대가 잇따라 발견됨에 따라 복지 사각지대 감소를 위한 대책 마련 요구가 매우 높아졌다. 복지 사각지대 발생의 원인으로 표준화된 제도로 인하여 맞춤형 서비스가 제공되지 못하고 있다는 점과 서비스 접근성이 낮아 도움을 요청하지 못하는 경우가 많다는 점이 지적되었다. 이러한 문제를 해결하고 복지체감도를 증대시키기 위하여 만든 안이 읍면동중심의 공공 사회복지 전달체계 개편이다.

읍면동 주민센터는 시군구에 비하여 지리적 접근성이 높고, 지역 범위가 좁아 지역 내 서비스 욕구를 보다 촘촘히 파악하고 서비스를 제공하는 데 용이하다는 장점이 있다. 또한 복지 사각지대 발굴을 위하여 방문복지 서비스가 요구되는데, 읍면동 단위가 방문복지를 하기에 적합한 단위로 평가되면서 읍면동 단위의 서비스가 확대되었다. 서비스 신청/접수 역할을 하던 읍면동 주민센터를 복지중심기관으로 개편하면 읍면동 단위의 사회복지 전달체계

표 2-2 행정복지센터와 찾아가는 동주민센터 비교

	행정복지센터(보건복지부)	찾아가는 동주민센터(서울시)
현황	2016년 초 읍면동 복지허브화사업 공표 2015(15동) → 2016(700동) → 2017(2,100동) → 2018(3,502동)	2015년부터 시행 중 2015(80동) → 2016(282동) → 2018(424동)
특징	방문복지, 사례관리 강화, 인력충원(전국 사회복지직 4,800명 충원, 동 평균 3명 이상으로 구성)	방문복지, 사례관리 강화, 마을의 경합, 인력방식 변화(서울시 2016년 2,000명 충원, 동 평균 5.8명 증원)

를 통해 주민들과 자주 만나고 소통하고 서비스를 적기에 제공할 수 있게 될 것으로 기대되었다. 읍면동기능의 강화는 2015년 서울시의 찾아가는 동주민센터 사업을 통해 시작되었다. 2015년 80개 동을 대상으로 사업이 실시된 후, 단계적으로 대상을 확대하여 현재는 424개 동이 사업을 진행하고 있다.

정부부처인 보건복지부는 1년 뒤인 2016년 읍면동 복지허브화사업을 공표하였고, 2018년에 3,502개 동에 행정복지센터 설립을 추진했다. 찾아가는 동주민센터와 읍면동 복지허브화사업은 모두 읍면동 복지 기능을 강화하여 방문복지 및 사례관리 강화를 목표로 삼는다는 공통점을 갖지만, 읍면동 복지허브화사업에 비하여 서울시의 찾아가는 동주민센터는 마을조직화 기능을 강조하고, 인력이 행정복지센터보다 더 많다는 특징이 있다(〈표 2-2〉 참조).

보건복지부가 읍면동 복지허브화사업에서 행정복지센터에 부여한 기능은 다음과 같다. 첫째, 복지 사각지대 발굴이다. 행정복지센터는 복지 사각지대 발굴을 위한 지역공동체 사회분위기를 조성하고, 복지 이(통)장을 활용한 마을복지 모니터단을 구성하고, 지역특화사업을 추진하는 세부 사업을 수행해야 한다. 둘째, 찾아가는 복지상담이다. 현장복지, 찾아가는 복지실현을 위한 복지허브화를 추진하고, 지역주민의 복지조직화를 통한 지역복지 활성화 구축을 추진한다. 셋째, 읍면동 통합사례관리이다. 넷째, 민관협력과 자원관리이다. 이 기능에서는 읍면동 지역사회보장협의체와의 협력을 제안하고 있다.

2015년 보건복지부 복지허브화 시범사업 결과, 사각지대 발굴이 6.2배 증가하고, 방문상담이 4.3배 증가하였으며, 서비스 연계도 3.4배 증가한 것으로 확인되었다. 복지체감도 역시 82점에서 92.8점으로 증가하였는데, 이러한 긍정적인 성과를 기반으로 전국으로 사업을 확대하고 있다.

찾아가는 동주민센터(이하 찾동)는 복지 사각지대 감소와 읍면동 단위의 마을공동체 활성화를 위하여 도입된 서울시의 공공 사회복지 전달체계 개선 방안이다. 찾동 사업은 2014년 '동 마을복지센터 추진 계획' 수립 과정에서 기획되었고, 2015년 80개 동에 대한 1단계 사업 참여를 시작으로 서울시 전역으로 확대되고 있다. 찾동은 찾아가는 복지, 통합 서비스 제공, 마을 공동체 조성, 동 행정의 혁신 등을 위한 사업을 추진하고 있다. 확대된 복지인력에 복지플래너가 공공의 맞춤형 사례관리사로서 역할을 하게 되며, 방문복지, 통합 서비스 제공, 민관협력의 역할을 수행하고 있다. 마을공동체 조성은 지역조직화사업과 유사한 측면이 있는데, 지역조직화사업 중에서도 주민의 주도성을 강조하는 주민조직화와 유사하다. 또한 동주민센터의 복지인력

표 2-3 찾아가는 동주민센터 복지영역 주요 사업에 따른 기능

찾아가는 동주민센터 주요 사업	
복지플래너	신규사례 발굴 절차 및 노력, 방문 빈도, 제공서비스 적합성 등
사례관리	내부사례회의 참여구성원과 운영방식 및 빈도, 외부사례 회의 실시 여부, 동주민센터 내 또는 외부로 이관 여부, 실제 사례관리 종결사례 등
복지상담전문관	내방상담 담당자와 여타 복지담당자 간 즉각적 연계로 원스톱 서비스 제공 여부 등
복지생태계	지역 자원 · 욕구 이해, 나눔이웃 현황 등
구성원 간 의사소통	팀장 간 의사소통, 팀별 · 팀내 정규회의, 상시 협조체계 구축 등

출처: 김정현(2017).

강화에 따라 동주민센터의 공간을 재구성하고, 인력을 재배치하는 동 행정혁신을 추진하고 있다. 동주민센터에 인력이 대규모로 충원됨에 따라 사회복지전담공무원의 과도한 업무량이 다소 합리적으로 조정될 것으로 보인다. 2015년 1차 사업 결과, 사회복지 인력 1인당 대상인구가 약 절반으로 감소하였고, 2차년도 사업 후에는 소폭 더 감소한 것으로 보고되고 있다. 또한 찾동은 동마다 방문간호사를 1명씩 채용하여 방문건강서비스도 제공하고 있다.

2) 읍면동 지역사회보장협의체

날로 다양해지고 복잡해지는 사회서비스 욕구에 적절히 대응하기 위하여 민관협력을 통한 지역사회 자원의 연계 필요성이 강조되고 있다. 공공이나 민간 사회복지 전달체계가 갖고 있는 물적 및 인적 자원의 한계 때문에 공공과 민간의 공식 사회복지자원 연계, 공공과 민간의 비공식 사회복지자원 연계가 요구되고 있다. 이에 따라 2014년부터 시군구 단위의 지역사회보장협의체를 읍면동 단위에서도 구성하도록 하고 있다.

읍면동 지역사회보장협의체란 읍면동 단위로 생활이 어려운 이웃을 살피고 알리고 보살피는 주민운동의 구심체이자, 지역공동체를 위해 다양한 복지욕구와 문제를 해결하는 민관협력 네트워크 조직이다(행정자치부 · 보건복지부, 2017). 읍면동 지역사회보장협의체의 기능은 효과적인 민관협력을 통해 복지 사각지대를 발굴하고, 자원활용수준을 높이고, 지역사회보호체계를 구축하고, 그 외 지역주민의 사회보장 증진을 위해 필요한 사항들을 수행하는 것이다. 읍면동 지역사회보장협의체는 지역 밀착 정보를 파악할 수 있고, 지역주민들에게 친밀하게 다가갈 수 있으며, 높은 접근성을 기반으로 지역주민들을 자주 만나면서 지속관리를 할 수 있다는 장점 때문에 그 중요성이 강조되고 있다.

표 2-4 읍면동 지역사회보장협의체의 역할 예시

사업	역할
복지 사각지대 발굴	읍면동 내 사회보장급여 지원대상자 발굴 시 읍면동 복지 공무원에게 사례 연결
사회보장 자원 발굴 및 연계	읍면동 내 다양한 자원 현황 파악 다양한 자영업자의 나눔활동 지속을 위한 인정과 보상 제공 관내 재능기부자, 친목모임 등에 지역 복지욕구 전달 및 동참 독려
지역사회보호체계 구축 및 운영	많은 주민과 관계와 소통으로 이뤄 가는 네트워크 형태 구축 및 지속 지원
지역 특화사업 추진 (선택사항)	읍면동 관내 복지문제 해결을 위한 자체 복지사업 기획, 실행, 평가 및 환류(예: 충남 서천군 마산면 특화사업: 병원진료가 필요한 어르신들에게 택시비를 지원하는 '진료보조 택시바우처' 사업 추진)

출처: 행정자치부 · 보건복지부(2017).

사회보장급여법에 따라 읍면동 지역사회보장협의체는 시군구의 지역사회보장협의체와 협력 관계를 유지해야 한다. 시군구의 대표협의체는 읍면동의 지역사회보장협의체의 원활한 운영을 돕고, 조기 정착을 위한 교육/훈련을 지원하고, 모니터링, 컨설팅, 자원 연계 등을 지원해야 한다. 읍면동 지역사회보장협의체 위원장은 시군구 협의체의 위원으로 참여하면서 시군구 협의체와의 관계를 유지하고 소통의 통로 역할을 수행해야 한다. 보건복지부에서 강조하는 것은 시군구 협의체와 읍면동 협의체가 상하관계가 아닌 동등한 협력관계라는 점이다. 수평적인 동등한 관계를 유지할 때 좋은 성과가 기대된다는 점에서 시군구 협의체와 읍면동 협의체가 관계의 성격을 명확히 인지하는 것이 필요하다.

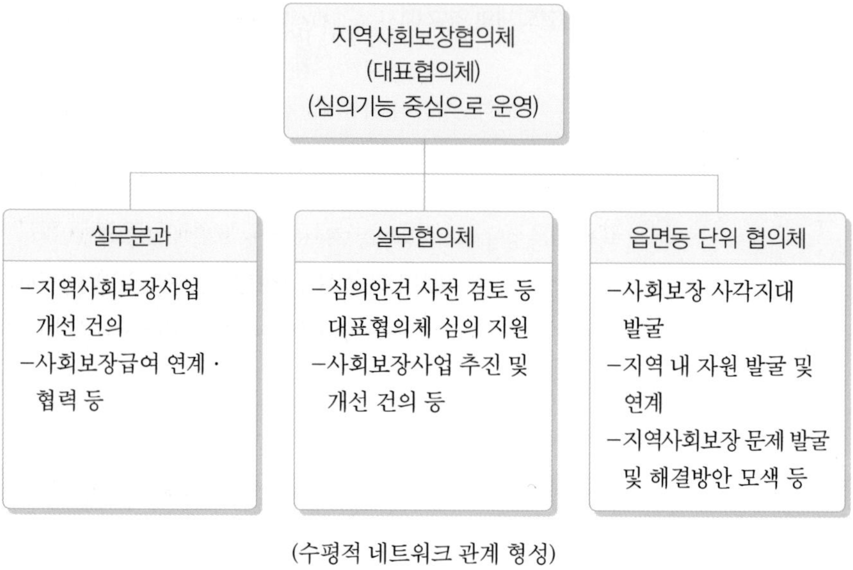

[그림 2-1] **대표협의체, 실무협의체(분과 포함), 읍면동 단위 지역사회보장협의체 간 관계**

출처: 행정자치부 · 보건복지부(2017).

또한 읍면동 협의체는 읍면동 주민센터와 긴밀히 협력하도록 명시되어 있다. 기본적으로 읍면동 주민센터의 동장이나 공무원은 협의체 위원으로 참여하여야 하며, 회의장소 등 공간을 지원하고, 필요시 회의록 작성 및 보관, 공개 등의 관리를 지원해야 한다. 또한 읍면동 협의체가 복지 사각지대를 발굴하였을 때 주민센터의 사례관리를 받을 수 있도록 연계하는 역할도 수행해야 한다. 읍면동 협의체는 주민자치위원회 등 기존 사회복지단체와 독립적인 관계이고, 기존 사회복지단체들과도 동등한 협력관계로서 관계를 유지하도록 노력해야 한다. 읍면동 협의체 위원들은 공공과 민간이 파악하기 힘든 지역주민들의 정보를 파악할 수 있기 때문에 자원발굴에 용이한 측면이 있다. 따라서 읍면동 협의체는 공공과 민간이 파악하지 못한 지역자원 발굴에 노력을 기해야 한다.

읍면동 협의체의 성공적 운영을 위해 읍면동 협의체 위원은 다음의 역할을 수행해야 한다. 첫째, 사각지대 발굴을 위해 적극적으로 노력해야 한다. 지역 주민들과의 기존 관계를 활용하여 자주 소통하면서 사각지대를 발굴해야 한다. 둘째, 서비스가 필요해 보이는 주민을 발견할 경우, 문제와 욕구가 무엇인지, 어떤 서비스를 받아야 하고 어떤 도움이 필요한지 파악하고, 누가 도와줄 수 있는지 등을 확인해야 한다. 셋째, 필요한 정보를 획득하기 위해서 지역사회 주민들과 친밀한 관계를 형성해야 한다. 이때 유의할 점은 편하게 얘기할 수 있는 환경을 조성하고, 경청하고 공감해야 한다는 점이다. 그러나 제한된 정보를 가지고 성급하게 판단하거나 비난하거나 동정해서는 안 된다. 넷째, 읍면동 주민센터 맞춤형 복지팀과 협력하여 자원을 연계해야 한다. 모든 공식 · 비공식 자원과 읍면동 협의체는 수평적 관계를 유지할수록 협력이 잘 된다는 점을 명심해야 한다. 마지막으로 주민의 개인정보를 보호하려는 노력이 필요하다. 지역사회 주민으로부터 정보를 얻을 때에는 개인정보 활용 동의를 받아야 하고, 지역사회 주민의 정보는 원조를 목적으로 소통하는 사람들하고만 공유해야 한다. 자칫하면 사생활을 침해하고, 민감한 정보의 확산으로 지역사회 주민들과의 관계가 악화될 수 있다.

또한 읍면동 협의체가 원활하게 운영되기 위해서는 몇 가지 기반과제가 수행되어야 한다. 먼저, 읍면동 협의체의 위원들은 주민센터의 공무원, 민간 전문가를 제외하고는 서비스 제공을 위한 전문성 수준이 높지 않다. 따라서 활동 시 활용할 수 있는 매뉴얼을 제작하여 배포할 필요가 있다. 매뉴얼을 통해 업무를 명확히 하고, 명문화를 통해 협의체 내외에서 발생할 수 있는 갈등을 용이하게 조정할 수 있다. 둘째, 자원 간 의사소통 활성화를 돕는 의사소통 플랫폼을 마련해야 한다. 예를 들면, 단체 커뮤니티를 개설할 수 있는데, 이때에는 지나치게 사생활이 침해되거나 활동과 관련성이 낮은 소통이 많아지지 않도록 운영지침을 만들어 합의한 후에 커뮤니티를 운영하는 것이 좋다. 또한 네트워크별로 리더를 지정하여 의사소통을 하면 의사결정을 효율적으로 할 수 있다. 마지막으로 자원 간 신뢰와 유대관계를 쌓을 수 있는 기회를 마련할 필요가 있다. 이를 위한 수단으로 민간 단체 워크숍을 실시할 수 있다.

3. 공공성 강화를 위한 공공 전달체계 개편: 지역사회 통합돌봄과 사회서비스원

공공 사회복지 전달체계에서 2018년 이후 눈에 띄는 큰 두 가지 변화이자 시도는 지역사회 통합돌봄과 사회서비스원이다.

1) 지역사회 통합돌봄(커뮤니티 케어)

지역사회 통합돌봄은 돌봄이 필요한 주민들이 자기 집 등 지역사회에 거주하면서 개개인의 욕구에 맞는 복지급여와 서비스를 누리고 지역사회와 함께 어울려 살아가며 자아실현과 활동을 할 수 있도록 하는 사회서비스 체계이다. 보건복지부는 지역사회 통합돌봄 체계로서 커뮤니티 케어 체계를 2026년까지 구축하는 것을 목표로 하고 있고, 주요정책대상은 노인, 장애인, 정신질환자이다.

지역사회 통합돌봄의 핵심은 절대부족인 서비스의 보강과 파편화된 돌봄서비스 연계 및 조정 가능한 지역사회체계의 구성이고, 주요 내용은 재가서비스의 확충, 주거복지 강화(탈시설 지원과 지원주택), 돌봄서비스의 연계성 보강, 시설 및 병원 이용의 합리성 제고가 포함된다. 한국형 커뮤니티케어 완성을 위한 지역사회 통합돌봄 체계 구축을 위하여 2019~2020년에는 제1차 지역사회 통합돌봄 선도사업을 실시하고 있고, 전체적인 로드맵은 다음과 같다.

	2018~2022	~2025	2026~
	선도사업 실시 및 핵심 인프라 확충 단계	커뮤니티케어 제공기반 구축 단계	커뮤니티케어 보편화 단계
목표	지역사회 통합돌봄 모델 개발, 법·제도 정비 및 인프라 확충	초고령사회 진입(2026) 이전에 제공기반 구축	케어가 필요한 사람 누구에게나 욕구에 맞추어 보편적 케어 제공
주요과제	• 선도사업을 실시하여 지역 실정에 맞는 서비스 발굴과 제공모델을 검증·보완하여 다양한 지역사회 통합돌봄 모델 개발 • 주거 및 노인 건강관리 등을 위한 핵심시설 인프라 확충 • 복지부, 관련 부처 및 지자체에 전담조직 설치 • 지역사회 통합돌봄 기본법 제정 및 개별 법률 개정 • 지역사회 통합돌봄 종합계획 및 지자체별 시행계획 수립·이행	• 대상별, 욕구별 다양한 서비스 발굴 및 재가서비스의 대대적 확충 • 제공인력의 체계적 양성 및 교육 훈련 • 케어매니지먼트 시스템 구축 • 서비스 수급 및 수가체계 개편 • 민간 서비스 제공기관의 공공성 강화 • 분야 간 재정 조정·연계 및 지자체의 재정 책임성 강화 • 서비스 품질관리체계 구축	(원칙)지역사회를 중심으로 자율적 실행

[그림 2-2] **한국형 커뮤니티케어 완성을 위한 지역사회 통합돌봄의 로드맵**

출처: 서울시·서울시복지재단(2019).

2) 사회서비스원

사회서비스 시장이 친시장화 방향으로 확대되어 오면서, 민간의 과도한 경쟁구조 등으로 인하여 저임금 근로, 고용불안이 발생하고, 이에 따른 서비스 질의 하락이 우려되는 상황이다. 또한 이용자들의 공공 서비스에 대한 욕구가 증대되고 있다. 이러한 배경 속에서 사회서비스원이 논의되고 있다. 사회서비스원은 사회서비스 종사자를 직접 고용하는 기관으로, 요양보호사, 장애인활동지원사, 보육교사, 사회복지사 등을 채용하여 공공의 일자리를 가진 종사자가 사회서비스를 제공하게 하는 것이 사회서비스원 사업의 골자이다. 사회서비스원을 통해 기대할 수 있는 효과는 공공성의 확보, 종사자의 안정성 확보, 공공일자리 창출이다. 2019년부터 선도사업으로 광역시도 차원에서 사회서비스원이 설치 · 운영되고 있으며, 향후 성과에 따라 확대 여부가 결정된다.

3) 공공 전달체계의 변화가 가져올 사회복지계의 변화와 앞으로의 과제

공공 사회복지 전달체계가 사회서비스 접수 및 연계 역할을 넘어 서비스를 직접 제공하는 방향으로 변화하면서 사회복지계 전반에서 공공과 민간의 역할 조정 필요성에 대한 논의가 활발하게 진행되고 있다. 특히, 종합사회복지관의 경우 사례관리, 지역조직화, 서비스라는 세 가지 기능을 수행하고 있는데, 읍면동 주민센터가 공공 사례관리를 강조하면서 종합사회복지관의 사례관리 기능이 축소되는 것은 아닌지에 대한 우려가 많다. 읍면동 주민센터의 인력 증대를 위해 민간경력인력채용이 진행되고, 종합사회복지관의 경력사회복지사들이 공공으로 이동하는 사례도 생기면서 민간의 종합사회복지관들은 위기의식을 느끼고 있다. 민간의 이러한 우려를 인식하고 사회복지계는 역할 조정을 위한 연구, 토론회, 포럼 등을 수행하고 있는데, 사례관리 기능과 관련하여서는 사례관리에 필요한 전문성의 수준에 따라 역할이 조정될 필요성을 제안했다. 서비스 욕구가 낮은 사례는 공공이 담당하고, 서비스 욕구가 높은(위기수준이 높은) 사례는 사회복지실천적 전문성이 높은 민간이 담당하는 것이 현재까지 나온 중재안이다.

하지만 공공 사회복지 전달체계의 직접 서비스 제공이 민간 축소를 가져올 것이라는 주장은 다소 지나친 우려일 수 있다. 사회서비스는 늘 수요보다 공급이 적다고 지적되어 왔다. 높은 수요를 충족시키기 위해서는 공급을 확대해야 하는데, 공공영역의 확대가 결과적으로 전체 공급을 늘리는 데 기여하게 될 것으로 사료된다. 즉, 복지 공급 총량의 확대라는 측면에서 공공 전달체계의 변화는 주민 서비스 욕구에 적절히 대응할 수 있는 여건이 향상되고 있다고 해석하는 것이 더 적절하다. 공공과 민간은 상호배타적인 관계가 아니라 협력 관계이므로 공공의 변화를 민간이 어떻게 활용할 것인지 고민하고 적극적으로 상생할 수 있는 방안을 만들어 나가는 것이 필요할 것이다.

4. 민간 전달체계의 변화:
사회적경제 조직과 영리 사회복지조직

전통적으로 사회서비스의 전달주체는 공공조직과 민간조직이었고, 민간은 대부분 비영리조직이었다. 기존의 전달주체들은 효율적이고 효과적으로 서비스를 전달해 왔는가? 사회복지조직은 사회서비스 욕구를 충족시켜 줄 수 있는 유일한 전달주체인가? 사회서비스 전달주체의 다양화에 대해 설명할 수 있는 복지혼합(welfare mix)의 개념에 대한 논의는 공공과 민간의 두 전달주체에 한정하여 진행되어 왔다. 그러나 사회서비스 전달주체는 반드시 공공과 민간의 사회복지조직이어야만 하는 것은 아니다. 다양해지고 복잡해지는 사회서비스 욕구를 충족시켜 주기 위해서는 다양한 방식의 접근이 필요하고, 새로운 방식의 접근으로써 사회적경제 조직과 영리 사회복지조직이 등장하여 확대되고 있다.

1) 사회적경제 조직

사회적경제는 미국 및 유럽에서 경제 위기가 발생하고 이에 따라 파생된 사회문제들이 공공, 시장, 민간비영리의 노력으로 해결되지 않음에 따라 사회문제를 해결할 수 있는 대안으로 등장하였다. 사회적경제는 기본적으로 공동체성을 강조하는 개념으로, 경제적 목적과 사회적 목적을 동시에 달성할 수 있는 경제를 의미한다. 우리나라에서도 자본주의 체제 내에서 투기자본의 극성, 인간성 침해, 양극화 심화, 사회적 부양부담의 증대, 비자본주의적 가치의 폄하 등의 문제가 지속됨에 따라 사회적경제의 개념을 도입해야 한다는 주장이 늘어나기 시작하였다. 그러한 흐름 속에서 대표적인 사회적경제 조직인 사회적기업을 육성하기 위한「사회적기업 육성법」이 2008년 제정되면서 사회적기업의 수는 지속적으로 증가해 왔다.

그 외에도 2011년「협동조합 기본법」이 설립되어 협동조합이 많은 관심을 받으면서 증가하고 있고, 마을기업, 자활기업 등도 증가하는 추세이다. 사회문제를 해결할 수 있는 대안으로서 사회적경제 조직이 지지를 받으면서 2015년 '사회적경제기본법'이 발의되었으나, 자본주의의 기본 원리에 반한다는 반대 주장이 강하여 아직 계류 중이다. 법은 아직 제정되지 않았지만, 사회적경제는 이미 우리 사회에서 대안으로 자리 잡고 있으며, 사회적경제 조직이 증대됨에 따라 사회적경제 조직이 추구하는 사회적 목적과 사회복지조직이 추구하는 사회적 목적의 유사성이 지적되면서 사회적경제 조직과 사회복지조직의 관계를 정립하고자 하는 노력이 생겨나고 있다. 이에 이 장에서는 사회적경제 조직의 유형에 대해 살펴보고, 사회복지조직과 사회적경제 조직과의 관계에 대해 논의하고자 한다.

사회적경제의 유형은 일반적으로 사회적기업, 사회적협동조합, 마을기업, 자활기업의 네 가지로 구분된다. 〈표 2-5〉에는 우리나라 사회적경제 거버넌스의 구조가 제시되어 있다. 구체적으로는 이 네 가지 사회적경제 조직의

표 2-5 우리나라 사회적경제 거버넌스 구조

구분	자활기업	협동조합	사회적기업	마을기업
주관	보건복지부	기획재정부	고용노동부	행정안전부
근거	「국민기초생활보장법」	「협동조합 기본법」	「사회적기업 육성법」	'행정자치부 지침'
조직 형태	조합 또는 「부가가치세법」상의 사업자	일반협동조합(법인) 사회적협동조합(비영리법인)	「민법」상 법인 · 조합, 「상법」상 회사, 비영리단체, 협동조합	「민법」상 법인, 「상법」상 회사 등 법인체, 마을공동체 등 지역단위의 소규모 공동체
사업 목표	기초생활수급자의 일자리 창출 및 탈빈곤 유도	조합원의 권익향상, 지역사회 공헌, 지역주민의 권리 · 복리 증진, 취약계층을 위한 사회서비스 제공, 일자리 창출	취약계층을 위한 사회서비스 및 일자리 제공, 기타 지역사회 공헌	마을단위의 안정적 일자리 창출, 지역공동체 활성화 및 지역발전
재정 지원 내용	공공기관 우선구매, 초기 창업지원, 인건비 지원 등		취약계층 인건비 최대 5년간 지원(1인당 98만 원) *예비사회적기업 2년, 사회적기업 3년	시설비, 경영컨설팅 등 사업비 2년간 최대 8천만 원 지원
중앙 위원회	중앙생활보장위원회	협동조합정책심의위원회(제11조의2)를 설치(20명: 11/9)	「고용정책 기본법」의 고용정책심의회가 담당	의사결정 기구는 없음
지방 위원회			조례에 근거하여 설치	심의위원회
선정 주체	보건복지부 중앙자활센터	-협동조합(광역지자체) -사회적협동조합 (중앙행정기관)	고용노동부 (사회적기업진흥원 추천 후 고용부 인증)	-광역자치단체(시군구 추천 → 시도 선정)
중간 지원 조직	중앙자활센터, 지방자활센터	사회적기업진흥원	사회적기업진흥원	

출처: 김학실(2017).

유형별 주관, 근거, 조직형태, 사업목표, 재정지원내용, 지방위원회, 선정주체, 중간지원조직이 제시되어 있다.

(1) 사회적기업

사회적기업은 취약계층에게 사회서비스 또는 일자리를 제공하거나, 지역사회에 공헌함으로써 지역주민의 삶의 질 향상을 위한 사회적 목적을 추구하면서 재화 및 서비스의 생산 · 판매 등 영업활동을 수행하는 기업이다(「사회적기업 육성법」 제2조 제1항). 사회문제 해결의 대안으로 사회적기업이 주목

절차	주관기관
① 인증계획 공고	고용노동부
② 상담 및 컨설팅	권역별 지원기관, 진흥원
③ 인증신청 및 접수	진흥원
④ 신청서류검토 및 현장실사 계획수립	진흥원
⑤ 현장실사	진흥원, 권역별 지원기관
⑥ 중앙부처 및 광역자치단체 추천	진흥원 ↔ 중앙부처, 광역지자체
⑦ 검토보고자료 제출	진흥원 → 고용노동부
⑧ 인증심사	고용노동부 사회적기업육성전문위원회
⑨ 인증결과 안내 및 인증서 교부	고용노동부, 고용센터, 진흥원

[그림 2-3] 사회적기업의 운영 절차와 주관기관

받으면서 2007년 사회적기업의 육성을 목적으로 지원사항들을 제시하고 있는 「사회적기업 육성법」이 제정되었다. 「사회적기업 육성법」을 기반으로 사회적기업의 수는 현재까지도 계속적으로 증가하고 있다. 2017년 기준으로 1,814개의 사회적기업이 운영되고 있다.

사회적기업으로 인증받으면 ① 경영컨설팅, ② 공공기관 우선구매, ③ 시설비 등 지원, ④ 세제 지원, ⑤ 사회보험료 지원, ⑥ 전문인력 채용 지원, ⑦ 인건비 지원, ⑧ 사업개발비 지원, ⑨ 모태펀드 등의 지원을 받을 수 있다. 구체적으로 사회적기업의 지원 제도에는 직접지원, 간접지원 등이 있다. 직접지원은 일자리창출사업 인건비 지원, 전문인력 인건비 지원, 사업개발비 지원, 4대 사회보험 지원, 세제 지원으로 분류되고, 간접지원은 공공기관 우선구매, 판로개척, 자원봉사(프로보노), 경영컨설팅, 융자 등 금융지원이 해당된다. 기타 사항으로 청년 등 사회적기업가 육성사업, 소셜벤처 경연대회 등이 있다.

사회적기업 요건을 충족하지 못하여 인증을 받을 수는 없으나, 향후 사회적기업으로 전환이 가능한 기업은 예비 사회적기업으로 지정되어 지원을 받을 수 있다. 사회적기업은 고용노동부장관이 인증해 주고, 예비 사회적기업은 지방자치단체나 정부부처장이 지정한다. 예비 사회적기업이란 사회적 목적 실현, 영업활동을 통한 수익창출 등 사회적기업의 대체적인 요건을 갖추고 있으나, 수익구조 등 법률상 인증요건의 일부를 충족하지 못하고 있는 기업을 광역 자치단체장이나 정부부처가 지정하여 장차 요건을 보완해 향후 사회적기업으로 전환이 가능한 기업이다. 예비 사회적기업으로 지정되면 ① 경영컨설팅, ② 공공기관 우선구매, ③ 인건비 지원, ④ 사업개발비 지원, ⑤ 모태펀드 등의 지원을 받을 수 있다. 예비 사회적기업에 대한 지원은 지방자치단체에 따라 상이할 수 있기 때문에 구체적인 내용은 지역의 사회적기업 담당부서나 통합지원기관으로 문의해야 한다.

표 2-6 사회적기업의 인증요건

유형	내용	기준
일자리 제공형	취약계층에게 일자리를 제공하는 것을 주요한 목적으로 함	전체 근로자 중 취약계층의 고용비율이 30% 이상
사회서비스 제공형	취약계층에게 사회서비스를 제공하는 것을 주요한 목적으로 함	전체 서비스 수혜자 중 사회서비스를 제공받는 취약계층의 비율이 30% 이상
혼합형	취약계층에게 일자리와 사회서비스를 제공하는 것을 주요한 목적으로 함	전체 근로자 중 취약계층의 고용비율과 사회서비스를 제공받는 취약계층의 비율이 각각 20% 이상
지역사회 공헌형	지역사회에 공헌하는 것을 주요한 목적으로 함	
	① 지역의 인적·물적 자원 활용 유형	지역 취약계층 고용 20% 또는 서비스 제공 20% 이상
	② 지역의 사회문제를 해결하는 유형	해당 부분의 수입 또는 지출의 40% 이상
	③ 지역의 사회적 목적을 추구하는 조직을 지원하는 유형	해당 부분의 수입 또는 지출의 40% 이상
기타형	사회적 목적의 실현 여부의 판단에 있어 취약계층의 고용 비율과 사회서비스 제공비율로 판단하기 어려운 경우의 유형	사회적기업육성위원회에서 결정

출처: 국가법령정보센터(2018).

사회적기업은 일자리 제공형, 사회서비스 제공형, 혼합형, 지역사회공헌형, 기타형의 다섯 가지 유형으로 구분된다. 일자리 제공형은 취약계층에게 일자리를 제공하는 것을 주요한 목적으로 하는 사회적기업이다. 취약계층에는 저소득자, 장애인, 고령자, 성매매피해자, 청년 및 경력단절여성, 북한이탈주민, 한부모자녀, 가정폭력 피해자, 결혼이민자, 갱생보호 대상자, 범죄구조 피해자, 장기 실직자, 6개월 이내 출소자, 6개월 이내 소년원퇴원자, 보호관찰 청소년이 포함된다. 사회서비스 제공형은 취약계층에게 사회서비스를 제공하는 것을 주요한 목적으로 하는 조직이며, 혼합형은 취약계층에게 일자리와 사회서비스를 제공하는 것을 목적으로 한다. 그 외에도 지역사회 문제해결에 도움을 주는 지역사회공헌형이 있고, 앞의 네 가지 유형에 속하지는 않지만 사회적 목적과 경제적 목적을 동시에 추구하는 조직은 기타형으로 분류된다.

(2) 협동조합

협동조합은 함께 소유하고 민주적으로 운영하며 모두가 주인인 기업, 새로운 일자리를 만들고 지역사회에 기여하며 오래 일할 수 있는 안정적인 경제공동체이다(서울특별시 사회적경제지원센터, 2019). 「협동조합 기본법」을 근거로 두고 있으며, 2016년 말 기준으로 10,648개소가 설립되어 있으며, 이 중 일반 협동조합이 전체 협동조합의 93.8%로 사회적협동조합의 비중은 아직 낮다. 지역별로는 서울 · 경기 · 전북 · 광주지역의 순서로 설립되어 있으며, 주당 37.6시간 근로에 월 138.4만 원 급여를 지급하는 것으로 파악되었다. 한편 설립된 협동조합 중에는 55.5%만이 실질적인 사업을 운영하고 있고, 사업모델 미비 등으로 인한 사업 미운영 상태인 곳이 많은 것으로 파악되었다(김정현, 2017).

협동조합은 크게 일반협동조합과 사회적협동조합으로 구분된다. 일반협동조합은 영리법인으로 업종 및 분야에 제한이 없고 시도지사가 설립하며 배당이 가능한 협동조합이고, 사회적협동조합은 지역주민들의 권익 · 복리 증진과 관련된 사업을 수행하거나 취약계층에게 사회서비스 또는 일자리를 제공하는 등 영리를 목적으로 하지 아니하는 협동조합을 말한다.

사회적협동조합의 사례:
장애인 사회 복귀 직업훈련기관, 프로제토H사회적협동조합

프로제토H 사회적협동조합(Cooperative Sociale Progetto H)은 장애인의 사회 복귀를 돕는 이탈리아의 직업훈련기관이다. 1983년에 설립되었고, 직원 수는 130명, 조합원 수는 43명이다(더 자세한 정보는 www.progettoh.it 참조). 프로제토H는 높은 실업률로 장애인들이 취업하기 매우 어려운 상황에서 다양한 욕구에 맞는 특별한 상품을 개발하여 성공한 사례이다. 먼저 여름 시즌 관광사업으로 해안 경비 및 산악캠프 관리 사업을 시작했고, 이후 수익을 다양한 훈련 프로그램에 투자하여 도자기, 가죽 등의 공방을 운영하였다. 점차 지역사회 내 기관들과의 계약이 증가하였고, 다양한 시설(학교 간이매점, 학생식당, 재활센터 등)의 운영계약도 맺게 되었다. 프로제토H는 개인의 상황과 가능성에 맞는 맞춤형 직업훈련을 실시하고 창업 지원까지 원스톱 서비스를 제공하는 것이 강점이다. 다양한 지방정부, 기업의 서비스 위탁 분야에 도전하면서 안정적 고용 기회를 창출하고 있다.

출처: 서울특별시(2013).

(3) 마을기업

마을기업은 행정자치부 지침에 근거를 두고 운영되는 사회적경제 조직으로, 지역주민이 각종 지역 자원을 활용한 수익사업을 통해 공동의 지역 문제를 해결하고, 소득 및 일자리를 창출하여 지역공동체 이익을 효과적으로 실현하기 위해 설립·운영하는 마을 단위의 기업이다(서울 사회적경제 포털, 2018). 마을기업으로 선정되기 위해서는 기업성, 공동체성, 공공성, 지역성이 충족되어야 한다. 기업성은 수익을 추구하는 경제 조직인지를 평가하고, 공동체성은 출자자 개인의 이익과 함께 마을기업 전체의 이익을 실현하는 5인 이상의 집단인지를 평가한다. 공공성은 마을기업의 경제적 이익과 함께 지역사회 전체의 이익을 실현하는가를 평가하고, 지역성은 지역자원을 활용하

고 있는지, 지역에 뿌리를 두고 설립 · 운영되어 주민 주도로 운영되는지를 평가한다. 구체적인 사업계획이 결여되어 사업화가 곤란한 경우, 사행심을 조장할 우려가 있는 경우, 관련 법의 제한으로 운영이 어려운 경우, 수익구조 창출이 어려운 경우, 단체의 규모가 너무 적어 실질적인 공동체로서의 기능이 취약한 단체의 경우, 대표의 신용이 불량한 경우, 복지법인이 모법인으로서 한 팀으로 신청하는 경우에는 마을기업이 될 수 없다(서울특별시 사회적경제지원센터, 2018).

(4) 자활기업

자활기업은 「국민기초생활 보장법」에 근거를 두고 있으며, 지역자활센터의 자활근로사업을 통해 습득된 기술을 바탕으로 1인 혹은 2인 이상의 수급자 또는 저소득층 주민들이 생산자협동조합이나 공동사업자 형태로 운영되는 기업이다. 자활기업에는 광역 단위의 자활사업 추진을 목적으로 광역자치단체에서 인정한 광역자활기업이 있고, 전국 단위의 자활사업 추진을 목적으로 보건복지부에서 인정한 자활기업이 있다.

자활기업으로 지정된 자활기업은 자활기업 창업지원, 사업자금 융자, 국/공유지 우선 임대, 국가 또는 지방자치단체의 조달구매 시 자활기업 생산품 우선구매, 기초생활보장수급자 채용 시 인건비 지원, 기타 수급자의 자활 촉진을 위한 각종 사업 지원 등의 지원을 받을 수 있다. 자활기업은 1996년 5개 시범사업을 시작으로 2000년 「국민기초생활 보장법」의 제정과 함께 확대되어 현재 전국 247개의 지역자활기업이 있다(서울특별시 사회적경제지원센터, 2018).

사회적경제 조직은 취약계층에게 일자리를 제공하고 사회문제를 해결하는 데 있어서 성과를 창출해 내고 있다. 그렇다면 사회적경제 조직은 지속가능한가? 사회적 목적의 달성 측면에서는 성과를 내고 있지만, 조직의 안정성 측면에서는 아직 갈 길이 멀다고 할 수 있다. 정부 지원에 의존한 채 상품성 강화, 판로 개발, 경영시스템의 효율화 등을 적극적으로 추진하지 않는 사회적경제 조직들은 정부지원이 종료되면 경영상황이 많이 어려워질 가능성이 크다. 실제로 사회적기업 중 정부지원이 종료된 후, 폐업한 기업들도 상당수 존재한다. 따라서 사회적경제 조직이 스스로의 역량으로 지속될 수 있도록 경영시스템을 효율화하고 이윤창출을 위한 전략을 개발하고 실행하는 것이 필요하다. 한편, 사회적경제 조직의 노동환경은 열악한 편이다. 신생 조직이 많고, 경제적 목적과 사회적 목적을 동시에 추진하다 보니 이익이 많지 않고, 안정적으로 이익을 확보하기도 어렵다. 이러한 상황에서 조직을 유지하려다 보니 노동환경이 열악하다. 낮은 임금, 복리후생제도의 부족, 높은 비정규직 노동자 비율 등이 사회적경제 조직의 현황이다. 그러나 이러한 노동환경에서는 인력을 안정적으로 확보하기 어렵고, 결국 이는 사회적경제 조직의 지속가능성을 어렵게 한다. 이에 사회적경제 조직이 발전하려면 노동환경이 반드시 개선되어야 할 것이다(〈표 2-7〉 참조).

(5) 사회적경제와 사회복지

사회적경제 조직이 추구하는 사회적 목적은 사회복지조직이 추구하는 사회적 목적과 거의 유사하다. 사회복지조직은 대체로 비영리조직이라는 점에서 영리를 추구하는 사회적경제 조직과는 차별성을 가지나, 사회적경제 조직 중 사회복지조직과 유사한 목적을 가지는 조직 또한 상당하다.

첫번째로 취약계층 고용형 사회적기업은 장애인 직업재활시설과 조직 운영이 유사하다. 실제 장애인 직업재활시설 중에 고용노동부의 지원을 받기 위하여 사회적기업으로 전환한 시설들도 꽤 있다.

다음으로 사회서비스 제공형 중에 사회서비스 바우처사업 수행기관, 노인장기요양기관, 직업훈련기관 등이 포함 가능하다. 또한 조직의 운영형태로서 협동조합 형태도 적용 가능하다. 실제로 최근 몇몇 종합사회복지관이 관

표 2-7 우리나라 사회적경제 현황

	사회적기업	마을기업[1]	자활기업[2]	협동조합	
				일반협동조합	사회적협동조합
개수	1,814[3]	1,377	1,334	11,259[4]	769[4]
일자리 수 (유급인원)	38,146명 (2017년 5월 말)	16,101명 (2016년 말)	1만 4,782명 (고용인원)[5] 약 7,000여 명 (취약계층)[6]	1만 2,715명[7]	
				11,711명[8]	928명[8]
총 매출액	2,000억 원 (2016년 기준)	1,266억 원 (2016년 말)		7,058억 6,547만 원[9]	
				6,501억 209만 원	515억 2,818만 원

1) 2015년 12월 기준. 한국지역진흥재단(2017). 2017년 마을기업 육성사업 시행지침(변경중심) 해설 및 방향
2) 2016년 2월 기준. 중앙자활센터(2016). 2016 자활기업 백서.
3) 인증기업 기준 (2017년 9월 기준). 한국사회적기업진흥원.
4) 2017년 9월 기준. 한국사회적기업진흥원. www.coop.go.kr
5) 생산자협동조합 및 공동사업자 형태로 운영되는 자활기업. 조선일보(2017. 08. 29.). http://news.chosun.com/site/data/html_dir/2017/08/28/2017082802131.html
6) 국민기초생활수급자를 비롯한 저소득층 기준. 중앙자활센터(2016). 2016 자활기업백서.
7) 제2차 협동조합 실태조사 기준. 기획재정부 · 한국보건사회연구원(2015). 제2차 협동조합 실태조사. 실제 사업을 수행하는 2,957개에서 주 15시간 이상 근무하고 보수를 받는 평균 인원 4.3명을 곱했다.
8) 보수를 받는 전체 종사자 12,715명 중 일반협동조합의 비율인 92.1%, 사회적협동조합의 비율인 7.3%를 곱했다.
9) 기업당 평균 연 매출액인 2억 3,871만 원에 실제 사업을 수행하는 2,957개의 협동조합 수를 곱했다.
출처: 김학실(2017).

료제적인 조직 구조와 성격을 변경시키기 위하여 협동조합의 형태로 전환하여 운영하는 것을 시도하고 있다.

또한 장애인 부모, 영유아 부모, 한부모 가구의 가구주들이 모여서 그들의 욕구를 충족시키면서도 수익을 창출할 수 있는 협동조합 형태의 사회서비스 조직을 만들어 운영하고 있다. 지역자활센터의 주요 대상 중에 하나인 근로능력이 있는 빈곤층은 주요 사회서비스 대상이라 사회복지조직이자 사회

적경제 조직이라 할 수 있다. 마을기업은 나머지 사회적경제 조직 유형에 비하여 사회복지적 성격이 가장 약하다고 할 수 있으나, 활용 기회가 없는 것은 아니다. 지역조직화사업을 실시할 때 마을기업을 만들어 운영하는 형태의 사업을 실시할 수 있다. 실제로 어느 종합사회복지관에서는 마을기업을 설립하여 지역사회 주민들을 조직하고, 마을의 문제를 해결하는 사업을 하여 우수사업으로 선정되기도 하였다.

따라서 서비스 목적을 달성하기에 더 적합한 조직 유형은 무엇인지 고려하여 조직 유형을 선택하는 유연성이 필요하다. 사회적경제 조직의 확대가 사회복지영역을 축소시킨다고 접근하면, 사회적경제 조직 유형을 활용하지 못하고, 사회적경제 조직에 대한 지원으로부터 배제될 수 있다. 따라서 사회적경제 조직을 배타적으로 대하지 말고 자원으로 보고 최대한 효율적이고 효과적으로 활용할 수 있도록 해야 한다. 한편, 사회적경제 조직이 사회적 목적을 추구한다는 점에서 사회적경제 조직을 사회복지의 하위 유형으로 보는 관점도 있으나, 이는 정확한 시각이 아니다. 많은 사회적경제 조직의 관리자 및 종사자들은 본인들을 경영인으로 인식하고, 사회복지 종사자로 인식하지 않는다. 따라서 사회적경제 조직을 사회서비스를 제공하는 새로운 주체로 보고, 협력의 대상으로 인식하는 것이 바람직하다.

2) 영리 사회복지조직

전통적으로 사회복지조직은 비영리조직으로 인식되어 왔다. 그러나 특정 조직의 양적 확대의 필요성, 민영화, 조직 간 경쟁 심화 등의 이유로 영리 사회복지조직이 출현하였고, 그 수는 증가 추세에 있다. 대표적인 영리 사회복지조직에는 노인요양시설이 있고, 현재 노인요양시설의 90% 이상은 영리 형태로 운영되고 있다. 그 외에도 상담 및 아동발달 관련 사설 사회복지조직이 존재한다.

전통적으로 영리조직은 사회적 목적을 추구하는 사회복지조직에 적합하지 않은 것으로 간주되어 왔다. 영리를 추구하다 보면 서비스 이용자의 이익을 최우선으로 하지 못하고 영리가 우선시되는 경우가 발생하여 목적전치가 일어날 가능성이 있기 때문이다. 또한 사회복지에서 중요하게 여기는 사회정의, 인간존엄 등의 가치가 간과될 가능성도 있다. 기본적으로 가치에 기반한 이용자 중심의 서비스를 제공하는 사회복지조직과 영리조직은 적합성이 낮다는 관점이 주류를 이루어 왔다.

그러나 반드시 단점만 있는 것은 아니다. 실제로 미국의 경우 다양한 영리사회복지조직이 존재하고, 이 조직들의 서비스 질은 비영리조직보다 높은 경우가 많다. 이러한 조직들은 보조금이나 후원금이 적기 때문에 이용자의 선택을 받아야만 이용료 수입을 창출할 수 있고 조직 운영이 가능하기 때문에 어느 조직보다 이용자의 욕구에 민감하게 반응한다. 또한 마케팅, 정보관리 등 경영지식들을 충분히 활용하여 운영효율화를 기하고 있기 때문에 서비스 프로세스가 효율적이다. 사회복지조직이 지켜야 할 가치와 원칙들을 준수한다는 가정하에서 영리조직은 서비스의 질을 향상시킬 수 있는 조직형태가 될 수 있다. 더하여 영리와 비영리 사회복지조직의 경쟁을 통해 서비스 질의 상향평준화를 기대할 수 있다는 점에서도 사회복지조직 형태의 다양성은 추구할 만한 가치가 있다.

생각해 보기

1. 읍면동 단위의 서비스 전달체계 강화가 바람직하다고 생각하는가?
2. 전통적으로 공공은 행정체계로서의 역할을 담당해 왔고, 민간은 집행체계로서의 역할을 담당해 왔으나 공공의 집행체계로서의 역할이 확대되고 있다. 공공은 행정체계의 역할에 충실해야 하는가? 집행체계로서의 역할도 수행해야 하는가?
3. 공공 전달체계의 강화 흐름에 민간은 어떻게 대응해야 하는가? 사회복지 총량의 확대인가? 민간 전달체계의 위기인가? 공공 자원의 활용 방안을 고민해야 하는가?
4. 사회적경제 영역의 확대는 사회복지 영역의 축소일까? 확대일까?
5. 사회적경제의 조직 유형 중 사회서비스 제공에 가장 적합한 유형은 무엇일까?
6. 사회적경제 개념의 적용이 적합한 사회복지 분야는 무엇인가?

활동하기

- 부록의 사회복지 시설 유형을 참고하여 시설 유형 3곳을 선택한 후, 시설 유형별 실제 조직을 1곳씩 찾아 특성을 분석해 보자.

	1	2	3
시설명			
시설 유형			
운영주체 (법인, 개인, 기타)			
직원 수			
비전			
주요 서비스			
부설기관			

참고문헌

강혜규(2011). 공공전달체계의 정보화: 사회복지통합관리망의 운영과 전달체계 개선의 기대효과. **한국사회복지행정학회 춘계국제학술대회 자료집**. 3-43.

기획재정부 · 한국보건사회연구원(2015). 2015년 협동조합 실태조사. 세종: 기획재정부.

김영종(2017). **사회복지행정론**. 서울: 학지사.

김정현(2017). 동 단위 사회복지 기능의 영향요인-서울시 찾아가는 동주민센터 사례를 중심으로. 위수탁제도와 사회복지서비스환경의 왜곡. **한국사회복지행정학회 2017 춘계학술대회 자료집**.

김진욱 · 엄태영 · 조주희(2017). 2017년 기부 및 사회 이슈 트렌트 분석. 위수탁 제도와 사회복지서비스환경의 왜곡. **한국사회복지행정학회 2017 춘계학술대회 자료집**.

김학실(2017). 사회서비스의 사회적 경제 전략. 한국사회서비스학회 춘계학술대회 발표 논문.

서울시 · 서울시복지재단(2019). '찾아가는 동주민센터 1차(18차) 찾동포럼' 자료집.

서울특별시(2013). 함께 만드는 협동조합 알아보기: 협동조합 운영 사례집.

신복기 · 박경일 · 이명현(2013). **사회복지행정론**. 경기: 공동체.

중앙자활센터(2016). **2016 자활기업백서**. 서울: 중앙자활센터.

하태영(2017). 2017년 마을기업 육성사업 시행지침(변경중심) 해설 및 방향. **마을공동체 이슈프리즘**, 13, 1-15.

행정자치부 · 보건복지부(2017). **읍면동 지역사회보장협의체 길잡이**.

홍현미라 · 정진경 · 이은정 · 심선경 · 김가율 · 함수연(2014). **사회복지행정론**. 경기: 공동체.

국가법령정보센터(2018). 사회적기업육성법. https://www.law.go.kr

사회보장정보원(2018). https://www.ssis.or.kr

서울특별시 사회적경제지원센터(2018). https://www.sehub.net

조선일보(2017. 8. 29.). 전체 GDP 중 13% 차지... 종사자 수만 약 63만명 달해. http://news.chosun.com/site/data/html_dir/2017/08/28/2017082802131.html

한국사회적기업진흥원(2018). https://www.socialenterprise.or.kr

제2부

사회복지조직의 전략관리

제3장

사회복지조직 구조와 조직이론

이 장에서는 일반적인 조직 구조에 대한 이해를 바탕으로 사회복지조직의 유형과 특징을 검토한다. 또한 이사회, 법인, 운영위원회, 자문위원회 등으로 구성된 사회복지조직의 운영 구조의 효과적인 사회복지조직 운영을 위한 운영전략을 이해한다. 더하여 사회복지조직의 대표적 조직이론을 학습하며 사회복지조직의 생존과 발전을 위한 전략을 고민한다.

주요학습내용

1. 조직의 개념과 구조
2. 사회복지조직의 유형과 특징
3. 사회복지조직의 운영구조
4. 사회복지조직의 효과적 운영을 위한 이사회 관리
5. 사회복지조직 관리를 위한 조직이론에 대한 이해

1. 조직의 개념과 구조

무엇을 조직이라 할 수 있는지, 그리고 조직은 어떠한 특징을 가지는지에 대해 학자들은 다양한 의견을 제안해 왔다. Etzioni(1964)는 조직을 "특정 목표를 달성할 목적으로 의도적으로 구조화된 계획적 단위"라고 보았으며, Scott과 Mitchell(1976)은 리더십과 협동의 중요성의 요소를 더하여 "주어진 권한이나 리더십 아래 공동의 목적을 달성하기 위해 협동하는 인간의 조정된 활동 체제"라고 정의하였다. 유사하게, Daft(2009)는 "조직은 목적성을 가지고 의도에 의해 행동이 구성, 조정되며, 외부 환경과 긴밀한 연결성이라는 특징을 가진다"고 설명한 바 있다. 국내에서는 김영종(2002)이 조직을 "공통 목표와 목표를 달성하기 위한 구조와 규칙을 지니고, 이에 따라 구성원이 일정한 경계를 중심으로 상호작용하며, 외부환경에 적응하는 인간들의 집단"이라고 정의한 바 있다. 이러한 조직에 대한 개념 정의로부터 조직을 규정하는 구성요소를 도출하면 〈표 3-1〉과 같다. 즉, 조직은 2인 이상의 조직구성원이 합의하는 목적과 목표를 달성하기 위해 환경과 상호작용하며, 의도된 활동을 수행하는 규칙과 규정을 바탕으로 체계화된 집단이다.

선행 연구들은 조직의 구조를 규정하는 요소로 공식화, 집권화, 복잡성

표 3-1 조직의 구성요소

- 목적과 목표
- 체계적 구조와 규칙
- 조직의 목적과 목표를 의도적으로 반영한 활동
- 조직 내부 구성원 간의 상호작용
- 외부 환경과의 상호작용
- 2인 이상의 참여

등을 공통적으로 제안해 왔는데(강종수, 2006; 류병곤 · 류은영, 2012; 류병곤, 2016), 각 요소를 보다 구체적으로 살펴보면 다음과 같다.

첫 번째, **과업의 표준화와 관련된 공식화**. 공식화는 조직 내의 규칙, 절차, 지도/감독 등에 의한 명문화의 정도를 뜻한다. 즉, 조직 내 활동을 누가, 언제, 어떻게, 수행해야 하는지를 문서화하여 나타내는 규칙과 규정의 정도를 말한다(Oldham & Hackman, 1981). 공식화를 통해 조직은 업무 표준화의 정도를 높임으로써 구성원 간 발생하는 업무편차를 줄일 수 있고, 업무의 조정을 용이하게 할 수 있으며, 일관된 성과를 가져올 수 있다. 반면, 조직 구성원의 자율성과 융통성을 저해할 수 있다(강종수, 2006).

두 번째, **의사결정의 공식적 권한과 관련된 집권화/분권화**. 집권화는 조직 내 공식적인 의사결정을 의미하는 것으로, 조직에서 최고관리자에게 의사결정 권한이 집중되어 있다면 그 조직은 높은 수준의 집권화된 구조를 가지고 있다고 할 수 있다. 반대로 의사결정의 권한이 조직의 구성원들에게 위임되어 있다면 그 조직은 분권화된 구조를 가지고 있다고 할 수 있다(Colquitt et al., 2014; 류병곤, 2016에서 재인용). 조직의 집권화 정도는 조직 내 수직적 분화, 참여의 정도, 통제와 권한의 범위, 관리자의 비율, 직속상관의 수, 권한계층, 통제 위치, 수직계층의 수, 수직적 구조 등으로 결정된다(Lee et al., 2015). 집권화된 조직의 경우 빠른 의사결정 및 운영이 가능하다는 장점을 가지나, 전문가들로 구성된 조직의 경우 구성원에게 자율성과 재량권을 부여함으로써 조직 내 유연성과 반응성을 높일 수 있는 분권적 조직 구조가 더 효과적일 수 있다(강종수, 2006). 이처럼 집권적 조직 구조와 분권적 조직 구조는 각각의 장단점을 가지므로(다음 〈표 3-2〉 참조), 업무의 복잡성, 환경으로부터의 영향 정도, 구성원의 전문성 등의 요소 등을 복합적으로 고려하여 집권화와 분권화를 적절히 활용하는 것이 필요하다.

세 번째, **복잡성**. 복잡성은 조직 내 전문직 및 전문적 활동의 유형과 수, 구성원의 전문적 훈련의 정도에 의해 결정되며, 조직 내 업무 분화 정도를 의미

표 3-2 집권화와 분권화의 장단점

	장점	단점
집권화	• 통제와 지도감독 용이 • 조직 내 중복과 분열 억제 • 대량의 업무처리가 용이하여 비용 절감 가능 • 조직의 위기에 신속히 대응 • 조직 혁신 · 개혁에 용이	• 관료주의적이고 권위주의적 성격 초래 • 형식주의에 의해 행정의 실효성이 낮음 • 조직 구성원의 창의성과 자발성 저해 및 획일화로 인한 탄력성 저해
분권화	• 대규모 조직의 경우 최고관리자의 업무 감소 • 의사결정기간 단축 • 참여의식과 자발적 협조를 유도 • 조직 내 의사전달체계 개선 • 실정에 맞는 업무처리 가능	• 중앙의 지휘 및 감독 약화, 업무 중복 초래 • 조직 구성원의 힘이 분산되어 협동심 약화, 조정의 어려움 • 전문적인 기술 활용의 어려움

출처: 이준영(2019), p. 190.

한다(Hage & Aiken, 1967). 업무분화의 복잡성은 동일 위계수준에서의 과업분화를 의미하는 수평적 분화와 조직 내의 위계구조상의 분화를 의미하는 수직적 분화 그리고 조직 내 시설 및 인력의 지리적인 분산 정도를 의미하는 공간적 분화로 나눌 수 있다(강종수, 2006).

2. 사회복지조직의 유형과 특징

1) 사회복지조직의 유형

Etzioni(1958)는 강제적, 보상적, 규범적 등 상급자의 권력과 소외적, 타산적, 도덕적 등 하급자의 관여 행태를 조합하여 조직유형을 제시하였다. 상급자의 권력 유형에 따라 조직의 규범, 규정에 의해 강제성을 행사하는 강제적 조직(예: 강제수용소, 형무소 등), 금전과 같은 물질적 보상에 기반한 보상적 조직(예: 영리 기업 조직), 지위의 상징, 존엄, 권위와 같은 상징성에 근거한 규범적 조직으로 구분되며, 이에 따르면 사회복지조직, 종교조직, 병원, 학교 등은 규범적 조직으로 분류된다.

한편, Blau와 Scott(1962)은 '일차적인 수익자 혹은 수혜자가 누구인지'를 기준으로 조직을 조직구성원이 주요 수익자인 상호수혜 조직(mutual benefit organization), 조직의 소유자가 주요 수익자인 사업 조직(business organization), 조직을 이용하는 고객이 주요 수익자인 서비스 조직(service organization), 일반대중이 주요 수익자인 공공 조직(commonwealth organization)의 네 가지로 유형화하였다. 이러한 유형화에 따르면 사회복지조직은 서비스 조직에 해당된다. 즉, 사회복지조직은 사회에서 존엄과 권위를 기반으로 존재하는 규범적 조직인 동시에 조직 활동의 주 수혜자는 조직을 이용하는 이용자인 서비스 조직의 특성을 가진다.

이외에 운영주체와 이용방식 등에 따라 사회복지조직을 유형화하기도 한다. 운영주체에 따른 분류는 운영주체가 공공기관이냐 민간조직이냐에 따라 공공조직(정부 및 지자체)과 민간조직(민간인 또는 민간단체)으로 구분되며, 이용방식에 따라 생활시설과 이용시설로 구분된다. 생활시설은 다시 주거와 의료시설로, 이용시설은 재가와 여가 시설로 구분된다.

2) 사회복지조직의 특성

사회복지조직은 일반조직과 마찬가지로 조직의 목적을 달성하기 위한 집단이라는 속성을 가지는 한편, 사회문제 해결이나 욕구 충족을 위해 서비스를 제공하는 기능을 수행한다는 점에서는 차별되는 속성을 가진다.

Hasenfeld(1992)는 사회서비스를 제공하는 비영리조직인 사회복지조직의 특성으로 첫째, 인간을 대상으로 서비스를 제공함으로써 도덕적 가치 판단을 수행해야 한다는 점, 둘째, 사회서비스 제공을 내용으로 함으로써 표준화와 합의가 어렵다는 점, 셋째, 조직 활동의 핵심은 서비스 이용자와 직원 간의 관계에 있다는 점 등을 제안하였다. 이처럼 사회복지조직은 인간을 대상으로 하는 전문적 서비스 제공을 주요 활동 내용으로 함으로써 구조적 측면에서 수평적 분화와 전문가집단의 규율과 규칙에 입각한 표준화, 그리고 높은 수준의 분권화를 특징으로 하는 전문적 관료제 구조가 바람직할 수 있음을 추정할 수 있다.

한편 김영종(2002)은 사회복지조직의 고유한 특성으로 고객지향성, 일선직원중시, 목표의 추상성, 지식과 기술의 복합성, 조직의 다양성을, 최상미와 최재성(2006)은 공공성, 정부 자원에의 높은 의존도, 사람을 대상으로 사람이 서비스를 제공하는 사회서비스를 주 내용으로 함으로써 성과 평가의 어려움, 인적자원에의 높은 의존성, 인적자원의 복잡한 구성을 제안한 바 있다.

3. 사회복지조직의 운영구조

사회복지조직은 사회복지법인, 운영위원회와 자문위원회로 구성된 위원회, 이사회와 같은 운영구조를 가진다. 여기서는 법인, 위원회, 이사회의 역할과 기능에 대한 검토를 통해 사회복지조직에 대한 이해를 넓히고자 한다.

1) 법인(法人)

우리나라 사회복지조직은 사회복지법인에 의해 설치·운영된다. 법인이란 법률에 의해 권리[1)]가 인정된 단체 또는 재산으로 법률관계의 권리·의무의 주체가 될 수 있으며 조직을 통해 활동한다(법무부, 2017). 법인은 다음 [그림 3-1]에서 볼 수 있듯이 세 가지 요소에 따라 유형화되는데, 먼저 법인은

1) 권리(權利)란 법적인 보호의 대상이 되는 생활이익 또는 법적으로 보호받아야 할 이익을 말한다.

법인을 구성하는 요소가 사람 중심인지 아니면 특정한 목적을 위해 출연된 자산을 중심으로 하는지에 따라 사단법인과 재단법인으로 구분된다. 다음으로 법인이 영리를 추구하는지의 여부에 따라 영리법인과 비영리법인으로 구분된다. 재단법인의 경우 구조적으로 이익을 분배할 구성원이 없기 때문에 모든 재단법인은 비영리법인에 속한다. 마지막으로 설립근거에 의한 분류로서, 근거법에 따라 상법법인, 민법법인, 공익법인, 특수법인으로 구분한다. 이 중 사회복지조직을 운영하는 사회복지법인은 「사회복지사업법」에 의거해 설립된 법인으로서 특수법인으로 분류된다.

사회복지법인은 재단법인(비영리법인)이자 특수법인으로서 사회복지사업[2]을 수행할 목적으로 설립된 법인을 말한다(「사회복지사업법」 제2조 제3호). 우

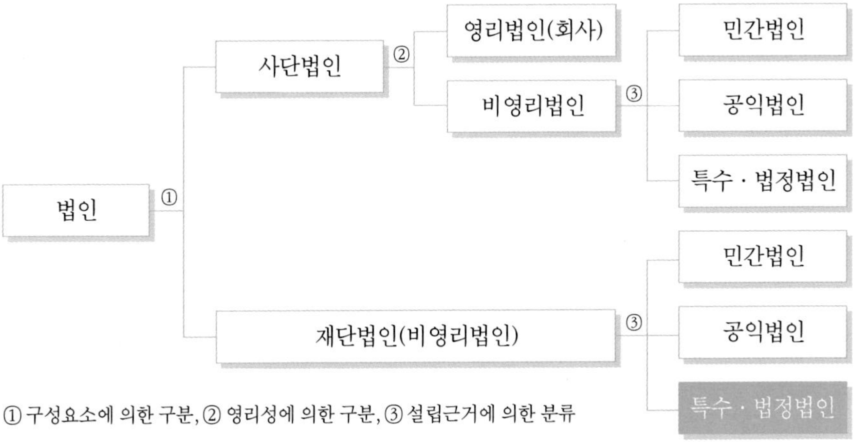

[그림 3-1] 구성요소, 영리성, 설립근거에 따른 법인의 분류

출처: 법무부(2017).

2) 여기서 사회복지사업이란 관련 법률에 따른 보호 · 선도 또는 복지에 관한 사업과 사회복지상담, 직업지원, 무료 숙박, 지역사회복지, 의료복지, 재가복지, 사회복지관 운영, 정신질환자 및 한센병력자의 사회복귀에 관한 사업 등 각종 복지사업과 이와 관련된 자원봉사활동 및 복지시설의 운영 또는 지원을 목적으로 하는 사업을 의미한다(「사회복지사업법」 제2조 제1호).

리나라에는 2017년 3월 기준 전국에 2,938개의 사회복지법인이 존재하며, 이 중 약 90%는 한 개 혹은 복수의 사회복지조직을 운영하는 시설법인에 속한다.

2) 위원회-운영위원회와 자문위원회

사회복지기관은 보건복지부(2019)의 『사회복지시설 관리안내』에 따라 운영의 민주성과 투명성 제고 및 이용자의 권익 향상 등을 위해 다음의 자격을 갖춘 5명 이상 15명 이하의 위원으로 구성된 운영위원회를 설치 · 운영하고 있다. 운영위원회의 다음의 사항을 심의하는 것을 주 활동 내용으로 하며, 분기별 1회 이상의 정기회의를 개최하고 재적위원의 1/3의 요청이 있을 경우 등 수시로 회의를 개최할 수 있다.

운영위원회 심의 사항

- 시설운영계획의 수립 · 평가에 관한 사항
- 사회복지프로그램의 개발 · 평가에 관한 사항
- 시설종사자의 근무환경 개선에 관한 사항
- 시설거주자의 생활환경 개선 및 고충처리 등에 관한 사항
- 시설 종사자와 거주자의 인권보호 및 권익증진에 관한 사항
- 시설과 지역사회와의 협력에 관한 사항
- 그 밖에 시설의 장이 운영위원회의 회의에 부치는 사항

자문위원회는 대체로 사회복지분야의 전문가를 자문위원으로 위촉하여 부족한 전문지식 등에 대한 자문을 통해 내부역량, 전문성 및 실효성 확보와 강화를 목적으로 한다. 자문 분야는 서비스 개발, 인사노무, 재무회계, 경영전략 등 복지관 활동 내용을 망라하며 활동별 전문가의 자문을 통해 종사자

들의 업무능력 향상과 효율적인 사업운영으로 서비스 전달의 질적 향상을 도모한다. 기관에 따라 자문위원회를 운영위원회와 따로 구성하여 운영하는 경우도 있고 자문위원회를 별도로 운영하지 않기도 한다.

3) 이사회

이사회는 "조직이 그 목표를 달성할 수 있도록 법률적 책임을 지고 있는 조직의 정책결정 기구"(오세영, 2009: 133)로서 조직관리상의 법적 책임을 지는 핵심기구이다. Bradshaw, Murray와 Wolpin(1992)은 재정적 책임의 관점에서 자원 확보와 운용의 책임을 가진 활동 주체로서 이사회의 역할을 강조하였다. 현실에서는 위원회와 이사회의 역할을 혼동하는 경우도 발생하나, 위원회와 이사회는 그 역할, 기능, 구성 및 운영에 있어서 다음과 같이 분명한 차이를 가진다(Skidmore, 1990).

위원회와 이사회의 차별성

첫째, 조직 운영 관련 주요 의사결정이 이루어지는 이사회의 회의에는 조직의 최고관리자가 참석하는 것이 일반적인 반면, 위원회의 회의에는 실무책임자가 참여하는 것이 일반적이다.

둘째, 조직의 직원이 이사회의 이사가 되는 경우가 드문 반면, 위원회 위원으로는 종종 참여한다.

셋째, 이사회의 구성원 수는 위원회의 구성원 수보다 일반적으로 적다.

넷째, 위원회 위원으로는 이용자, 참여자, 수혜자 집단의 대표가 종종 참여하는 반면, 이사회 이사로 참여하는 경우는 드물다.

다섯째, 이사회는 조직의 운영과 서비스 제공에 강력한 영향력을 가진다.

여섯째, 이사회는 정책을 결정하고 위원회는 건의한다.

사회복지법인의 이사회 구성

사회복지법인은 대외적으로는 법인을 대표하고 대내적으로는 법인의 업무를 집행하는 필수기관으로 이사회를 구성하여 운영해야 한다. 이사회는 이사로 구성되며(감사는 제외) 이사장은 정관이 정하는 바에 따라 이사 중에서 호선으로 선출하도록 되어 있다. 사회복지법인 이사회의 경우, 7인 이상의 이사를 두어야 하며(외국인 이사는 이사 현원의 1/2 미만이어야 함) 이사회 구성에 있어「사회복지사업법 시행령」제9조에 의한 "특별한 관계에 있는 자"는 이사 현원의 1/5를 초과할 수 없다. 이사의 임기는 3년이며 연임 가능하다.

여기서 특별한 관계에 있는 자의 범위는 다음과 같다(「사회복지사업법 시행령」제9조).

1. 출연자
2. 출연자 또는 이사와의 관계가 다음 각목의 어느 하나에 해당하는 사람
   가. 6촌 이내의 혈족
   나. 4촌 이내의 인척
   다. 배우자(사실상 혼인관계에 있는 사람을 포함한다)
   라. 친생자(親生子)로서 다른 사람에게 친양자(親養子)로 입양된 사람 및 그 배우자와 직계비속
3. 출연자 또는 이사의 사용인 그 밖에 고용관계에 있는 자(출연자 또는 이사가 '출자에 의하여 사실상 지배하고 있는 법인'의 사용인 그 밖에 고용관계에 있는 자를 포함한다)
4. 출연자 또는 이사의 금전 그 밖의 재산에 의하여 생계를 유지하는 자 및 그와 생계를 함께 하는 자
5. 출연자 또는 이사가 재산을 출연한 다른 법인의 이사

출처:「사회복지사업법 시행령」제9조.

앞서 논의하였듯이 사회복지조직에서 이사회는 조직의 자원 확보와 미션 수행의 주축으로서의 기능을 수행하며, 조직이 하는 모든 일과 조직의 운

영을 통해 얻어지는 모든 일에 책임을 가진다. Soltz(1997)는 비영리법인 이사회의 기능을 조직운영을 담당하는 내적 기능과 외부 환경의 관계를 다루는 외적 기능으로 구분하여 제시한 바 있다. 보다 구체적으로 내적 기능은 최고관리자의 임명, 조직활동 감독, 조직행동 전략수립, 장기발전계획 수립 등이며, 외적 기능은 환경에 대해 조직을 대표, 조직합법성 획득, 조직연결망 증진, 위협적 요소로부터 조직보호, 자원지원 등이다(Duca, 1996; Dowling & Pfeffer, 1975; 서상현, 2007에서 재인용).

4. 사회복지조직의 효과적 운영을 위한 이사회 관리

앞서 살펴본 바와 같이 이사회는 사회복지조직을 비롯한 비영리조직의 성공에 강력한 영향을 미칠 수 있음에도 그 중요성이 간과되어 왔다. 그러나 최근 이사회는 자원 확보, 투명한 재정 운용, 법률의 준수와 같은 법적·재정적 책임에서 나아가 조직의 미션 수립과 미션 달성을 위한 전략 설정 등의 역할을 광범위하게 수행하며 그 중요성이 점차 강조되고 있다.

실제로 관련 연구들에서는 비영리조직에서 이사회가 잘 구성되고 운영되면 조직의 성과가 더 높게 나타난다는 이사회와 성과 간의 정적 관계가 일관되게 보고되어 왔다(Chait, Holland, & Taylor, 1991; Herman & Renz, 1999, 2000; Stone & Cutcher-Gershenfeld, 2002; 이창민, 2017에서 재인용). 이에 이 절에서는 사회복지조직에서의 이사회 관리 전략을 보다 구체적으로 살펴본다.

1) 최고관리자와 이사회의 역할과 관계

조직의 리더가 이사회인지 아니면 조직의 최고관리자인지에 대해서는 상반된 관점이 충돌하기도 한다. 이에 이사회와 최고관리자, 각각의 역할과 관계에 대한 논의를 통해 그 답을 찾아보고자 한다.

이사회와 조직의 최고관리자는 비영리조직 지배구조의 주된 두 축이다(채은경, 2005). 비영리조직의 지배구조에서 이사회가 계획, 운영, 예산 수집 및 집행 등의 의사결정 및 승인과 관련된 책임을 진다면, 최고관리자는 그 책임을 위임받아 역할을 수행한다. 따라서 상층부에 이사회가 있고, 하층부에 일선 구성원이 있으며, 집행책임자인 조직의 최고관리자는 중층부에 위치하는 계층적 구조로 볼 수 있다. 이러한 구조에서 이사회의 주된 역할은 ① 조직에 대한 법적·신탁적 책임, ② 정책 형성 및 기관에서 운영하는 서비스 및 프로그램에 대한 감독, ③ 조직의 재정 감독, ④ 집행책임자 임명, 평가, 면직, ⑤ 공공관계 역할수행 등이다.

그러나 현실에서 사회복지조직 대부분은 조직의 최고관리자가 의사결정의 주체가 되고 이사회는 의사결정에 소극적 역할을 담당하면서, 많은 경우 최고관리자가 제안한 안건이나 최고관리자의 의견이 이사회에서 그대로 통과하는 것이 관행처럼 이어져 왔다. 이는 최고관리자가 조직과 조직의 사업에 대해 이사회 멤버보다 더 많은 정보를 가지고 있다는 판단에 상당 부분 기인한다. 실제로 조직을 더 잘 이해하는 최고관리자가 의사결정의 역할을 수행하는 것은 전략을 세우고 추진하는 데 유리할 수도 있으나, 이는 이사회가 최고관리자를 견제하지 못하는 상황을 발생시킬 수도 있다.

이와 관련하여 Carver(2011)는 비영리조직에서 조직의 리더는 이사회여야 한다고 주장하였다. 이사회가 조직관리의 영역을 침범하는 것이 아니라 조직의 활동이 조직의 미션과 목적, 가치를 지켜 나가도록 견제하며 방향을 제시하는 나침반의 역할을 수행해야 한다는 것이다. 또한 이사회의 업무와 경영진의 업무를 분명히 구분할 것을 주장하였는데, 이사회는 조직의 운영에 직접적으로 관여하기보다는 이사회의 가치와 조직의 이해관계자들의 관심을 반영하는 정책을 만들어 제공함으로써 조직을 이끌어야 한다는 것이다. 반면 Chait과 Ryan, Taylor(2011)는 이사회와 관리자의 영역이 구분되어 있기

보다는 협력하여 함께 조직을 이끌어 나가야 한다고 제안하였다.

조직의 리더가 이사회 혹은 최고관리자여야 한다는 두 가지 상반된 관점이 공존하는 가운데 Herman과 Heimovics(1990)는 효과적으로 운영되고 있는 비영리조직에 대한 실증 조사를 통해 실용적 관점을 제안하였다. 이들이 제안한 관점은 조직의 최고관리자가 조직을 이끄는 주요 역할을 담당하되, 그들의 리더십은 이사회 중심이어야 하며 이사회를 지원하는 방식으로 이루어져야 한다고 주장하였다. 국내 비영리조직에 대한 연구(전현경 · 이영주 · 장윤주, 2017) 또한 비영리조직의 투명성과 책임성을 높이기 위해서는 이사회와 리더의 협력적 관계가 필요하며, 조직에 대한 이사회의 이해도를 높이고, 이사회 멤버의 적극적 참여를 유도하기 위한 조직관리의 필요성과 이를 위한 조직구성원과 이사회 이사들 대상의 교육의 필요성을 제안하였다.

2) 효과적인 이사회 관리를 위한 원칙

Worth(2014)는 비영리조직에서 이사회의 중요성을 강조하며, Herman과 Heimovics(1990), BoardSource(2005) 등이 제안하는 이사회 관리 전략을 소개한 바 있다. Herman과 Heimovics(1990)는 효과적인 비영리조직에 대한 연구를 통해 조직의 최고관리자들은 이사회 이사들이 실제로 그들의 법적 · 조직적 · 공적 역할을 충실히 수행하도록 이끄는 이사회 중심의 리더십(board-centered leadership)을 제안하였다. 이들은 비영리조직의 최고관리자들은 이사회의 역할을 지원하고 촉진할 책임을 가진다고 주장하며, 이사회의 활동을 독려하는 여섯 가지 행동 수칙을 다음과 같이 제안하였다.

첫째, 이사회 관계에서 상호작용을 촉진할 것

둘째, 이사회 멤버들에게 배려와 존경을 보일 것

셋째, 이사회와 함께 조직을 위한 변화와 혁신에 대한 비전을 설정할 것

넷째, 이사회에 대해 유익하고 도움이 되는 정보를 제공할 것

다섯째, 이사회를 위해 조직을 시작하고 유지할 것

여섯째, 이사회의 성취와 생산성을 장려할 것

표 3-3 사회복지조직의 효과적 운영을 위한 이사회 운영 운칙

	원칙	내용
1	건설적인 파트너십	우수한 이사회는 이사회와 리더의 효율성은 상호의존적이라는 사실을 의식하면서 리더와 함께 건설적인 파트너십으로 관리한다.
2	미션중심	미션을 만들고 유지하며, 저항할 수 없는 비전을 제시하며, 결정과 핵심가치와의 사이의 조화를 확신한다.
3	전략적 사고	우수한 이사회는 가장 중요한 문제가 무엇이고, 조직이 전략적 지속적으로 관여하여야 하는 문제가 무엇인지에 대해 시간을 할당해야 한다.
4	토론 문화	우수한 이사회는 토론(조사)문화를 제도화하고 상호존중과 건전한 논쟁을 통해 의사결정한다.
5	독립적인 사고	우수한 이사회는 독립적인 사고를 하며 의사결정 시 개인의 이익보다 조직을 더 우선시한다.
6	투명성	우수한 이사회는 기부자, 이해관계자 그리고 대중들에게 재정, 운영 그리고 결과를 제시함으로써 적절하고 정확한 투명성을 보장한다.
7	도덕성	우수한 이사회는 도덕적인 가치의 중요성을 강조하고 그것을 성취하기 위해 노력한다.
8	재정 지원	우수한 이사회는 대담한 비전과 야심한 계획을 통해 재정적인 지원, 전문가의 의견, 네트워크를 형성한다.
9	결과지향성	우수한 이사회는 결과 지향적으로 조직의 장점과 주요 프로그램과 서비스에 대한 성과를 측정할 수 있다.
10	의도적 구조 설정	우수한 이사회는 의식적 구조를 스스로 설정하여 조직을 지원함에 있어 우선순위와 의무를 명확히 한다.
11	지속적 학습	우수한 이사회는 지속적인 학습의 필요성을 수용하고 그들이 가지고 있는 성과와 조직의 가치 등을 평가하고 측정한다.
12	활성화	우수한 이사회는 그들 스스로를 변화시킬 수 있음을 인식하고 노력한다.

출처: Worth (2014), pp. 91-92에서 재인용.

한편, BoardSource(2005)는 전문가 패널 조사를 통해 효과적인 이사회 활동을 위한 원칙으로 최고관리자와의 건설적인 파트너십, 미션중심, 전략적 사고, 토론 문화, 독립적인 사고, 투명성, 도덕성, 재정 지원, 결과지향성, 의도적 구조 설정, 지속적 학습, 활성화 등을 제안한 바 있다(Worth, 2014에서 재인용)(〈표 3-3〉 참조).

5. 사회복지조직 관리를 위한 조직이론에 대한 이해

이 절에서는 빠르게 변화하고 있는 사회복지환경 속에서 사회복지조직의 생존과 발전을 위한 전략 설정에 도움을 줄 조직이론에 대해 학습하고, 주요 조직이론에 대한 이해를 바탕으로 사회복지조직에의 적용가능성을 검토한다.

사회복지조직은 빠르고 다양하게 변화하는 사회복지환경 속에서 기능한다. 서비스 이용자의 욕구는 복잡하고 다양해지고 있고, 사회서비스를 제공하는 조직들의 증가로 경쟁 또한 심화되고 있으며, 사회복지 종사자의 권리보장에 대한 요구도 높아지고 있다. 이러한 상황에서 사회복지조직은 조직이 처한 상황을 체계적으로 분석하고 변화에 적절히 대응할 수 있는 전략을 수립하는 것이 필요하며, 이에 도움을 줄 수 있는 것이 조직이론이다. 조직이론은 조직학 · 경영학 · 행정학 영역을 중심으로 발전되어 왔다. 사회복지행정학자들은 다양한 조직이론 중 사회복지조직의 이해 및 전략수립에 도움이 될 조직이론을 분석하여 제안하였다.

사회복지행정 분야의 대표적 학자인 Hasenfeld(2010)는 사회복지조직의 운명결정력과 환경에 대한 관점을 기준으로 이론을 분류하여 설명하였다(〈표 3-4〉 참조). 먼저, 조직이 스스로의 운명을 결정할 수 있는가와 관련하여 조직을 주도적, 적응적, 수동적 조직으로 구분하였다. 조직이 자신의 운명을 주도적으로 결정할 수 있다고 보는 이론에는 관료제이론, 과학적 관리론, 상황

표 3-4 사회복지조직이론의 분류

구분		환경에 대한 관점	
		폐쇄적	개방적
조직의 운명 결정력	주도적	관료제이론, 과학적 관리론	상황이론
	적응적	인간관계이론	정치경제이론, 네트워킹과 사회적 자본이론
	수동적		조직군생태학이론, 제도이론

이론 등이 포함되며, 조직의 운명은 조직이 어떻게 적응하느냐에 달려 있다고 보는 이론에는 인간관계이론과 정치경제이론이 포함된다. 조직의 운명은 환경에 의해 결정된다고 보는 수동적 관점의 이론에는 조직군생태학이론과 제도이론이 포함된다.

환경에 대한 관점은 환경에 폐쇄적인지 개방적인지에 따라 구분되었는데, 조직 내부체계의 효율적 운영 유지만을 중요하다고 보는 폐쇄적 관점에는 관료제이론, 과학적 관리론, 인간관계이론이 포함된다. 관료제이론과 과학적 관리론은 조직의 운명을 적극적으로 만들어 갈 수 있다고 보는 반면, 인간관계이론은 종사자와의 타협에 의해 조직의 운명이 결정된다고 본다. 조직을 개방체계로 보면서 환경을 고려하여 조직의 전략을 수립해야 한다고 보는 관점에는 상황이론, 정치경제이론, 조직군생태학이론, 제도이론이 포함된다. 그중 상황이론이 환경 변화에 가장 적극적이며, 정치경제이론은 정치 및 경제 권력의 활용 및 조절에 따라 조직의 성패가 결정된다고 보며, 조직군생태학이론과 제도이론은 조직의 운명은 환경에 달려 있다고 본다.

다음에서는 전통적으로 주목받아 온 주요 조직이론을 검토하고 사회복지조직에의 적용가능성을 논의한다.

1) 관료제이론

관료제이론(bureaucracy theory)은 Weber(1947)에 의해 주창된 이론으로, 현재 존재하는 대부분의 조직이 관료제이론에 따라 구조화되고, 운영되고 있다고 해도 과언이 아닐 정도로 조직이론의 초기부터 현재까지 그 활용성을 인정받으며 활발하게 적용되고 있다. 관료제(bureaucracy)란 일반적으로 계층적 조직 구조를 가지고 합리적인 지배가 제도화된 조직형태로, 다음과 같은 특징을 가진다.

첫째, **권위의 위계구조**. 관료제는 일련의 권리와 책임을 수반하는 권위의 위계가 있기에 상급직위에 있는 사람은 합법적으로 하급직위에 있는 사람을 통제한다.

둘째, **규칙과 규정**. 모든 관료제는 의도적으로 마련된 일관성 있는 규칙에 의해서 직무의 배분과 인력의 배치가 이루어진다. 이는 조직활동에 통일성과 안정성을 보장한다.

셋째, **사적 감정 배제**. 조직구성원의 사적 감정은 배제하는 한편 공식적인 원칙과 절차에 기반하여 합리적 의사결정을 중요시한다.

넷째, **분업과 전문화**. 조직에서 수행되는 모든 과업을 구성원별로 분업화함

표 3-5 Weber의 관료제 특성에 따른 순기능과 역기능

관료제 특성	순기능	역기능
권위의 위계구조	엄격한 지시이행과 조정	의사소통의 저해
규칙과 규정	지속성과 통일성	경직성과 목표전치
사적 감정 배제	합리성 확보	직원의 사기저하
분업과 전문화	전문성 강화	직무에 대한 권태
경력 지향	유인체계	연공과 업적 간의 갈등
능률성 강조	효율성 강화	비인간화

출처: Hoy & Miskel (2013), pp. 114-115.

으로써 전문화와 효율성을 추구한다.

다섯째, **경력 지향**. 전문적인 능력과 기술을 중요시함으로써 경력에 기반하여 승진은 일정한 규칙하에 연공서열과 실적에 따라 이루어진다.

여섯째, **능률성 강조**. 합리적인 의사결정과 행정능률의 극대화를 강조한다.

관료제가 가지는 이러한 특성들은 조직운영에 도움을 주기도 하고, 부작용을 발생시키기도 하는데, 대표적인 순기능과 역기능은 〈표 3-5〉와 같다.

관료제이론은 사회복지조직에도 적용되어 체계 확립 및 효율적 운영에 많은 영향을 미쳐 왔다. 대부분의 사회복지조직이 가지는 위계적 조직 구조와 분업, 승진체계 및 채용기준, 업무규정을 통한 규칙과 규정, 사적 감정의 배제, 효과성 및 효율성 강조 등은 관료제가 적용된 모습을 대변한다. 관료제는 사회복지조직의 체계화에 기여해 왔으나, 사회서비스를 제공하는 전문가 집단으로서 다양한 이해관계자를 가지며 외부 환경에의 의존도가 높아 대인관계 및 환경과의 상호작용이 강조되는 사회복지조직에는 적합하지 않은 측면도 있다. 따라서 사회복지조직은 내부체계의 효율적 운영을 위해서만 제한적 수준의 관료제를 반영하고 서비스 제공자 개개인에게 자율성을 부여하는 등 역기능을 최소화하려는 노력이 필요하다.

2) 과학적 관리론

과학적 관리론(scientific management theory)은 Taylor(1911)에 의해 창시되어 테일러이론(Taylorism)이라 불리기도 한다. 업무의 과학적 분석을 토대로 이를 업무관리에 활용할 때 조직의 능률성이 극대화된다고 보는 관점이다. 따라서 종사자의 업무형태를 분류, 업무 소요시간을 표준화하여 적정 일일작업량을 과학적으로 산출하여 업무를 지시하고, 성과에 따라 임금을 정확히 제공할 때 조직의 생산성이 향상된다고 본다.

과학적 관리론에 근거한 관리방법은, 첫째, 정량적 조직 목표 설정, 둘째,

생산성 극대화를 위한 과학적 직무 분석과 이에 근거한 성과 평가, 셋째, 권한과 책임을 가진 관리자에 의한 엄격한 관리원칙 수립 및 시행, 넷째, 성과에 따른 경제적 보상 등이다.

과학적 관리론은 생산조직의 효율성과 생산성을 높이는 데 기여했다는 평가를 받으며, 사회복지조직에도 목표설정, 업무의 체계적 분화, 인력 모집 및 훈련, 배치를 하는 데 기여하였다. 그러나 과학적 관리론은 종사자를 기계처럼 취급하고, 경제적 보상에 의해서만 동기부여되는 존재로 여긴다는 점에서 비인간적이라는 비판을 받아 왔다.

사회복지조직의 경우, 서비스의 비가시성, 개별성, 소멸성 등의 특징으로 업무에 소요되는 시간과 동작을 정량화 및 표준화하는 것이 어렵다. 또한 비영리조직인 사회복지조직의 경우, 종사자 상당수는 경제적 보상과 같은 물질적 보상뿐 아니라 보람, 만족감과 같은 비물질적 보상도 중요하게 여긴다는 점, 경제적 인센티브 체계를 갖추기 어렵다는 점 등에서 적용에 한계를 가진다.

3) 인간관계이론

인간관계이론(human relations theory)은 Mayo(1933)의 Hawthorne 실험 연구에 의해 개발된 조직이론이다. 원래 Mayo는 조명의 밝기와 생산성 간의 관계를 규명하고자 실험을 실시하였다. 그러나 실험 결과, 생산성은 물리적 환경이나 조건보다 동료 및 상사와의 인간관계, 비공식 집단의 영향을 받는 것으로 나타났다. 또한 종사자는 개인의 목표보다는 집단의 목표에 따라 행동하고, 경제적 동기보다 비경제적 동기에 더 많은 영향을 받는 것으로 확인되었다. 이를 기반으로 Mayo는 기술적 요인보다 인간관계와 같은 사회적 요인이 생산성에 더 중요하다는 인간관계이론을 제안하였다.

이후 McGregor(1960)는 XY이론을 제시하였는데, XY이론은 '조직관리자가 종사자를 보는 관점'에 따라 관리방법이 달라질 수 있다고 보았다. X이론은 종사자를 '근본적으로 일을 싫어하고 이기적인 존재'로 본다. 따라서 X이론에 따르면 조직의 효과적 관리를 위해서는 엄격한 지시와 통제를 활용해야 한다. 반면 Y이론에서 종사자는 '책임감을 가지고 스스로 일의 방향을 정하고 창의적으로 활동하는 존재'이다. 따라서 Y이론에 따르면 관리자는 종사자의 역량과 가능성을 믿고 재량권을 부여하는 방식으로 조직을 관리해야 한다.

인간관계이론은 인간의 감정적인 측면만 강조함으로써 비합리적이고 환경의 영향을 고려하지 않는다는 비판을 받기도 하나, 전문가 집단으로 구성되어 있으며 인간이 인간을 대상으로 서비스를 제공하는 것을 주요 활동 내용으로 하는 사회복지조직에는 높은 적용가능성을 가진다.

현대조직이론은 대체로 1950년대 이래로 고전이론을 중심으로 진화, 발전해 온 조직이론을 통칭한다. 관료제이론, 과학적 관리론, 인간관계이론 등 전통조직이론들은 조직을 폐쇄적 관점에서 보는 반면, 현대조직이론은 환경의 영향을 고려하지 않는 폐쇄체계이론의 한계를 지적하며 개방체계관점에 기반한다. 여기서는 현대조직이론 중 상황이론, 정치경제이론 · 자원의존이론, 조직군생태학이론, 제도이론, 네트워킹과 사회적 자본이론을 중심으로 살펴본다.

4) 상황이론

상황이론(contingency theory)은 조직의 구조는 고정된 것이 아니라 상황에 따라 변화한다고 본다. 이는 조직을 구조화하는 최선의 길은 조직이 처한 환경에 따라 다르다는 인식을 바탕으로 한다. 특히 상황이론은 조직의 환경과 기술에 초점을 두고 환경과 기술에 따라 조직 구조가 달라져야 한다고 주장한다.

상황이론에 따르면 조직의 환경이 안정적인지 불안정적인지에 따라 안정적인 환경에서는 표준화된 규칙을 적용하는 것이, 불안정적인 환경에서는 구성원에게 자율성을 부여하여 유연성을 높이는 것이 적절하다. 사회복지조직의 경우, 조직을 둘러싼 환경이 급변하고 환경에의 의존도가 높으므로 의사결정의 위계를 낮추는 수평적 분화를 실시하는 것이 적합할 것이다.

다음으로 기술은 서비스 이용자의 속성과 개입지식의 확실성을 기준으로 일상적, 숙련적, 엔지니어적, 비일상적 기술로 구분된다. 서비스 이용자의 속성이 안정적, 획일적이고, 개입지식이 완전하면 일상적 기술이 필요하며, 이런 경우 표준화된 업무와 집권적 조직 구조가 적합하다. 서비스 이용자의 속성이 안정적, 획일적이고 개입지식이 불완전하면 숙련 기술이 필요한데, 이때는 업무의 비정형화와 분권적 조직 구조가 요구된다. 서비스 이용자의 속성이 불안정, 비획일적이나 개입지식이 완전하면 엔지니어링 기술체계가 필요하고, 유연하고 집권적인 조직 구조가 적절하다.

마지막으로 서비스 이용자가 불안정, 비획일적이면서 개입지식도 불완전할 경우에는 비일상적 기술이 요구되며, 유연하고 분권적인 조직 구조가 적합하다(〈표 3-6〉 참조). 사회복지조직의 경우 서비스 이용자의 욕구와 상황이 다양하고 불안정한 속성을 가지며, 개입지식 또한 환경과 서비스 이용자의 변화에 따라 끊임없이 진화한다. 이에 서비스 제공자의 자율과 재량을 보장하는 분권적 조직 구조를 통해 변화하는 환경, 다양한 문제와 욕구를 가진

표 3-6 조직의 환경과 기술 체계에 따른 조직 구조

		환경(서비스 이용자의 속성)	
		안정/획일적	불안정/비획일적
환경 (개입 지식)	완전	일상적 기술 체계 (표준화-집권적 조직 구조)	엔지니어링 기술 체계 (유연화-집권적 조직 구조)
	불완전	숙련적 기술 체계 (비표준화-분권적 조직 구조)	비일상적 기술 체계 (유연화-분권적 조직 구조)

이용자에게 유연하게 대응할 수 있어야 한다.

상황이론은 최선의 하나의 조직 구조가 존재한다는 기존의 접근과 달리 새로운 관점을 제안하였지만 일관된 적용 원칙이나 지침이 없어 적용에 한계를 가진다. 그럼에도 불구하고 사회복지조직이 처한 다양한 상황을 고려하여 최선의 전략을 수립하기 위한 단서를 제공한다는 점에서는 함의를 가진다.

5) 정치경제이론/자원의존이론

정치경제이론(political economy theory) 또한 환경의 영향을 중요하게 고려하는데, 그중에서도 특히 정치적 자원(합법성과 힘)과 경제적 자원(생산에 필요한 재정자원, 인적자원, 고객 확보 등)을 강조한다. 실제로 생존, 유지, 발전을 위해서 조직은 사회로부터 합법성을 부여받아야 하고, 조직 내에서 권한과 영향력을 배분하는 데 힘이 뒷받침되어야 하며, 경제적 생산 자원들은 조직의 서비스 전달체계와 인센티브 시스템의 구축과 운용에 필수적이다.

조직은 내적 자율성을 최대한 유지하면서 외부로부터 자원을 안정적으로 확보할 수 있어야 한다. 조직은 자원의 안정적 확보를 위해 다양한 전략을 활용할 수 있는데, 조직과 환경 요소 간에 대등한 파워 관계가 형성되어 있을 경우에는 '경쟁(competition)'이나 '협력(cooperation)' 전략을, 열세인 상황에서는 '갈등(conflict)', 관계 정리를 위해서는 '계약(contract)' 전략을 고려할 수 있다.

어떤 전략을 선택하는지에 따라 조직의 전달체계는 영향을 받는데, 정치경제이론의 관점에서 조직의 주요 의사결정들, 예를 들어 조직의 특정 서비스 이용자 집단에 대한 선호, 서비스에 대한 우선순위 결정, 수요와 공급량의 조절에 관한 결정, 서비스의 종류와 강도에 대한 결정 등은 결국 조직이 환경과의 관계 속에서 안정적 자원 확보를 위해 취하는 전략이다.

조직 외부와의 관계뿐 아니라 한 조직 내의 구성 단위들 간에도 정치경제적 관점이 적용되는데, 조직 내에서 이루어지는 정치, 경제적 힘과 관계의 맥락에 따라 조직 단위들이 실행하는 서비스나 의사결정 권한의 배분 방식이 결정된다. 이처럼 정치경제 관점은 조직의 내외부 정치경제적 역학 관계가 조직의 서비스 전달체계에 미치는 영향을 설득력 있게 설명한다.

특히 외부 환경에의 의존도가 높은 사회복지조직의 특성상 정치경제 이론은 사회복지조직들이 환경에 적응하는 과정에서 택하는 전략들이 조직의 구조와 과정에 어떠한 영향을 미치는지에 대한 설명과 예측을 가능하게 한다. 이 관점에서 서비스 이용자 또한 중요한 자원이자 잠재적 이해 집단으로, 서비스 이용자 집단이 가지는 정치력과 경제적 자원은 사회복지조직의 행태를 예측하게 하는 중요한 요인이다.

이상 살펴본 바와 같이 정치경제이론은 조직의 행태를 설명하는 데 유용하다. 반면 조직의 행태를 설명하기 위해 고려해야 하는 요인들이 지나치게 복잡하고 경험적으로 나타내기 쉽지 않으며, 정치적, 경제적 요인 외의 변수들을 고려하지 않는다는 점 등은 정치경제이론이 가지는 한계이다.

6) 조직군생태학이론

조직군생태학이론(population ecology theory)은 조직의 운명은 환경에 달려 있다고 보는 환경결정론적 관점의 이론이다. 다른 이론들과는 달리 개별 조직이 아닌 보다 거시적 관점에서 조직군에 초점을 맞추며, 환경이 조직군의 생존을 결정한다고 본다. 예를 들어, 2007년「다문화가족지원법」이 제정되면서 전국에 생겨난 다문화가족지원센터는 만약 이 법이 폐지된다면 설립 근거가 없어짐에 따라 소멸할 가능성이 있다고 보며, 이 과정에서 다문화가족지원센터는 환경의 변화에 따라 그 존폐가 결정될 뿐 조직이 할 수 있는 일이 없다고 본다. 이러한 조직군생태학이론은 장기적 관점에서 조직군의 생존을 설명하는 데에는 기여하나, 지나치게 환경결정론적이며 조직관리 차원에서 실천적 함의를 도출하기 어렵다는 비판을 받는다.

7) 제도이론

제도이론(institutional theory)은 정치경제이론과 마찬가지로 조직에 대한 환경의 영향력을 강조하는 개방체계적 관점에 근거한다. 그러나 보다 거시적 시각에서 제도적 환경 요소에 초점을 두고 정치경제이론에서 간과한 가치(value)나 이념(ideology)의 영향에 집중한다. 즉, 조직을 둘러싼 제도적 환경이나 구성원이 채택하고 있는 이념, 신념 체계와 같은 것들이 조직 행태를 설명하는 중요한 요인이라는 것이다.

실제로 여론, 사회적 인식, 합의된 지식, 사회적 권위, 법 등이 조직의 방향이나 정책, 프로그램, 지위, 절차 등에 영향을 미친다. 특히 사회복지조직과 같이 사회적으로 공유하는 이념과 가치를 바탕으로 하는 규범적 조직(Etzioni, 1958)의 경우에는 상대적으로 제도적 환경의 영향력이 클 수밖에 없다. 이와 관련하여 Hasenfeld는 사회복지조직의 제도적 환경을 결정하는 주요 원천으로 ① 국가, ② 전문직, ③ 여론을 제시한 바 있다.

사회복지조직은 그 존립의 정당성이 도덕적 이념이나 가치에 의해 부여되는 특성을 가짐으로써 사회복지조직을 이해하는 데 제도이론이 제공하는 함의는 매우 크다. 그럼에도 불구하고 제도이론은 '제도화' 과정 자체와 기술적 환경과 제도적 환경과의 상호연관성을 명확하게 설명하지 못함으로써 조직 행태의 이해와 설명을 넘어선 실천적 지식으로의 활용가능성에는 한계를 가진다.

8) 네트워킹과 사회적 자본이론

지식기반의 사회, 정보화의 시대에서 조직들은 생존을 위해 네트워킹 역량과 이를 통한 사회적 자본 형성을 필수적으로 요구받고 있다. 특히 사회복지조직은 사회적 취약계층을 주 활동 대상으로 한다는 특성을 가지며, 자원 확보 시장으로부터의 안정적 자원 확보의 압력과 함께 자원 할당 시장에서의 이용자 욕구 충족이라는 이중적 압력을 가진다. 이 두 가지 요구에 동시에 효과적으로 대처하는 방안으로 그 중요성이 점차 강조되고 있는 것이 바로 연계 및 협력이며, 이를 위한 조직의 활동이 바로 네트워킹과 사회적 자본 축적이다.

네트워킹의 중요성이 강조되면서 [그림 3-2]와 같이 사회서비스 영역을 위한 네트워크 효과성 이론모델이 제안되었다(Provan & Milward, 1995). 즉, 사회복지조직에서 네트워크가 효과적으로 작동하기 위해서는 조직을 중심으로 하는 연계 구조를 가져야 하고, 직접적이면서 통합적인 통제구조를 구축해야 한다는 것이다. 또한 안정적 네트워크 체계와 자원 확보가 네트워크 효과성을 독려할 수 있다.

[그림 3-2] 네트워크 효과성 모델

출처: Provan & Milward (1995), p. 24.

9) 신공공관리론

신공공관리론(new public management theory)은 1980년대 미국의 레이건 정부와 영국 대처 정부 등 신자유주의 정부가 등장하면서 작은 정부를 구현하기 위해 개발된 이론으로 현재까지도 상당한 영향력을 미치고 있다. 전 세계적으로 저성장 기조가 20세기 후반부터 현재까지 지속됨에 따라 작은정부를 지향하는 신공공관리론은 미국, 영국 등 자유주의 국가들뿐만 아니라 북유럽 및 아시아 국가들에까지도 넓게 영향력을 미치고 있다. 신공공관리론은 저비용을 강조하며, 시민들에게 다양한 선택권이 제공되어야 한다고 주장한다(김영종, 2017).

사회복지 전달체계도 신공공관리론의 영향으로 민영화, 영리화, 준시장화(pseudo-marketization) 등의 영향이 매우 크게 나타나고 있다(김영종, 2010). 사회서비스바우처제도, 노인요양시설과 같은 영리조직의 확대 등이 실제 영향을 받은 결과라고 볼 수 있다. 수요가 공급을 초과할 수 없다는 사회서비스의 특성상 지속적으로 공급부족에 시달리는 사회복지조직은 신공공관리론을 적용하여 효율성을 기하고 공급을 확대하며 이용자의 선택권을 강화할 수 있다는 장점이 있다. 그러나 신공공관리론은 사회복지서비스의 공공의 책임성을 약화시킬 수 있다는 점에서 한계를 가진다. 또한 신공공관리론에서 공공조직은 성과를 중심으로 공공조직과 민간조직과의 관계 및 역할을 관리하는데, 사회복지조직은 성과 측정이 어렵다는 점에서 신공공관리론의 적용이 쉽지 않을 수 있다.

생각해 보기

1. 사회복지조직의 바람직한 조직 구조에 대해 생각해 보기: 집권화와 분권화의 정도, 공식화와 비공식화의 정도를 중심으로
2. 사회복지조직에서 이사회의 의미와 역할은 무엇일까?
3. 조직이론 중 사회복지조직에 적용가능성이 가장 높은 이론은 무엇일까?

참고문헌

강종수(2006). 사회복지조직의 조직 구조와 효과성의 관계에 관한 연구. **복지행정논총, 16**(2), 287-311.

김영종(2002). **복지행정론**. 경기: 형설출판사.

김영종(2010). 한국 사회복지행정학의 역사적 평가와 과제. **한국사회복지행정학, 12**(1), 177-202.

김영종(2017). **사회복지행정론**(4판). 서울: 학지사.

류병곤(2016). 조직 구조와 조직문화가 조직유효성에 미치는 영향에 관한 다차원적 분석. **한국조직학회보, 13**(1), 33-62.

류병곤 · 류은영(2012). SEM을 이용한 조직 구조, 조직몰입, 직무몰입, 직무만족간의 관계 연구: 공 · 사조직의 비교를 중심으로. **정책분석평가학회보, 22**(4), 285-316.

법무부(2017). 실무자를 위한 비영리 · 공익 법인 관리 · 감독 업무 편람. 경기: 법무부.

보건복지부(2019). 2019 사회복지시설 관리안내. 세종: 보건복지부.

서상현(2007). 사회복지법인 이사역할과 조직성과에 관한 탐색적 연구. **한국지방자치연구, 8**(3), 103-125.

오세영(2009). **사회복지행정론**. 서울: 도서출판 신정.

이준영(2019). **사회복지행정론**(2판). 서울: 학지사.

이창민(2017). 비영리 공익법인 운영 실태와 지배구조. 제17회 기부문화심포지엄. 서울: 아 름다운재단.

전현경 · 이영주 · 장윤주(2017). 국내 비영리 조직 투명성에 관한 인식 조사. 아름다

운 재단.

채은경(2005). 사회복지 비영리조직의 거버넌스 구조-기존 이론에 대한 검토를 중심으로. **현대사회와 행정**, 15(2), 27-53.

최상미 · 최재성(2006). 사회복지시설의 보상체계 특성과 정립방향에 대한 탐색적 고찰. **한국사회복지조사연구**, 14, 97-118.

황성철 · 강철희 · 정무성(2014). **사회복지행정론**(제3판). 서울: 정민사.

Blau, P. M. & Scott, W. R. (1962). *Formal Organizations: A Comparative Approach*. San Francisco: Chandler.

BoardSource. (2005). *The source: Twelve principles of governance that power exceptional boards*. Washington, DC: BoardSource.

BoardSource. (2010). *The handbook of nonprofit governance*. San Francisco, CA: Jossey-Bass.

Bradshaw, P., Murray, V., & Wolpin, J. (1992). Do nonprofit boards make a difference? An exploration of the relationships among board structure, process, and effectiveness. *Nonprofit and voluntary sector quarterly, 21* (3), 227-249.

Brown, W. A. (2005). Exploring the association between board and organizational performance in nonprofit organizations. *Nonprofit Management and Leadership, 15*(3), 317-339.

Carver, J. (2011). *Boards that make a difference: A new design for leadership in nonprofit and public organizations* (Vol. 6). John Wiley & Sons.

Chait, R. P., Holland, T. P., Taylor, B. E. (1991). *The effective board of trustees*. R&L Education.

Chait, R. P., Ryan, W. P., & Taylor, B. E. (2011). *Governance as leadership: Reframing the work of nonprofit boards* . John Wiley & Sons.

Colquitt, J., Lepine, J. A., & Wesson, M. J. (2014). *Organizational behavior: Improving performance and commitment in the workplace*. McGraw-Hill/Irwin.

Daft, R. L. (2009). **조직 이론과 설계**(김광점, 김윤배, 박노윤, 배보경, 설현도, 송상호,

이호선, 이원규, 이홍, 전상길, 최종인, 최후남, 허문규 공역). 서울: 한경사. (원전은 1983년에 출판).

Dowling, J., & Pfeffer, J. (1975). Organizational legitimacy: Social values and organizational behavior. *Pacific Sociological Review, 18*(1), 122-136.

Duca, D. J. (1996). *Nonprofit boards: Roles, responsibility, and performance*. New York: Wiley.

Etzioni, A. (1958). *The Comparative Analysis of Complex Organization*. New York: John Wiley & Sons.

Etzioni, A. (1964). *Modern organizations*. Englewood Cliffs, NJ: Prentice-Hall.

Hage, J., & Aiken, M. (1967). Relationship of centralization to other structural properties. *Administrative Science Quarterly, 12*, 72-92.

Hasenfeld, Y. (1983). *Human service organizations*. Englewood Cliffs, N.J.: Prentice-Hall.

Hasenfeld, Y. (1992). *Human service as complex organization*. Newbury Park. CA: Sage Publication.

Hasenfeld, Y. (2010). *Human services as complex organizations*. Thousand Oaks, CA: Sage.

Herman, R, D., & David, O. R. (1999). Theses on nonprofit organizational effectiveness. *Nonprofit and voluntary sector Quarterly, 28*(2), 107-126.

Herman, R, D., & David, O. R. (2000). Board practices of especially effective and less effective local nonprofit organizations. *The American Review of Public Administration, 30*(2), 146-160.

Herman, R. D. (2010). Executive leadership. *The Jossey-Bass handbook of nonprofit leadership and management, 3*, 157-177.

Herman, R. D., & Heimovics, R. D. (1990). The effective nonprofit executive: Leader of the board. *Nonprofit Management and Leadership, 1*(2), 167-180.

Herman, R. D., & Renz, D. O. (1999). Theses on nonprofit organizational effectiveness. *Nonprofit and voluntary sector Quarterly, 28*(2), 107-126.

Herman, R. D., & Renz, D. O. (2000). Board practices of especially effective and less effective local nonprofit organizations. *The American Review of Public Administration, 30*(2), 146-160.

Hoy W. K., & Miskel C. G. (2013). *Educational Administration theory research and practice Ninth Ed.* McGraw-Hill.

Lee, J., Kozlenkova, I. V., & Palmatier, R. W. (2015). Structural marketing: Using organizational structure to achieve marketing objectives. *Journal of the Academy of Marketing Science, 43* (1), 73-99.

Mayo E. (1933). *The human problems of an industrial civilization*. New York: The Macrnillan Company.

McGregor, D. (1960). *The human side of management*. NY: McGraw-Hill.

Oldham, G. R., & Hackman, J. R. (1981). Relationships between organizational structure and employee reactions: Comparing alternative frameworks. *Administrative Science Quarterly, 26*, 66-83.

Provan, K. G., & Milward, H. B. (1995). A preliminary theory of interorganizational network effectiveness: A comparative study of four community mental health systems. *Administrative Science Quarterly, 40*, 1-33.

Scott, W. G., & Mitchell, T. R. (1976). *Organization theory: A structural and behavioral analysis*. McGraw-Hill/Irwin.

Skidmore, F. D. (1990). Therapy of patients at risk. *New York Academy of Sciences, 586*(1), 284. doi: 10.1111/j.1749-6632.1990.tb17818.x

Soltz, B. A. B. (1997). The board of directors. In T. D. Conners (Ed.), *The nonprofit handbook: Management* (pp. 114-147). New York: Wiley.

Stone, M. M., & Cutcher-Gershenfeld, S. (2002). *Challenges of measuring performance in nonprofit organizations*. In Measuring the impact of the nonprofit sector (pp. 33-57). Boston, MA: Springer.

Taylor, F. W. (1911). *The Principles of Scientific Management*. New York: Harper Bros.

Trecker, H. B. (1971). *Social Work Administration: Principles and Practice*. New York: Association Press.

Weber, M. (1947). *The theory of social and economic organization*. Talcott Parsons (Ed.), A. M. Henderson and Talcott Parsons (trans.). New York: Free Press.

Worth, M. J. (2014). *Nonprofit management: Principles and practice* (3rd ed.). Thousand Oaks, CA: Sage.

제4장

사회복지조직의 미션관리

사회복지조직에서 미션은 조직의 시작이자 끝이다. 즉, 사회복지조직을 포함한 비영리조직은 영리 추구가 아닌 미션 달성을 조직의 목적으로 삼으며, 따라서 미션을 중심으로 하는 조직관리가 요구된다. 이 장에서는 그 중요성에 비해 간과되어 온 사회복지조직에서의 미션의 의미와 미션관리 기법을 검토한다.

주요학습내용

1. 사회복지조직에서의 미션의 의미와 역할
2. 사회복지조직에서의 미션 진술
3. 미션기반의 사회복지조직 관리

1. 사회복지조직에서의 미션의 의미와 역할

우리 모두는 삶의 이유를 가지고 살아간다. 이는 우리 모두 자신의 삶을 이끌어 가는 미션을 가지고 있음을 의미한다. 우리는 '세계 평화에 기여하는 것' '자신이 믿는 신념을 전파하는 것' '종교적 신념' '좋은 부모가 되는 것' '잘 먹고 잘 사는 것' '부를 성취하는 것' 등 각기 다양한 삶의 미션을 가지고 살아간다. 개인뿐 아니라 가장 큰 사회 체계인 국가 또한 헌법에서 국가의 존재 이유인 미션을 공표하고 있다. 다음 우리나라「헌법」전문에서 볼 수 있듯이, 우리나라의 미션, 즉 존재 이유는 '민주개혁과 평화적 통일'이다.

> 대한민국헌법 전문
>
> 유구한 역사와 전통에 빛나는 우리 대한국민은 3 · 1운동으로 건립된 대한민국임시정부의 법통과 불의에 항거한 4 · 19민주이념을 계승하고, 조국의 **민주개혁과 평화적 통일의 사명에 입각하여** 정의 · 인도와 동포애로써 민족의 단결을 공고히 하고, 모든 사회적 폐습과 불의를 타파하며, 자율과 조화를 바탕으로 자유민주적 기본질서를 더욱 확고히 하여 정치 · 경제 · 사회 · 문화의 모든 영역에 있어서 각인의 기회를 균등히 하고, 능력을 최고도로 발휘하게 하며, 자유와 권리에 따르는 책임과 의무를 완수하게 하여, 안으로는 국민생활의 균등한 향상을 기하고 밖으로는 항구적인 세계평화와 인류공영에 이바지함으로써 우리들과 우리들의 자손의 안전과 자유와 행복을 영원히 확보할 것을 다짐하면서 1948년 7월 12일에 제정되고 8차에 걸쳐 개정된 헌법을 이제 국회의 의결을 거쳐 국민투표에 의하여 개정한다.

이처럼 개개인으로서의 우리뿐 아니라 집단, 조직, 국가 등 모든 단위의 체계들은 미션을 가지고 있으며, 크든 작든 모든 조직은 특정한 미션을 가지고 그 미션에 동의하고 지향하는 개개인들로 구성된다. 영리 추구를 조직의 존재 이유로 하는 영리조직이 아닌 비영리조직은 미션 성취를 위해 조직이 설립되고, 미션을 성취하면 사실상 조직의 존재 이유가 소멸한다. 비영리조직의 하나인 사회복지조직 또한 존재 이유인 미션을 기반으로 활동한다. 이에 사회복지조직에서 조직 미션에 대한 분석을 통해 명확한 미션을 설정하는 것은 조직의 성장과 관리를 위한 첫걸음이라 할 수 있다.

비영리조직인 사회복지조직에서 미션은 조직의 방향타이자 이사회, 직원을 포함한 이해관계자들을 동기부여하고 하나로 결집하는 지렛대이자 자원이다. 특히 외부에의 높은 자원의존도로 인해 사회복지조직은 정부 등 외부환경의 변화로 인한 부침을 경험한다. 이러한 특징을 가지는 사회복지조직에서 미션은 의사결정 시 지침을 제시하는 동시에, 조직구성원과 자원봉사자에게 대의를 각인시킴으로써 사기를 진작하고 동기를 부여하는 역할을 수행한다. 미션은 또한 다양한 이해관계자에게 조직에 대한 기본 정보와 철학을 전달한다. 사회복지조직에서 미션이 가지는 역할을 정리하면 다음 〈표 4-1〉과 같다.

이에 대해 Brinckerhoff(2010)는 "사회복지조직을 포함한 비영리조직은 미션과 미션을 위한 합법적 활동을 운영원칙으로 한다"고 제시한 바 있다. 즉, 비영리조직의 모든 조직 내외부적 활동은 미션 성취를 위해 이루어지며, 따

표 4-1 사회복지조직에서 미션의 역할

- 조직의 활동 방향과 의사결정 시 지침을 제시하는 방향타
- 조직구성원과 자원봉사자에게 대의를 각인시킴으로써 사기진작과 동기부여를 촉발하는 자원이자 지렛대
- (잠재) 기부 · 후원자 등 이해관계자에게 조직에 대한 기본 정보와 철학 전달

라서 비영리조직에서는 미션을 관리해 나갈 필요가 있다.

2. 사회복지조직에서의 미션 진술

1) 미션 진술의 구성요소

조직의 미션에 대한 공표인 미션 진술은 미션만 기술하기도 하고, 미션, 비전, 가치, 철학, 목적, 목표 등을 함께 기술하기도 한다. 미션 진술은 조직 내부적으로는 조직의 존재 이유, 대의를 조직구성원에게 지속적으로 각인시킴으로써 사기를 진작시키고, 조직 외부적으로는 조직에 대한 기본적인 정보와 철학을 일관성 있게 제시하는 역할을 담당한다. 이러한 미션 진술에 포함되어야 하는 구성요소와 구성요소별 내용은 다음과 같다(〈표 4-2〉 참조).

먼저 미션은 '조직이 왜 생겨났으며' '왜 존재하는지' 그리고 '어떤 활동을 하는지' 등 조직에 대한 핵심 정보를 제시해야 한다.

비전은 우리가 '비전이 있다. 혹은 비전이 없다'라고 얘기하듯이 지향하는 미래상을 의미한다. 비전은 조직이 꿈꾸는 미래의 모습, 궁극적으로 지향하는 세상을 진술함으로써 조직의 장기적인 목표와 미래상을 제시하고, 이를 통해 조직구성원을 동기부여하며 외부 이해관계자들과 소통의 매개가 된다.

가치는 '조직이 어떻게 일할 것인가', 즉 일하는 방식에 대한 내적 신념체계를 조직 외부에 공표하는 약속으로, 조직이 미션 달성을 위해 어떻게 활동할지를 보여 준다.

목적은 조직이 추구하는 가장 상위의 목적인 미션 아래에 위치하며, '미션을 이루기 위해 할 일은 무엇인가?'를 보여 준다. 즉, 단체가 미션 달성을 위해 무슨 일과 활동을 하는지를 규정하는 것으로, 유사한 미션을 가진 조직들도 미션 달성을 위한 활동 내용에 따라 목적은 다를 수 있다.

표 4-2 미션 진술의 구성요소와 내용

구성 요소	내용
미션	• 조직이 왜 생겨났으며 존재하는지 • 어떤 활동을 하는지 • 조직의 존재 이유와 주요 활동
비전	• 조직이 꿈꾸는 미래의 모습은 무엇인지 • 조직이 궁극적으로 지향하는 모습
가치	• 어떻게 일할 것인가 • 조직이 일하는 방식에 대한 신념체계
목적	• 미션을 이루기 위해 할 일은 무엇인가? • 조직이 미션 성취를 위해 하는 일에 대한 규정
목표	• 목적을 달성하는 구체적 방법

목표는 목적을 달성하는 구체적 방법으로 S.M.A.R.T하게, 다시 말하면 구체적이며(specific), 측정가능하고(measurable), 달성할 수 있으며(achievable), 현실적이고(realistic), 달성기간이 설정된 채로(time-based) 기술되어야 한다.

[그림 4-1]에서 볼 수 있듯이 조직의 존재 이유와 미래상, 정체성을 제시하는 미션과 비전은 조직의 목적과 목표, 전략을 통해 세부 활동과 프로그램으로 전환된다. 미션에 기반한 목적과 목표들이 세워지고, 이를 성취하기 위한 다양한 전략을 통해 미션을 달성하기 위한 최적의 계획과 방법들, 그리고 조직이 가진 자원을 활용한 활동과 프로그램들로 나타난다. 즉, 조직의 미션과 비전은 목적, 목표, 전략, 활동으로 일련의 흐름을 가지고 연결되며 조직의 활동 내용을 규정한다. 그리고 이러한 활동을 어떻게 하는지는 투명성, 개방적 의사소통, 고객중심, 책임성, 혁신 등 조직이 가지는 신념체계인 가치와 철학이 반영되어 정해진다.

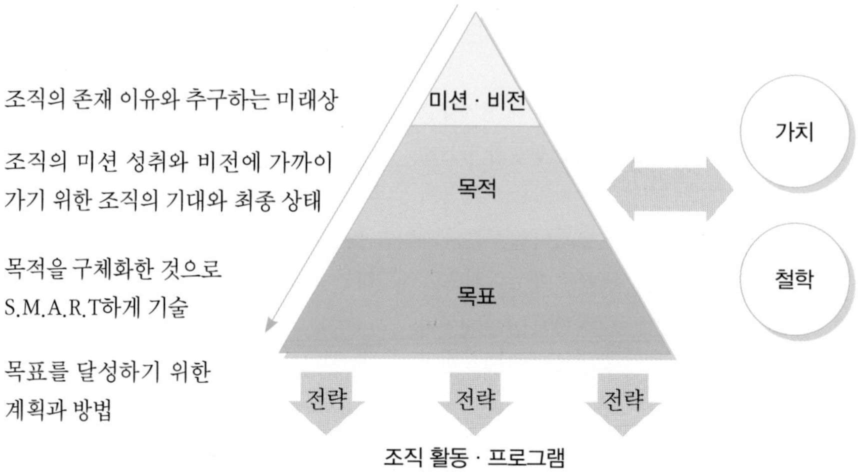

[그림 4-1] 미션 진술 구성요소 간의 관계 흐름도

2) 사회복지조직에서의 미션 진술 시 고려사항

미션관리는 조직의 존재 이유를 잘 담은 미션을 진술하는 것으로부터 시작한다. 미션 진술은 조직 활동의 본질이자 사회에 대한 조직의 약속으로, '우리 조직이 왜 이러한 활동을 하는지' 그리고 '무엇을 하는지'에 대한 내용을 담는다. 조직의 존재 이유와 활동 내용을 간결하면서도 명확하게 표현해야 하는 미션 진술은 생각보다 어려운 작업일 수 있다. 그럼에도 불구하고 정책입안자, 정부 자원제공자, 기부후원자, 자원봉사자, 서비스 이용자, 지역사회 주민 등이 조직을 이해하기 위해 가장 먼저 그리고 가장 중요하게 참고하는 내용인 만큼 주의 깊게 진술되어야 한다.

실제로 다음 〈표 4-3〉에서 볼 수 있듯이 Brinckerhoff(2010)는 성공하는 비영리조직의 특징으로 '살아 있는 미션' '미션과 함께하는 가치' '방향을 제시하는 비전' '미션 수행을 위해 지속적으로 교육을 받은 직원' '미션 성취를 위한 새로운 기술의 사용' '미션 수행을 위한 사회적기업가 정신' '미션 중

표 4-3 성공하는 비영리조직의 특징(Characteristics of a successful not-for-profit)

1. **죽어 있는 미션이 아닌 정말로 살아 움직이는 미션(viable mission).** 이해할 수 있고 지지할 수 있으며, 필요하면서도 지속적으로 업데이트된 미션
2. **윤리성, 책임성과 투명성.** 미션에 따라가는 가치들로서 미션 성취를 위한 가장 중요한 요소
3. **고무도장 역할이 아닌 실제로 일하는 이사회(a businesslike board of directors).** 이사회는 조직에 대한 신뢰부여, 정책결정, 모금에 있어서 중요한 역할을 담당해야 함
4. **능력 있고, 나아가 조직의 미션 수행을 위해 지속적인 교육을 받은 직원**(strong well-educated staff). 밑에서부터 위로의 접근방식을 통한 미션 공유와 이를 지지하는 역량 있는 직원
5. **미션 성취를 위한 새로운 기술의 적극적 사용(embracing technology for mission).** 미션 성취를 위해 새로운 기술을 적극적으로 기용해야 함
6. **사회적기업가 정신(social entrepreneurs).** 성공하는 조직은 미션 수행을 위해 위험을 감수할 수 있어야 하며, 때때로 실패하더라도 다시 도전하고, 시장의 요구와 변화에 민감한 서비스를 제공해야 함
7. **마케팅에 대한 강조(a bias for marketing).** 마케팅에 대한 전 조직적 강조를 바탕으로, 마케팅에 대한 정확한 이해를 바탕으로 모든 마케팅 활동이 미션 추구를 지원하는 방향으로 이루어져야 함
8. **재정적 역량 강화(financially empowered).** 자원 없이는 미션도 없음에 대한 이해를 바탕으로 재정적 안정을 위한 노력을 수행해야 함
9. **명확한 비전 설정(a vision for where they are going).** 조직이 가는 방향에 대한 명확한 방향 설정과 이에 기반한 계획 수립이 수반되어야 함
10. **조직 전반의 운영에 대한 자유로운 통제(a tight set of controls of personnel, finance, operations, media, quality control, etc.).** 인사, 재무, 대중매체, 질 관리 등 조직운영 전반에 있어서 미션추구를 중심으로 자유로운 활동을 독려하는 통제 체계를 구축해야 함

출처: Brinckerhoff (2010).

심의 마케팅' '비전 설정' 등과 같은 미션관리 요소를 제안하였으며, 죽어 있는 미션이 아닌 살아 움직이는 생동감 있는 미션 설정과 모든 조직행동이 미션 성취를 추구해야 하는 방향으로 나아가는 미션기반 관리(mission-based management)의 중요성을 강조하였다.

미션 진술에서 중요하게 고려해야 할 것은 조직의 고객이다. 사회복지조직의 경우, 다음 〈표 4-4〉와 같이 다양한 고객 집단을 가지고 있으며, 미션 진술은 모든 고객의 유형이 추구하는 것을 만족시킴으로써 이들 모두의 헌신을 야기할 수 있어야 한다. 이를 위해서는 각각의 고객 집단이 원하는 것에 대한 이해를 바탕으로 면밀하게 분석하여 미션을 기술해야 한다.

표 4-4 사회복지조직의 고객 집단의 유형과 고객 집단 유형별 욕구

고객 유형	고객 유형별 욕구
서비스 이용자 (service users, clients)	• 서비스 질 • (이용료가 있다면) 저렴한 이용료
자원 제공자 (정부, 개인 기부 · 후원자, 기업, 자선재단 등)	• 기부 · 후원에 대한 인정 • 지원금, 기부 · 후원금이 낭비되고 있지 않다는 믿음 • 해당 기관에의 기부 · 후원이 최선의 선택이라는 확신
자원봉사자	• 자원봉사활동 참여에 대한 인정 • 자원봉사자별 교육과 경험 정도에 상응하는 책임과 역할 부여 • 가치 있는 일을 하고 있다는 만족감 • 해당 기관에서의 자원봉사가 최선의 선택이라는 확신
이사회 이사	• 이사회 업무 수행을 위한 시간과 노력에 대한 인정 • 탁월한 조직운영과 조직목적 성취에 대한 만족감 • 해당 기관에서의 이사로서의 자원봉사활동이 최선이라는 확신
직원	• 다른 유사 조직에 상응하는 정도의 보수를 받고 있다는 확신 • 더 나은 지역사회를 만드는 데 기여하고 있다는 확신 • 이용자들에게 최고의 서비스를 제공하고 있다는 자부심

3) 사회복지조직에서 미션 진술하기

(1) 미션 진술을 위한 첫 번째 단계: 전 조직적 참여를 통한 조직의 존재 이유와 방향 도출과 공유

사회복지조직에서 미션 진술을 위한 첫걸음은 전 조직적으로 모든 직원이 다음과 같은 질문에 대한 답을 도출하고 공유하는 것이다.

미션 진술을 위한 질문

- 우리 조직의 설립 이유는 무엇일까?
- 우리 조직의 고객들에 대한 약속은 무엇일까?
- 우리 조직은 세상의 무엇을 변화시키길 원하는가?
- 우리 조직은 세상을 어떻게 변화시키길 원하는가?
- 우리는 우리 조직이 세상에 어떻게 알려지기를 원하는가?

미션 진술은 이러한 질문들을 전 조직의 구성원에게 묻고 논의하고 수렴해 나가는 과정을 통해 전 조직적 합의에 근거하여 이루어져야 한다. 이러한 과정을 통해 직원, 관리자, 이사회 등 조직 내부 구성원에서 나아가 조직의 자원봉사자, 기부·후원자 등 조직의 모든 이해관계자가 이를 공유함으로써 이들을 하나로 결집시키고 동기부여하는 매개체가 되어야 한다. 즉, 미션은 조직의 이해관계자들이 낙담하고 소진될 때마다 떠올리며 다시 힘을 내게 하는 역할을 수행할 수 있도록 진술되어야 한다.

(2) 미션 진술을 위한 두 번째 단계: 기준을 사용하여 점검하기

미션 진술을 위해 조직의 존재 이유와 방향에 대한 대략적 답을 도출하면, 도출된 답을 다음의 몇 가지 기준에 의해 평가해야 한다.

미션 진술 점검을 위한 기준

- 미션 진술은 우리의 신념을 반영하고 있는가?
- 미션 진술은 우리 조직의 다양한 이해관계자의 노력과 시각을 반영하고 있는가?
- 미션 진술이 단순하면서도 명확한가?
- 미션 진술이 유사한 목적과 활동 내용을 가지는 다른 조직과의 차별성, 우리 조직의 개성을 반영하고 있는가?

미국의 비영리조직을 대상으로 소셜미디어(Twitter, Facebook) 랭킹, 웹사이트(Alexa, Page Authority 등) 랭킹과 채러티 내비게이터(charity navigator) 등급에 따라 비영리조직을 평가하여 비영리조직 100개를 소개하고 있는 최고의 비영리조직 웹사이트(www.topnonprofits.com)는 좋은 미션 진술의 조건을 다음과 같이 세 가지로 제시하고 있다.

첫째, 초등학교 고학년생이 이해할 수 있는 정도로 쉽고 명료하게 쓰여져야 한다.

둘째, 5~14단어 정도, 최대 20단어를 넘지 않도록 간결하게 쓰여져야 한다.[1]

셋째, 정보를 제공하고 방향을 제시하는 유용성을 가져야 한다.

즉, 좋은 미션 진술은 쉽고, 간결하면서도, 유용해야 한다는 것이다.

반면, 비전에 대한 진술은 조직이 추구하는 미래의 모습, 지향점을 제시하는 것으로, 미션 진술과 보완적이면서도 차별적이어야 한다. 또한 사람들에게 함께하고자 하는 마음을 불러일으키고 동기부여할 수 있도록 매력적으로 진술되어야 한다.

1) 최고의 비영리조직 웹사이트(www.topnonprofits.com)는 실제로 top 비영리조직 50개의 미션은 평균 15.3단어, 그중 top 비영리조직 20개의 미션은 9.5단어라고 소개하고 있다(https://topnonprofits.com/examples/nonprofit-mission-statements/).

표 4-5 비영리조직 미션과 비전 진술의 예

미션과 비전 진술의 예
(국외 사례) TED 미션: Spreading Ideas Oxfam 미션: To create lasting solutions to poverty, hunger, and social injustice 비전: A just world without poverty Charity: water 미션: Bringing clean, safe drinking water to people in developing countries 비전: Believes that we can end the water crisis in our lifetime by ensuring that every person on the planet has access to life's most basic need? clean drinking water Habitat for Humanity International 미션: Seeking to put God's love into action, Habitat for Humanity brings people together to build homes, communities and hope 비전: A world where everyone has a decent place to live Make-A-Wish 미션: We grant the wishes of children with life-threatening medical conditions to enrich the human experience with hope, strength and joy 비전: That people everywhere will share the power of a wish Doctors without Borders 미션: Works in nearly 70 countries providing medical aid to those most in need regardless of their race, religion, or political affiliation Teach for America 미션: Growing the movement of leaders who work to ensure that kids growing up in poverty get an excellent education 비전: One day, all children in this nation will have the opportunity to attain an excellent education Goodwill 미션: Goodwill works to enhance the dignity and quality of life of individuals and families by strengthening communities, eliminating barriers to opportunity, and helping people in need reach their full potential through learning and the power of work

(국내 사례)
사회복지공동모금회(http://www.chest.or.kr/01_info/about/about01.jsp)
미션: 나눔으로 하나되는 행복한 대한민국
비전: 빈곤, 질병, 소외가 없는 사회를 만드는 최고의 모금기관
핵심가치: 인간존중, 윤리성, 열정, 헌신, 도전정신

세이브더칠드런(https://www.sc.or.kr/guide/spirit/01.do)
미션: 우리는 세상이 아동을 대하는 방식에 획기적 변화를 이끌어 내고, 아동의 삶에 즉각적이고도 오래 지속되는 변화를 이루어 내고자 합니다
비전: 우리는 모든 아동이 생존, 보호, 발달 및 참여의 권리를 온전히 누리는 세상을 꿈꿉니다
행동가치: 책무(accountability), 포부(ambition), 협력(collaboration), 창의(creativity), 정직(integrity)

아름다운가게(http://www.beautifulstore.org/vision-mission)
미션: 모두가 함께하는 나눔과 순환의 아름다운 세상 만들기
비전: 공익성과 전문성을 갖춘 세계적 수준의 NGO
가치: 공익성, 전문성, 효율성

미션과 비전은 조직 의사결정과 업무 수행의 이정표가 되어야 하므로 모든 조직구성원이 공유하고 조직 외부에도 전파하는 데 있어서 기억하기 쉽도록 간결하고 명료한 동시에 조직의 열망을 담아낼 수 있어야 한다. 또한 앞서 논의했듯이 조직의 모든 고객, 모든 이해관계자에게 의미 있게 진술되어야 하며, 달성 가능해야 한다. 앞의 〈표 4-5〉에서는 비영리조직의 미션과 비전 진술의 예를 살펴봄으로써 좋은 미션 진술에 대한 힌트를 얻어 본다.

3. 미션기반의 사회복지조직 관리

잘 쓰인 미션만으로 비영리조직의 성공적 관리가 담보되지는 않는다. 미션

이 잘 진술된 이후에는 미션이 조직 활동의 중심이 될 수 있도록 미션기반의 조직관리가 이루어져야 한다. 여기서는 조직에서 미션과 조직의 활동이 따로 존재하는 것이 아니라 미션이 살아 움직이기 위한 미션 활용 전략들, 그리고 현실에서 직면할 수 있는 미션과 현실적 이슈 간의 갈등 상황을 검토함으로써 사회복지조직에서의 미션기반 조직관리에 대한 함의를 찾아본다.

1) 살아 있는 미션 설정과 활용, 그리고 지속적 검토

앞서 검토하였듯이 사회복지조직을 포함한 비영리조직에서 미션은 조직의 존재 이유, 조직이 추구하는 가장 상위의 목적으로 조직의 활동을 이끄는 지렛대이자 귀중한 자원이다. 미션은 조직의 방향을 각인시킴으로써 구성원을 결집하고 동기를 부여한다. 나아가 조직 활동의 의미 전달을 통해 자원봉사자와 기부·후원자를 모집의 명분이 되며, 조직의 모든 활동을 실현가능하게 한다.

따라서 보다 효과적으로 미션을 달성하기 위해서 사회복지조직은 다음 〈표 4-6〉과 같이 미션을 관리해 나갈 필요가 있다. 다양한 이해관계자를 가리는 사회복지조직은 이해관계자 모두의 시각을 고려하고 조직의 모든 구성원이 참여하는 충분한 논의 과정을 거친 미션을 수립해야 한다. 이렇게 수립된 미션은 구성원을 포함한 이해관계자들을 결집시키고 동기를 부여한다. 또한 이사회 및 조직의 연간계획 수립 회의에서는 매년 조직의 미션과 목적을 분석·검토하고, 필요하다면 변화하는 환경과 조직의 활동내용의 변화를 반영하도록 수정·보완해야 한다. 조직 미션과 목적 검토에서 가장 중요하게 고려해야 할 내용은 앞서 논의하였듯이 모든 이해관계자에게 적용할 수 있어야 한다는 것, 다시 말해 모든 이해관계자의 이해를 반영해야 한다는 것이다. 이와 관련하여 이사회 구성원은 관련 정보를 공식적·비공식적 채널을 통해 수집할 책임을 가진다.

표 4-6 미션과 관련된 조직의 과제

적절한 미션의 수립	조직의 존재 이유, 활동 내용과 모든 고객집단을 반영한 미션의 수립
미션에 대한 면밀한 분석과 검토	조직의 현재의 활동과 미션에 대한 비교를 통한 미션에 대한 진지하고 적극적 분석과 검토
미션에 대한 지속적 수정 · 보완	변화하는 환경과 조직에 따라 미션도 변화해야 함. 따라서 매년 연간 계획 수립 시 미션을 점검하여 필요하다면 수정 · 보완해야 하며, 최소한 3년마다 미션을 점검하고 업데이트해야 함
조직구성원 모두가 함께하는 미션 수립과 전 조직적 공유	이사회나 경영진, 관리자급이 미션을 만들어 내려 보내는 '위에서 아래로의(top-down)' 방식이 아닌 구성원이 함께 만들고 공유함을 통해 미션이 구성원을 하나로 결집하는 조직의 공통 프레임워크(common framework)가 되어야 함
의사소통의 매개체로 활용	정부, 기업, 개인기부 · 후원자, 지역사회 등 외부의 이해관계자들과의 의사소통 시 미션이 의사소통의 매개체로 활용되어야 함

더불어 미션이 조직에서 잊혀지지 않고 존재하기 위해서는 미션을 전 조직적으로 모든 구성원이 함께 만들고, 조직 내부뿐 아니라 외부의 이해관계자들도 함께 공유하며, 마케팅 등 모든 조직 활동에서 사용하며, 매년 미션 성취의 성과를 함께 축하하는 의식을 갖추는 등 미션이 조직의 중심에서 일상화되기 위한 체계를 갖추어야 한다.

2) 미션과 현실의 균형 잡기

미션은 조직구성원에게 자부심을 느끼게 하며, 조직에의 헌신, 몰입을 야기하는 비영리조직의 가장 중요하면서도 기본적인 요소이다. 미션 진술은 또한 조직의 책임성을 외부에 공표하는 것으로서 모든 업무와 활동의 지침이 된다. 따라서 조직의 모든 활동은 미션으로부터 정렬되어야 하며, 모든 조직구성원이 자신이 하는 업무 하나하나를 미션과 연결시킬 수 있어야 한다.

그럼에도 불구하고 현실에서 미션은 많은 경우 존재하지 않거나 존재하더라도 형식적으로 존재하고, 조직구성원은 조직의 미션과 비전, 가치를 느낄 틈도 없이 자원 확보나 실적과 같은 현실에 쫓기게 된다. 이는 사회복지조직의 종사자들이 영리조직에 비해 적은 보수에도 불구하고 조직의 미션과 가치에 공감하여 사회복지조직에서 일을 시작하였다가도 결국 '미션과 가치에 동해 입사한 비영리조직이나 사회복지조직도 공무원이나 일반 영리기업과 다를 게 없다'라는 생각으로 일에서 의미를 찾지 못하고 소진이나 이직을 경험하는 요인이 되고 있다.

최근 비영리조직의 증가, 새로운 사회서비스 제공 주체의 등장과 확대, 정부 지원의 감축 등으로 한정된 예산을 획득하기 위한 경쟁이 발생, 심화되면서 사회복지조직들도 영리조직의 운영방식을 도입하는 방식으로 진화해 왔다. 이러한 상황에서 비영리조직의 종사자들은 실적과 성과, 효율성을 증명해야 하는 현실과 미션 사이에서의 갈등, 더 나아가 목적 전치 현상을 경험하고 있는 것이 사실이다.

이에 대해, Brinckerhoff(2009)는 "시장(market)은 항상 옳지만, 시장이 우리에게 항상 옳은 것은 아니며, 시장이 아닌 미션이 조직의 궁극적인 방향을 제시해야 한다"라고 주장한다. 다시 말해, 조직의 미션이나 비전과 충돌한다면 시장이 원하는 바나 실적이나 성과에 기여하는 현실을 선택하지 않아야한다는 것이다. 나아가 시장이 원하는 바가 조직의 가치와 윤리, 개인의 가치와 윤리와 상응하는지에 대한 판단 또한 필요하다. 따라서 현재 수행하고 있는 조직의 활동과 새로운 서비스나 활동을 확장할 때는 반드시 이러한 활동이 조직의 미션 성취에 도움이 될지에 대한 점검이 필요하다.

이를 위해서는, 첫째, 이러한 활동이 혹은 변화가 조직의 미션과 양립하는지, 둘째, 이러한 활동이 혹은 변화가 조직의 전략 및 목표에 부합하는지, 셋째, 이러한 활동이 혹은 변화가 조직의 가치와 충돌하지 않는지, 넷째, 이러한 활동이 혹은 변화가 나의 개인적 가치와 윤리, 신념과 충돌하지 않는지에 대한 점검이 필요하다.

이처럼 미션을 중심으로 조직의 모든 활동이 이루어지기 위해서는 앞서 설명하였듯이 조직 내에서 미션 공유와 활용이 일상화되어 있어야 한다. 미션의 일상화를 위해서는 먼저 미션을 조직구성원 모두와 온라인, 오프라인 문서로 나누어 주고, 조직 어디에서도 볼 수 있도록 사무실, 복도, 회의실, 식당 등에 붙여 놓고, 뉴스레터, 연간계획서, 결산서, 회의록 등 조직의 모든 문서를 미션으로 시작하는 등 공유 노력이 필요하다. 또한 조직이 미션을 위해 존재한다는 것을 지속적으로 각인하기 위해 이사회의, 운영위원회의, 정기회의 등 조직의 모든 회의에서 의사결정의 가장 중요한 기준이 조직의 미션 성취에 기여하거나 기여 가능성을 높이는지가 되어야 한다.

미션과 비전 진술 팀 활동

기존에 존재하는 사회서비스 제공 조직의 미션과 비전을 분석하고 진술하기
혹은 가상의 사회서비스 제공 조직의 미션과 비전 진술하기

미션과 비전 진술 가이드라인

미션과 비전 진술은
1) 명료하며(이해하기 쉬우며)
2) 간결하고
3) 유용하며(정보 제공, 방향 제시)
4) 상투적이지 않아야 함

미션과 비전 진술 시 고려해야 하는 대상과 내용

1) 외부 자원제공자에게 우리 조직이 왜 존재하며, 무슨 일을 하는 곳인지에 대한 정보 제공
2) 내부 직원 및 자원봉사자에게 동기부여, 사기진작, 의사결정 지원
3) 최고 및 중간 관리자에게 조직 의사결정의 방향타

미션 진술의 단계

1) 조직의 활동 찾기
조직은 어떤 활동(서비스, 프로그램 등)을 수행하는가?

2) 조직의 수혜자 찾기
조직의 활동(서비스, 프로그램 등)으로부터 혜택, 이익을 받는 대상은 누구인가?
3) 조직의 대의와 조직이 다루는 주요 문제 찾기
조직의 활동을 포괄하는 가장 중요한 의제 혹은 다루는 가장 중요한 문제는 무엇인가?
4) 조직의 주요 파트너 찾기
조직이 함께 일하는 중요한 파트너는 누구인가?
5) 조직의 설립 이유, 존재 이유를 설명하는 단어 찾기: 문제와 연결 가능
조직은 __________을 위해; __________를 증진하기 위해; __________ 향상을 위해 __________을 없애기 위해; __________를 해결하기 위해

비전 진술이 담아야 하는 주요 내용
1) 조직이 중요하게 생각하는 문제가 해결되면 어떠한 세상이 될까?
2) 조직의 미션이 성취되면 조직의 주요 수혜자들의 삶은 어떠할까?

미션과 현실의 균형 잡기를 위한 체크리스트

첫째, 이러한 활동이 혹은 변화가 조직의 미션과 양립하는가?
둘째, 이러한 활동이 혹은 변화가 조직의 전략 및 목표에 부합하는가?
셋째, 이러한 활동이 혹은 변화가 조직의 가치와 충돌하지 않는가?
넷째, 이러한 활동이 혹은 변화가 나의 개인적 가치와 윤리, 신념과 충돌하지 않는가?

생각해 보기

1. 사회복지조직에서 미션의 의미는?
2. 사회복지조직에서 미션기반 관리를 어렵게 하는 요소는 무엇일까?
3. 사회복지조직에서 미션 진술을 성공적으로 하기 위해서는 누가 '미션 설정'에 참여해야 할까?

활동하기

- 사회복지조직을 포함한 비영리조직의 미션과 비전을 분석해 보자.
- 사회복지조직을 포함한 비영리조직의 미션과 비전을 진술해 보자.

참고문헌

Brinckerhoff, P. C. (2009). *Mission-based management: Leading your not-for-profit in the 21st century* (Vol. 231). John Wiley & Sons.

Brinckerhoff, P. C. (2010). *Mission-based marketing: Positioning your not-for-profit in an increasingly competitive world*. John Wiley & Sons.

최고의 비영리조직 웹사이트. https://www.topnonprofits.com

제5장

사회복지조직의 마케팅

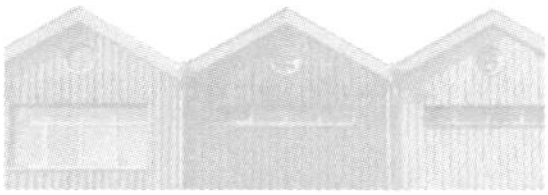

사회복지조직 간 경쟁의 심화와 복잡하고 다양해진 서비스 욕구 등의 환경 변화에 따라 현대 사회복지조직은 생존 및 발전을 위해 마케팅을 적용하는 것이 필요하다. 이에 따라 이 장에서는 마케팅에 대한 기본 지식을 설명하고, 사회복지조직에 필요한 마케팅 전략에 대해 검토한다.

주요학습내용

1. 사회복지조직 마케팅의 필요성
2. 사회복지조직과 서비스 마케팅
3. 사회복지조직 환경 분석
4. 마케팅 정보시스템과 마케팅 조사
5. STP 전략: 시장세분화, 표적시장 선정 및 포지셔닝
6. 마케팅 믹스 전략

1. 사회복지조직 마케팅의 필요성

현대 사회복지조직은 시장 패러다임의 도입(예: 사회서비스 바우처 제도), 유사 시장의 증대(예: 영리 사회복지조직의 증대)와 같은 변화를 경험하고 있다. 이러한 사회서비스 환경의 변화는 서비스 제공 주체의 수를 증가시키며, 조직 간의 경쟁을 심화시키고, 사회서비스 조직의 재정 안정성 확보를 어렵게 하고 있다. 이와 같은 환경 속에서 사회복지조직은 조직의 경쟁력을 높여 경쟁조직들 사이에서 경쟁우위를 획득함으로써 조직의 생존을 보장하기 위하여 마케팅 개념의 도입을 요구받고 있다.

기존과는 달리 서비스 이용자의 욕구가 다양해지고 복잡해짐에 따라 서비스 이용자를 소비자로 인식하고 잠재적인 소비자의 욕구를 분석하여 그들의 욕구를 만족시키기 위한 노력과 더불어 시장에서 가치를 창출하고 교환이 성취되어 관계가 이루어질 수 있도록 시장을 관리하는 마케팅을 적극적으로 활용하는 것이 더욱 중요해지고 있다.

그러나 사회복지조직은 마케팅에 대한 논란의 여지 때문에 마케팅을 적극적으로 적용하지 않는 경향을 보이는데, 정무성·황정은(2013)이 제시한 주요한 세 가지 논란은 다음과 같다. 첫째, 마케팅의 불필요성이다. 마케팅에 대한 이해 부족과 마케팅 지식 부족, 마케팅 실행 자원 부족 등을 이유로 마케팅 활용을 반대하는 사회서비스 조직구성원이 많다. 그러나 이용자 중심의 서비스 제공과 경쟁 심화, 재원 마련의 어려움 등을 고려했을 때 마케팅은 필요하며, 이 필요성을 알리기 위한 노력이 요구된다.

둘째, 마케팅의 사생활 침해이다. 마케팅 시장조사를 통한 욕구파악은 매우 중요하나, 시장조사는 '침입적'이기에 잠재적 서비스 이용자의 사생활을 침해할 우려가 있다. 마케팅 조사의 궁극적 목적이 사회적 이익일 경우, 때때로 '사생활 침해'에 대한 이해가 가능하지만 그럼에도 사생활 침해를 최소화하려는 노력이 필요하다. 텔레마케팅, 우편발송 등의 마케팅 도구 역시 사생활 침해라는 비판도 있으므로, 표적 집단을 정교하게 하여 판촉을 하도록 노력해야 한다.

셋째, 마케팅의 비도덕성이다. 마케팅과 관련한 비판 중 마케팅이 시장을 교묘하게 조작하여 필요하지 않은 재화와 서비스를 구매하도록 고객을 조종한다는 비판이 있지만, 이는 오해이다. 마케팅은 고객들에게 그들이 실제로 필요로 하는 서비스를 공급한다. 또한 누가 그들의 실제적인 표적집단인지를 확인하고 다른 조직에 의해서 더 좋은 서비스를 받을 수 있는 사람들이 불필요한 구매를 피할 수 있도록 노력해야 한다. 따라서 마케팅을 적절히 실행한다면 비도덕적일 수가 없다. 마케팅의 목적을 교환 창출이 아닌 성과 추구로 잘못 이해하면 서비스가 더 필요한 것처럼 시장을 조작할 가능성이 있다. 따라서 사회복지조직은 마케팅의 개념을 반영하여 성과우선주의에 따른 시장 조작 가능성을 지속적으로 점검하고 방지하도록 노력해야만 한다.

2. 사회복지조직과 서비스 마케팅

마케팅의 개념은 본래 영리조직을 기반으로 개발되었으나, 마케팅 개념의 유용성에 대한 인식이 확대되면서 마케팅의 적용 영역도 다양하게 확대되고 있다. 마케팅 적용 영역에 따라 지식도 차별화되고 세분화되고 있는데, 사회복지조직은 주로 서비스를 제공한다는 점에서 서비스 마케팅의 지식을 적용하는 것이 적합하다. 이에 여기서는 서비스 마케팅 지식을 기본으로 설명하고, 사회복지조직에의 적용가능성을 검토해 보고자 한다.

표 5-1 판매 개념과 마케팅 개념

	판매 개념	마케팅 개념
출발점	공장	시장
초점	제품 특성	고객 욕구
수단	판매와 촉진	통합적 마케팅
목표	판매량 증대를 통한 이익	고객 만족을 통한 이익

마케팅은 영리조직에 처음 도입된 개념으로, 생산자가 잠재적 소비자의 욕구를 분석해야 하며 그들의 욕구를 만족시켜야 한다고 본다(〈표 5-1〉 참조). 마케팅은 시장에서 가치를 창출하고, 교환이 성취되어 관계가 이루어질 수 있도록 시장을 관리하여 조직의 목표 달성을 위해 표적시장에서 자발적인 가치의 교환이 이루어지도록 만들어진 프로그램을 분석 · 계획 · 집행 · 조정한다.

마케팅 개념의 핵심요소인 교환은 바람직한 목적물을 획득하고 그 대신에 어떤 것을 제공하는 행위이다. 예를 들어, 기업은 교환과정에서 구매자에게 재화나 서비스를 주고, 구매자는 기업에게 돈을 지불한다. 행정기관은 시민들에게 공공서비스를 제공하고, 시민들은 행정기관에 세금을 낸다.

사회복지조직의 교환은 기업이나 행정기관과 달리 다양한 요소를 교환한다. 사회복지조직은 서비스 이용자, 후원자, 자원봉사자 등과 교환관계를 형성한다. 사회복지조직과 서비스 이용자의 관계에서 사회복지조직은 서비스 이용자에게 서비스를 제공하고, 서비스 이용자는 이용료를 지불한다. 또한 사회복지조직은 후원자와 자원봉사자로부터 후원금이나 자원봉사활동을 제공받고 그들에게 만족감과 보람을 제공한다.

서비스 마케팅에서 서비스란 무형의 상품으로 인간의 인간에 대한 서비스로 정의된다. 서비스는 상품과 연계되어 제공되는 모든 활동으로 주로 소비자에게 편익이나 만족을 제공하는 것으로서 고객과 기업과의 상호작용을 통해 고객의 문제를 해결해 주는 일련의 활동이라 할 수 있다. 이를 바탕으로 사회복지조직의 서비스는 서비스 이용자와 제공자와의 상호작용을 통해 서비스 이용자의 욕구를 충족시켜 주는 활동이라 이해할 수 있다.

서비스 마케팅은 제품 마케팅과 여러 차이가 있다. 그 차이에는 상품의 무형성, 생산과정에서의 고객 참여, 사람도 상품의 일부분, 품질 통제의 난해함, 서비스 재고화 불가능, 시간 요인의 중요성, 유통 경로의 상이성 등이 포함된다. 사회복지조직에서 제공하는 사회서비스의 특징은 다음과 같다.

첫째, 서비스의 무형성(intangibility)이다. 영리부문에서 고객이 상품을 구입할 때 보면 우선 그 상품의 외형, 냄새, 맛 등을 통해 그것을 평가하게 된다. 그리고 그 상품을 통해 얻게 될 이익에 대해 어느 정도 기대를 갖게 되고, 그 동안의 경험 혹은 정보를 통해 품질에 대한 확신도 갖게 된다. 그러나 사회복지조직의 서비스는 그것을 이용해 보기 전에는 서비스 제공자의 주장을 확인할 수 있는 방법이 거의 없다. 이러한 무형성으로 인해 서비스는 상품처럼 진열하거나 재고정리를 하기가 어렵고, 상대방을 설득하기 위해 홍보를 하거나 특허를 내기도 힘들다. 뿐만 아니라 서비스 이용자가 실제 이용을 해 본 후에만 평가가 가능하기 때문에 마케팅에 어려움이 있다.

둘째, 서비스의 다양성(heterogeneity)과 복잡성(complexity)이다. 영리부문에서 상품으로 제공하는 서비스는 대량소비를 유도하기 위해 표준화를 통한 저비용을 유지하는 경우가 많아 다양성이 부족하다. 그러나 사회서비스는 이용자의 개별적인 욕구를 중시하기 때문에 다양한 서비스가 제공되어야 하며, 또한 서비스와 관련된 이해집단이 다양하여 욕구를 충족시키는 과정이 매우 복잡한 특징이 있다. 또한 서비스 제공자와 이용자 간의 관계에 따라 다양하고 복잡한 과정을 통해 서비스가 제공된다. 이러한 이유로 인해 사회서비스는 대량생산이 불가능하고 결국 사회서비스의 단위비용은 영리부문의 상품보다 높을 수밖에 없다.

셋째, 사회복지부문의 서비스는 생산과 소비가 동시에 일어난다. 영리부문에서의 물리적 상품은 생산이 선행되고 고객에 의해 소비가 발생한다. 그러나 사회복지조직의 서비스는 생산과 소비가 분리되지 않는 경우가 많다. 즉, 사회복지부문의 서비스는 생산과 소비가 동시에 일어난다. 이는 생산자와 소비자가 서비스 생산과정에 동시에 참여한다는 것을 의미한다. 따라서 사회복지마케팅에서는 상품의 교환과정뿐만 아니라 생산자와 소비자의 상호작용을 강조할 필요가 있다.

마지막으로 서비스의 소멸성(perishability)이다. 사회복지조직의 서비스는 식품이나 가전제품처럼 쌓아 두거나 저장할 수 없다. 그래서 서비스는 반환하거나 되팔 수 없다. 서비스가 일단 시작되면 참여하지 않은 사람은 그 서비스를 잃어버린 것이다. 유사한 서비스가 다음에 제공된다 할지라도 정확하게 똑같은 것은 아니며, 그 서비스가 제공되기까지 일정 기간을 기다려야 한다. 따라서 사회복지마케팅에서는 서비스가 가능한 한 최적의 조건에서 제공된다는 것을 확신시키는 전략과 실제로 그렇게 제공하는 노력이 요구된다.

3. 사회복지조직 환경 분석

사회복지조직과 환경의 관계는 각각의 변화에 따라 기존의 상태가 영향을 받는 상호의존적 관계라는 점에서 매우 중요하다. 조직과 환경에 영향을 미치는 요소들은 경제적 요소(예: 경제성장, 국가보조금의 증대), 사회적 요소(예: 외국인의 증가), 기술적 요소(예: 컴퓨터 활용도, 드론, AI 등의 활용도 증가), 정치적이고 전문적인 요소(예: 정부성향, 주요 이해관계자의 정치적 입장, 사회서비스 전문가 자격증 제도의 변화) 등이 있으며 이들은 서로 상호작용한다.

환경은 매우 범위가 넓고 복잡하기 때문에 모든 환경을 분석하고 고려할 수는 없다. 그러나 사회복지조직은 과업환경(조직에 주요한 영향을 미치는 환경)을 중심으로 분석을 실시하고, 마케팅 전략을 수립해야 한다. 사회복지조직에 영향을 주는 과업환경은 이용자, 지역사회 주민(잠재적 이용자, 후원자, 자원봉사자), 정부관계자(중앙정부, 지방정부), 각 분야의 협회, 사회서비스 조직(경쟁자, 협력자), 사회서비스 종사자, 법·제도, 다양한 민간 자원 등이 있다. 또한 사회복지조직마다 과업환경은 상이할 수 있으므로 각 조직에 영향을 미치는 과업환경을 정의해야 한다.

사회복지조직은 마케팅 전략을 수립하기 위하여 사회복지조직의 내외부 환경에 대한 철저한 분석이 요구되는데, 욕구조사에 대한 체계적 접근, 지역자원현황 파악 등이 수행될 때 효율적/효과적 마케팅 전략 수립이 가능해진다. 조직 내부환경 분석이란 조직의 목적, 목표, 문화, 강점, 약점 등을 분석하는 것을 말하며, 조직 외부환경 분석이란 표적이 되는 대중과 조직의 경쟁자 분석, 사회적·정치적·기술적·경제적 요소들을 포함하여 분석함으로써 조직의 광범위한 환경에서의 변화 추이를 분석하는 것을 말한다.

주요 환경분석 방법으로는 SWOT 분석과 제품(서비스)/시장 매트릭스 분석이 있다. SWOT 분석은 조직 내부(강점, 약점)와 조직 외부(기회, 위협) 요인을 파악하여 마케팅 전략을 수립하는 방법으로 활용도가 매우 높은 편이다. 조직의 강점, 약점, 기회, 위협 요인이 파악되면, 두 요인을 〈표 5-2〉와 같이 연결시켜 전략을 수립할 수 있다.

표 5-2 SWOT 분석을 활용하는 마케팅 전략

	강점(strengths)	약점(weaknesses)
기회(opportunities)	강점-기회전략	약점-기회전략
위협(threats)	강점-위협전략	약점-위협전략

제품(서비스)/시장 매트릭스는 제품(기존/신)과 시장(기존/신)을 기준으로 조직의 현황 파악과 전략 수립을 돕는 접근법이다. 시장침투전략은 지배력을 높이는 전략으로 사용량 및 제품 선호도를 높이는 것이다. 시장개발전

표 5-3 제품(서비스)/시장 매트릭스 분석을 활용하는 마케팅 전략

	기존서비스	신서비스
기존시장	시장침투전략	제품개발전략
신시장	시장개발전략	다각화전략

략은 다른 지역, 다른 대상을 공략하는 것이며, 제품개발전략은 기존 타깃의 다른 욕구를 충족시켜 주는 것을 말한다. 다각화 전략은 기존 서비스와 관련된 다각화와 기존 서비스와 관련 없는 다각화가 있다(〈표 5-3〉 참조).

4. 마케팅 정보시스템과 마케팅 조사

마케팅 환경 분석과 전략을 수립할 때에는 필요한 정보를 수집하고 활용하는 것이 매우 중요하다. 특히 마케팅 정보시스템을 최대한 활용하는 것이 필요하며, 기존 정보가 충분하지 않을 경우에는 직접 마케팅 조사를 실시하여 필요한 정보를 획득하고 활용해야 한다.

1) 마케팅 정보시스템

현재의 정보화시대에서는 누가 더 나은 정보를 갖고 있느냐가 조직의 경쟁력을 결정한다. 마케팅 정보시스템은 마케팅 담당 종사자에게 적기에 필요한 정보를 수집하고 분석하여 제공함으로써 의사결정을 돕는 정보시스템이다. 마케팅 정보시스템의 종류는 내부정보시스템, 고객정보시스템, 마케팅 인텔리전스 시스템, 마케팅 조사 시스템, 마케팅 의사결정 지원 시스템이 있다. 내부정보시스템은 조직의 내부정보이며, 가장 기본적인 정보를 말한다. 여기에는 사회서비스 조직 내 서비스 관련 정보(이용자 수, 서비스 내용, 서비스 성과),

인적 및 물적 자원 정보 등이 포함되며, 서비스 이용 자료, 성과 등의 정보를 제공함으로써 최적의 마케팅 의사결정을 위한 정보를 제공한다.

내부정보시스템의 예시

- 영업(서비스 이용자): 특정 서비스에 대한 반응, 경쟁 서비스의 이용 행태 분석
- 마케팅: 서비스 이용률의 변화 → 서비스 개선 또는 새로운 서비스 도입
- 회계: 비용, 수익, 이익 등 조직의 상황 파악
- 제조(서비스 기획 및 인적자원관리): 서비스 기획의 효율성 및 효과성, 조직 관리 문제점 해결 → 양질의 서비스 기획, 효과적 조직관리

고객정보시스템은 서비스 이용자에 대한 인구사회학적 특성(성별, 연령, 학력, 지불능력 등), 서비스 이용 행동, 라이프스타일, 서비스 욕구 등의 정보를 포함하며, 기존서비스 이용자의 서비스에 대한 신뢰도(충성도) 제고 및 이탈 방지와 새로운 서비스 이용자 발굴을 위한 마케팅 전략 수립에 활용되고 있다. 고객정보시스템을 활용하는 마케팅전략으로는 고객관계관리(customer relationship management: CRM)가 있다. CRM은 수익성 높은 고객을 파악하고 이들과의 관계를 유지하는 활동을 말한다. 그 예로는 백화점의 VIP 관리, 우수카드회원을 위한 혜택, 마일리지 제도 운영 등이 있다.

CRM은 3단계로 이루어지는데 그중 첫 번째는 관계 형성 및 새로운 서비스 이용자 확보이다. 이는 새로운 서비스 이용자에게 그들이 원하는 적절한 가치를 제공하고 그들이 만족할 수 있는 여러 혜택을 제공한다. 백화점의 무료 주차서비스, 미혼모 서비스 이용 중 무료보육서비스 등이 그 예이다.

두 번째는 고객만족도 제고 및 유지이다. 조직신뢰도(충성도)가 높을수록 만족도 및 재이용이 증가하며, 조직신뢰도가 높은 이용자가 많을수록 조직성과가 높아진다.

세 번째는 서비스 이용 활성화 및 이용자 확대이다. 새로운 서비스 관련 정보를 제공하여 서비스 이용을 활성화시키고, 보완 서비스 및 관련 서비스를 함께 제공하여 교차 판매를 가능하게 한다. 예를 들면, 배스킨라빈스의 신제품과 기존 제품 두 가지를 구매 시 할인을 해 주는 것이다. 사회복지조직에 적용한다면, 서비스 욕구가 있는 범위 내에서 교차 판매를 고려해 볼 수 있을 것이다. 만약 사회복지조직에서 CRM을 활용하고자 한다면 높은 서비스 욕구를 가진 서비스 이용자, 주요 서비스 대상자가 대상이 되어야 할 것이다.

마케팅 인텔리전스 시스템은 조직을 둘러싼 마케팅 환경의 여러 정보를 수집하기 위해 조직이 사용하는 절차와 정보원의 집합이다. 정보원에는 관리자, 서비스 제공자, 공공보고서, 사회통계, 신문, 잡지 등 언론 매체, 경쟁조직의 종사자, 공공기관 종사자, 지역사회 주민, 사회운동가, 위장고객 등이 포함된다. 이 중 위장고객의 경우 사회복지조직에서 활용하는 것은 적절하지 않다.

마케팅 의사결정 지원 시스템은 각각의 시스템에서 산출된 정보를 종합 및 해석하여 결과를 예측해 주며, 정보, 소프트웨어 및 하드웨어, 분석 도구 등이 통합된 시스템이다. 예를 들면, 월별 서비스 이용률, 서비스별 서비스 만족도 영향 요인, 조직 서비스와 경쟁조직 서비스 이용률 예측 등이 있다.

마케팅 조사 시스템은 다른 마케팅 정보시스템의 한계를 보완하기 위하여 이용하며, 시장잠재력, 시장별 특성, 자사의 시장점유율 등을 측정하기 위해 활용한다. 또한 장단기적 성과를 예측하고, 새로운 서비스에 대한 욕구 및 효과성을 검증하기 위해 활용한다. 마케팅 전략 수립에 필요한 정보 수집을 위

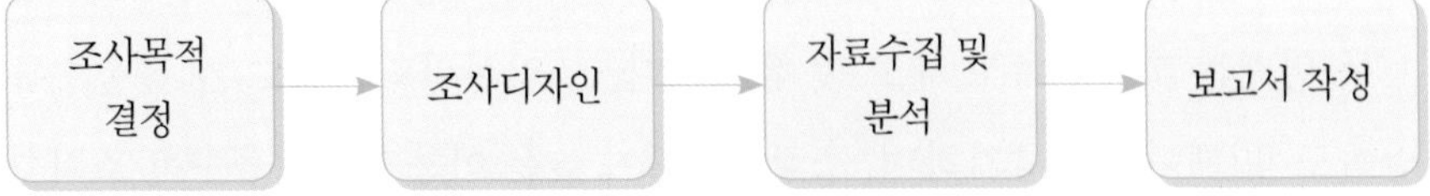

[그림 5-1] 마케팅 조사 시스템 과정

해 과학적인 조사 시스템 도입이 요구되고 있다. 사회복지조직도 높은 정확도와 신뢰도를 가진 정보 생산을 위해 과학적 조사 시스템 적용이 요구되고 있으나, 아직은 미흡한 수준이다. 과학적 조사 시스템 구축 및 운영을 위해서는 '조사론' '자료분석론' '연구방법론' 등의 지식과 기술이 필요하다. 마케팅 조사는 조직 내부에서 실시할 수 있고, 외부 전문기관에 의뢰하여 수행할 수도 있다. 예를 들면, 지역사회 욕구조사는 연구기관, 대학교 등에 의뢰하여 실시하기도 한다.

2) 마케팅 조사

마케팅 조사의 내용은 서비스 조사, 비용 조사, 촉진 조사, 유통 조사, 서비스 이용 예측이 있다. 서비스 조사는 경쟁서비스 조사, 새로운 서비스 욕구 및 잠재력 조사, 기존 서비스 조사, 예비조사(pilot test)가 포함된다. 그리고 비용(가격)조사와 촉진(홍보)조사가 있는데, 촉진(홍보)조사는 홍보효과 조사, 도구(매체) 조사, 홍보메시지 조사를 포함한다. 유통 조사는 유통채널 조사, 물리적 접근성 조사를 포함하며, 서비스 이용 예측에는 시장 잠재력 조사, 시장 점유율 조사, 시장 특성 조사, 장기수요예측, 산업동향 분석이 해당된다.

조사의 목적을 명확하게 결정하고, 범위를 너무 광범위하거나 협소하게 정하면 안 된다. 조사의 목적은 크게 탐색, 기술, 설명으로 구분할 수 있다. 탐색적 목적의 조사는 조사문제가 명확하지 않을 때 실시되며, 문헌조사, 전문가 의견조사, 사례조사 등을 활용한다. 기술적 목적의 조사는 조사문제가 명확하고, 마케팅 상황 분석 및 변수들 간의 관련성을 파악할 때 실시되며, 설문조사 자료나 2차자료를 이용하여 실시된다. 설명 목적의 조사는 마케팅 관련 변수들 간의 인과관계를 파악하기 위해 실시되며, 기술적 조사와 마찬가지로 설문조사자료 및 2차자료를 이용해 실시되며, 가설을 설정하고 이를 검증한다.

마케팅 조사 방법은 참여관찰, 초점집단인터뷰, 심층면접, 설문조사, 실험

조사 등이 있는데, 사회복지분야의 새로운 조사방법의 예는 뇌연구(마케팅 자극에 대한 맥박수, 눈의 움직임 등 조사), 시청률 조사, 스캐너패널 데이터(ID카드를 소유한 소비자의 구매활동을 조직에 설치된 스캐너가 읽어 수집한 자료) 등이 있다. 직접 조사를 실시할 경우, 응답자 접촉방법은 우편조사, 전화면접, 대인면접, 온라인 조사 등을 활용할 수 있다. 표본의 대표성 확보를 위해서는 확률적 표본추출방법의 사용이 이상적이나 조사목적이나 조사대상에 따라 비확률적 표본추출방법도 사용 가능하다.

측정도구는 조사목적에 부합하며 난해하지 않은 질문들로 구성되어야 하며, 폐쇄형 또는 개방형 질문의 사용이 가능하고, 타당도와 신뢰도가 높은 측정도구를 활용해야 한다. 분석방법은 조사목적을 고려하여 선택해야 하며, 연구가설 및 측정도구 선정 시 분석방법까지 고려해야 한다. 마케팅 조사는 연구 및 조사에 대한 지식을 갖춘 사람이 실시해야 하는데, 사회복지조직에 연구 및 조사역량을 갖춘 종사자가 많지 않다는 점에서 조사수행에 어려움이 있는 편이다. 사회복지조직은 연구윤리기준을 고려하여 비밀보장, 자기결정권을 보장하는 범위에서 조사를 디자인해야 하며, 조사 참여 전에 사전동의서(조사목적, 조사의 위험성 및 혜택, 비밀보장, 자기결정권 등 명시) 획득을 통해 연구윤리를 준수해야 한다. 자료수집 및 분석은 체계적으로 진행해야 하며, 편의에 따라 조사디자인을 임의로 수정하면 안 된다. 자료분석 후에는 보고서를 작성해야 하는데, 핵심 정보를 추출하여 쉽게 작성하고 논리적 근거를 가지고 결과를 해석하는 것이 중요하다.

5. STP 전략: 시장세분화, 표적시장 선정 및 포지셔닝

STP 전략이란 조직이 개별 고객의 선호에 맞춘 제품이나 서비스를 제공하여 경쟁조직의 차별성과 경쟁력을 확보하는 마케팅 전략이다. STP 전략은 세 단계로 구분되는데, 먼저 시장을 세분화하고, 세분시장 내에서 표적시장을 선정한 후, 제품이나 서비스의 포지셔닝 목표를 수립한다.

1) 시장세분화

대량생산이나 획일적 제품을 생산하던 시기에는 시장을 세분화할 필요 없이 대중마케팅만으로 대중의 공통된 욕구를 해결할 수 있었다. 그러나 현대사회는 다품종 소량생산, 차별적 제품 생산을 요구하기 때문에 시장을 세분화하여 마케팅함으로써 대중의 차별적 욕구를 파악해야 한다. 즉, 시장세분화(segmentation)란 전체 시장을 일정한 기준에 의해 동질적인 세분시장으로 구분하는 과정이며, 세분시장에 따라 마케팅을 차별화해야 한다.

시장세분화 변수에는 인구통계학적 변수, 심리분석적 변수, 사회서비스 욕구 변수, 구매(이용)행동 변수, 사용상황 변수, 추구효익 변수 등이 포함된다. 인구통계학적 변수에는 성별, 연령, 지역 등이 포함되고, 심리분석적 변수에는 사회계층, 라이프스타일, 개성, 태도 등이 포함된다. 사회서비스 욕구 변수에는 아동, 청소년, 재가, 정신건강 등이 포함된다. 구매(이용)행동 변수에는 이용동기, 이용기회, 이용경험 등이 포함되고, 사용상황 변수에는 서비스를 누가, 언제, 어디서, 어떻게 사용하느냐가 포함되며, 추구효익 변수에는 기능성효용과 심리적효용이 포함된다.

시장을 효과적으로 세분화하기 위하여 고려할 네 가지 요건에는 측정가능성, 규모, 접근가능성, 차별적 반응이 있다. 세분화의 수준에 따른 마케팅 전략은 [그림 5-2]와 같다.

① 대량 마케팅: 제품시장 내 고객들을 구분하지 않고 전체 소비자에 대한 하나의 마케팅 프로그램을 제공하는 방법이다. 대량 마케팅(mass marketing)이 제품시장에서 성공적으로 받아들여질 수 있다면 대량생산

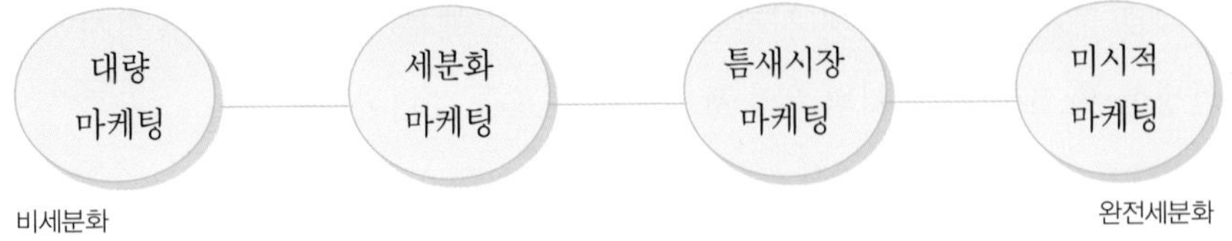

[그림 5-2] **시장세분화의 수준**

출처: Armstrong & Kotler (2000).

을 통한 원가절감으로 이익을 창출할 수도 있다. 그러나 현재와 같이 고객의 욕구가 다양화되고 기업 간 경쟁이 치열한 상황에서는 하나의 제품과 마케팅 프로그램만으로 모든 고객을 만족시키기는 어려우며, 이 방법은 제품수명주기상의 도입기에 제한적으로 사용할 수 있는 접근 방법이다.

② 세분화 마케팅: 고객들의 욕구가 다양해짐에 따라 기업들은 일부 세분시장에 마케팅 노력과 자원을 집중하여 경쟁우위를 확보하려는 접근 방법을 도입하고 있다. 예를 들어, 화장품 회사가 소비자의 연령대에 따라 고등학생, 20대 초반, 20대 후반, 30대 등으로 제품시장을 세분화(segment)하는 방법이다.

③ 틈새시장 마케팅: 틈새시장(niche)이란 세분시장을 더욱 세분화한 보다 작은 규모의 소비자 집단을 의미한다. 예를 들어, 유아식을 다시 연령대에 따라 초유성분의 제품, 3개월 미만, 그리고 3~6개월에 맞는 제품으로 구분하거나 30대를 겨냥한 화장품을 다시 주름살을 제거하는 화장품이나 기미를 제거하는 화장품 등으로 구분하는 경우이다. 틈새시장은 세분시장에 비해 규모는 작지만 경쟁자가 많지 않으며 독특한 고객욕구를 만족시켜 줌에 따라 소비자가 기꺼이 고가의 제품을 구매하는 경우가 많다. 이에 따라 틈새시장은 규모가 작은 기업들에게 제한된 자원을 집중하여 비교우위를 확보할 수 있는 기회를 제공한다.

④ 미시적 마케팅: 미시적 마케팅은 개별적인 고객수준에서 각 고객의 욕

구에 맞춰 제품과 마케팅 프로그램을 개발하여 제공하는 방법이다. 이러한 방법은 한정된 경영자원을 효율적으로 관리하는 데 있어서의 어려움으로 인하여 일반 소비재시장에서는 널리 활용되지 못하였으며 소수의 거래고객들을 대상으로 하는 산업재나 소규모의 기업에서 제한적으로 적용되어 왔다. 그러나 최근에는 컴퓨터 기술의 발전과 함께 대량의 고객정보에 대한 분석과 처리가 가능해짐으로써 개별적인 고객에 맞는 마케팅 프로그램을 개발 · 적용하는 데이터베이스(database: DB) 마케팅이 확산되고 있다.

2) 표적시장 선정

시장세분화 작업을 통해 동질적인 범주를 파악하여 조직이 공략가능하다고 선택한 시장이 표적시장(target marketing)이다. 즉, 표적시장은 마케팅의 직접 대상이 되는 시장이다.

표적시장을 선정하기 위하여 마케팅 관리자가 여러 세분시장을 평가할 때 사용되는 기준은 다음과 같다. 첫째, 특정 세분시장에 진입하는 것이 기업의 사업목표 및 마케팅 목적과 일치하는가를 검토해야 한다. 둘째, 기업이 특정 세분시장에서 성공하는 데 필요한 기술과 자원을 갖추고 있는가를 고려해야 한다. 셋째, 세분시장이 적절한 규모와 성장을 유지하고 있는가를 검토해야 한다. 넷째, 세분시장이 수익성의 관점에서 매력성을 지니고 있는가를 검토해야 한다(예종석 · 김명석, 1998).

표적시장 선택에 따른 마케팅 전략은 세 가지로 구분된다. 첫째, 무차별적 마케팅 전략이다. 이는 각 세분시장의 차이를 무시하고 전체시장을 하나로 보고 접근하는 것이다. 둘째, 차별적 마케팅 전략이다. 여러 세분시장을 표적시장으로 삼고 각 세분시장에 대한 차별적 마케팅 믹스 전략을 구사한다. 셋째, 집중적 마케팅 전략이다. 자원이 부족한 기업이 선택하는 대체전략으로 하나의 세분시장에 진출하고 표적시장에 대해 집중함으로써 표적시장에 대한 깊은 이해가 가능하다. 집중적 마케팅 전략은 보다 용이하게 경쟁우위의 확보가 가능한 선택과 집중 전략이라 할 수 있다.

3) 포지셔닝

포지셔닝(positioning)이란 경쟁 서비스와 효과적으로 경쟁하기 위하여 마케팅 믹스를 사용하여 소비자의 마음속에 자사제품 및 서비스의 정확한 위치를 심어 주는 것이다. 자사제품이 경쟁제품들에 비해 어떤 차별점을 갖고 고객의 욕구를 제대로 만족시켜 주고 있는지를 확신시켜 주는 것이 여기에 포함된다. 복잡한 사회에서 서비스의 우월성을 소비자의 마음속에 심기 위해서는 명확히 설정된 대상에 한하여 메시지가 전달되어야 하므로 포지셔닝을 명확하게 실시하고 소비자와 의사소통해야 한다. 브랜드는 포지셔닝의 가장 적절한 도구로 알려져 있다.

브랜드를 보며 소비자는 각자의 위치를 결정하고, 그 위치에서 소비행동이 발생한다는 점에서 조직들은 브랜드를 관리해야 한다. 포지셔닝맵을 이용하면 시장 공백을 명확히 지각하고 조직의 현 위치와 경쟁조직의 위치를 파악할 수 있으며, 또한 마케팅 효과, 틈새, 자기잠식효과 등을 가늠해 볼 수 있다.

포지셔닝 전략의 유형은 다음과 같이 구분된다(권익현 · 임병훈 · 안광호, 1999). ① 제품속성에 따른 포지셔닝: 표적소비자들이 중요하게 생각하는 제품속성에서 자사제품이 차별적 우위를 갖고 있음을 직접적으로 강조하는 방법이다(예: 생활방수를 강조하는 삼성 갤럭시 핸드폰). ② 사용상황에 따른 포지셔닝: 제품이 사용될 수 있는 적절한 상황과 용도를 자사제품과 연계시키는 방법이다(예: 김치냉장고). ③ 제품사용자에 따른 포지셔닝: 표적시장 내의 전형적 소비자를 겨냥하여 자사제품이 그들에게 적절한 제품이라고 소개하는 방법이다(예: 어린이전용치약). ④ 경쟁제품에 따른 포지셔닝: 소비자의 마음

속에 강하게 인식되어 있는 경쟁제품에 대비해 자사제품의 차별점을 제시하는 방법이다(예: 카메라의 우수성을 강조하는 LG G5).

이 외에도 틈새시장에 따른 포지셔닝을 실시할 수 있다. 틈새시장에 따른 포지셔닝은 아직 아무도 진입하지 않은 또는 어떠한 이유로 진입이 적은 시장에 초점을 맞추어 가장 먼저 진입하는 전략이다. 아무도 진입하지 않은 이유는, ① 욕구는 알고 있지만 그 서비스를 제공할 요건을 갖추고 있지 않아서, ② 욕구를 인식하고 있지 않아서, ③ 고객이 그 욕구를 명확히 인식하고 있지 않아서이다. 틈새전략을 구체화하려면 시장의 빠른 발견과 혁신적이고 유연한 조직문화가 필요하다. 또한 틈새시장에서는 시장고객의 조기 확보(대량광고), 브랜드충성도 고양(제품 전문화를 통한)이 필요하다.

6. 마케팅 믹스 전략

마케팅 믹스는 마케팅 활동을 위한 일종의 수단으로, 마케팅 목적 및 목표를 달성하기 위한 수단을 종합적으로 결정하는 전략이다. 주로 STP 전략 이후에 마케팅 믹스 전략을 수립하고 실행한다. 일반적으로 상품(product), 가격(price), 유통(place), 촉진(promotion)의 4P 전략이 사용되었으나 마케팅 지식이 영역별로 차별화되면서 서비스 마케팅 믹스는 4P에 3P를 더하는 형태가 되었다. 즉, 서비스 마케팅 믹스는 7P로 대표되는데, 7P의 요인은 학자마다 조금 상이하다.

Fine(1992)은 서비스 중에서도 공공 · 비영리 서비스 마케팅 믹스 요소로 생산자(producer), 구매자(purchaser), 조사(probing)를 제시하였다. 공공 및 비영리 서비스 마케팅 전략 수립과 실행을 위해서는 서비스를 제공하기에 적합한 생산자가 있어야 하며, 서비스 이용자의 특성을 알아야 하고, 전략 수립의 과학적 근거를 제시하기 위한 조사의 실행이 필요하다는 것이다.

한편, 서비스 마케팅의 7P는 4P에 과정(process), 물리적 자원(physical evidence), 사람(people)이 더해진 것이다. 이는 서비스 전달 과정에 대한 고려, 장비, 소프트웨어, 명함 등 물리적 자원의 중요성, 종사자 선발 및 교육에 대해 중요하게 고려해야 함을 강조된 결과이며, 최근에는 이 7P가 더 보편적으로 널리 쓰이고 있다. 마케팅 믹스에서는 마케팅 목적 및 목표와 세부 믹스 전략들과의 일치가 강조되며, 효율성이 중요하게 고려된다. 7P의 요소에 대한 설명은 다음과 같다.

① **상품(product)**은 사회복지조직에서 서비스에 해당된다. 사회서비스의 비가시적 특성은 서비스 이용자의 이용 결정을 어렵게 할 수 있기 때문에 사회서비스의 가시화 전략을 고민해야 한다. 철저한 품질관리를 통해 고객의 서비스 이용에 대한 불안감을 줄여 주어야 하며, 서비스 성과를 알림으로써 서비스의 품질을 가시적으로 보여 주는 것도 필요하다. 서비스 전략을 위해서는 서비스 유형, 품질, 특징, 브랜드 네임, 규모, 사후관리 등을 고려해야 한다.

서비스 상품은 핵심 서비스와 핵심 서비스 이용을 촉진하는 데 반드시 필요한 서비스인 가치 지원 서비스, 서비스의 가치를 증대시키고 경쟁사와 차별화를 시켜 주는 가치 증대 서비스가 있다. 보조서비스인 가치 지원 서비스와 가치 증대 서비스를 통해 서비스 차별화가 가능하며, 이를 통해 경쟁우위를 점할 수 있다.

사회서비스의 경우, 고객의 관여 정도와 구매 노력이 높고, 인식된 위험의 정도는 낮거나 높으며, 전문적인 서비스가 많은 편이라는 점을 고려하여 서비스를 기획해야 한다. 또한 서비스 전략에서는 브랜드를 통해 서비스 차별화를 시도하기도 한다. 브랜드 선정 시에는 독특성, 연관성, 유연성, 기억용이성 등을 고려해야 한다.

② **가격(price)**은 시장에서의 서비스 교환 가치로 구매자들이 특정 물품 및

서비스를 구매함으로써 얻게 되는 효용에 부여된 가치이다. 사회복지조직에서 서비스 이용료, 후원금액, 자원봉사활동수준 등과 관련이 있다. 영리조직과 달리 사회복지조직은 이용자의 지불능력을 고려하여 가격을 선정해야 하며, 저소득층에게는 무료 서비스를 제공해야 한다.

가격 관리를 통해 서비스 제공자는 수요량을 조절할 수 있다. 가격은 서비스 마케팅 믹스 중에 가장 쉽게 변화시키고 빠른 변화의 결과를 얻을 수 있다는 특성이 있다. 보통의 소비자는 서비스의 실제 가격을 평가하기 위하여 그 기준으로 삼는 가격인 준거가격을 참고하는데, 서비스는 무형성과 다양성 등의 특성 때문에 준거가격 탐색이 어려운 편이다. 일반적으로 가격이 높으면 서비스 품질이 높은 것으로 평가하여 더 많이 구매하기도 하는데, 서비스에 대한 이해가 높아지면 서비스의 질 평가 시 가격의 영향력은 낮아진다. 사회복지조직은 높은 가격 전략을 자주 사용하는 편은 아니다. 가격은 원가와 이윤을 고려하여 결정되는데, 서비스의 경우 원가추정이 어렵다는 특징이 있다. 서비스를 제공하기 전에 최종 생산물을 추정하기 어렵고, 서비스 원가의 대부분은 종사자의 시간과 전문성이 되기 때문이다.

사회복지조직은 경쟁조직의 서비스 가격을 비교하여 가격을 책정하는데, 서비스가 표준화된 경우에는 경쟁조직의 가격보다 가격이 높으면 이용자의 선택을 받지 못할 가능성이 높다. 가격은 저렴해야 하며, 서비스에서 이용자가 얻고자 하는 모든 것은 소비자가 지불한 가격에 의해 얻는 품질로써 지불 가치가 분명하게 드러나야 한다. 가격은 시간, 구매자, 구매량에 따라 차별화가 가능하다.

③ 유통(place)은 서비스가 제공되는 장소와 관련되어 있으며, 사회복지조직에서는 서비스 접근성과 관련이 깊다. 유통에는 세 가지 핵심기능이 있다. 첫째, 정보적 · 촉진적 흐름이다. 고객이 서비스 이용에 관심을 가지도록 정보와 촉진물을 제공해야 한다. 둘째, 협상 흐름이다. 서비스를

사용할 수 있는 권리를 판매하기 위한 합의의 과정이다. 셋째, 서비스 흐름이다. 대인서비스를 전달하는 과정에서 물리적 시설이 필요하며, 인터넷 뱅킹과 같이 전자채널을 통한 서비스흐름도 증가하고 있다.

서비스가 전달되는 이용자와의 접점에 따라 유통의 성격이 결정된다. 이용자가 서비스 제공 장소로 가는 경우에는 서비스 장소의 입지, 운영스케줄의 편리성이 중요하다. 서비스 제공자가 이용자가 위치한 장소로 가는 경우에는 비교적 규모가 큰 고객일 경우가 많으며, 프리미엄 맞춤서비스 등을 제공한다. 반면, 사회복지조직에서는 서비스 접근성이 어려운 이용자를 중심으로 방문 서비스를 제공하는 편이다.

원격접촉을 통한 서비스 거래는 정보기반 서비스 상품이 많다. 정보기술의 발전에 따라 앞으로 원격접촉을 통한 서비스 거래는 증대할 전망이다. 유통경로는 서비스 이용자가 이용하기 쉽도록 설계하는 것이 중요하다. 사회복지조직은 이용자의 이동성을 고려하여 서비스 제공을 위한 물리적 입지를 선정해야 하며, 서비스 이용에 대한 부정적 인식을 낮추려는 노력을 해야 하며, 절차를 간소화하여 제도적 접근성을 높여야 한다.

④ 촉진(promotion)은 홍보라고도 불리며, 기존이용자나 잠재이용자 및 일반대중을 대상으로 관련 정보를 제공하거나 설득하고, 회상시키기 위해 의사소통하는 것이다. 의사소통을 통해 궁극적으로 서비스 이용을 유도하여 판매를 촉진하고자 하는 것이다. 촉진에서는 통합적 커뮤니케이션이 강조되는데, 하나의 도구만으로 충분한 효과를 낼 수 없다는 것이 증명되면서 통합적 커뮤니케이션 개념이 등장하였다.

커뮤니케이션 효과를 극대화시키기 위하여 다양한 전략을 명확성과 일치성을 유지시키면서 결합하는 프로그램의 실행이 통합적 커뮤니케이션이다. 여러 요소의 결합으로 인한 시너지 효과를 기대하면서 통합적 커뮤니케이션을 실시하는 것이다. 모든 메시지를 여러 커뮤니케이션 접점에서 일관성 있게 통합하여 사용하는 것이 중요하다.

마케팅 커뮤니케이션 도구에는 광고, 인적판매, 판매촉진, PR이 있다. 광고는 제품, 서비스, 아이디어를 제시하거나 촉진하기 위해 비용을 지불하는 비개인적 형태의 커뮤니케이션이다. 광고에는 인쇄 및 방송 광고, 포장 외장, 카탈로그, 포스터 등이 포함된다. 서비스 특성을 고려한 광고전략은 다음과 같다.

서비스 특성을 고려한 광고전략

- 무형성의 극복: 유형적인 근거를 제시하라.
- 서비스 경험을 스토리텔링으로 전하라.
- 광고에 서비스제공직원이나 만족한 이용자를 등장시켜라.
- 서비스 품질보증을 약속하라.
- 이용자들에게 성수기와 비수기를 미리 알려 주어라.
- 전문서비스인 사회서비스는 진실된 관계 구축이 중요하므로 허위, 과대·과장 광고에 주의하라.

인적판매는 서비스 판매를 목적으로 기존 또는 잠재 고객에 대한 판매 프레젠테이션 또는 대화 등의 개인적 커뮤니케이션 활동이다. 인적판매를 위해 박람회, 전시회 등의 행사를 활용하는 경우가 많다. 사회복지조직은 지역사회 행사 및 박람회에 참석하여 서비스 정보를 제공하고, 이용자 및 지역사회 관계자들과 관계를 유지하는 노력을 기울인다.

판매촉진은 제품이나 서비스의 구매를 촉진하기 위한 단기적인 동기부여 수단으로 진열, 가격할인, 쿠폰제공, 제품사용 시범 보이기 등이 포함된다. 서비스 판매 촉진은 이용자들의 가격/가치에 대한 판단을 돕기 위해 필요하며, 판매촉진을 통해 서비스 이용률이 높아진다 하더라도 가애호도(spurious loyalty)는 아닌지 면밀히 판별할 필요가 있다.

PR은 기업이 자사의 이미지를 제고 또는 호의적인 평판을 얻거나, 비호의적인 평판을 제거 또는 완화시키려는 커뮤니케이션 활동이다. 기업과 직간접적으로 관련된 여러 이해관계자 집단들과 좋은 관계를 유지하는 것을 목표로 하며, 기사, 장학금 지급, 견학 등의 PR 활동을 실시한다.

사회복지조직은 조직이 보내는 메시지를 이용자, 지역사회 주민 등의 수신자가 각자의 해독방식을 이용하여 해석할 수 있다는 점에 유의해야 한다. 사회복지조직에서의 촉진믹스는 대부분 사회서비스 전문가가 담당하며, 다른 업무와 함께 촉진믹스 업무를 수행하고 있다. 그러나 이 경우 촉진업무의 전문성이 높지 않아 효과가 높지 않을 수 있다. 사회복지조직에서 촉진믹스를 고려할 때에는 다음과 같은 실행 지침을 고려할 필요가 있다.

사회복지조직에서의 촉진(promotion) 실행 지침

- 구전커뮤니케이션 네트워크의 개발
- 실행가능한 것을 약속하라: 진실과 정직
- 무형적인 것을 유형화하라.
- 서비스 제공자와 이용자 간의 상호관계를 보여 주어라.
- 서비스성과의 변동에 대한 이용자의 우려를 감소시켜라.
- 이용자가 중요하게 여기는 서비스 속성을 찾아 거기에 초점을 맞춰라.
- 서비스제품과 서비스전달을 차별화시켜라.
- 서비스를 보다 이해하기 쉽게 설명하라.

⑤ **과정(process)** 전략에서 사회복지조직은 서비스 전달체계가 어떠한지, 고객의 참여 수준은 어떠한지를 고려해야 한다. 사회서비스는 단발적 서비스보다 일정 기간 동안 지속적으로 서비스가 제공되는 편인데, 이 과정에서 서비스가 어떻게 전달되느냐에 따라 서비스의 효율성과 고객 만족이 결정된다. 이 과정은 서비스 제공자가 온전히 통제할 수 없다. 이는 고객의 참여 내용에 따라 서비스 품질이 영향을 받기 때문인데, 서비스 과정을 잘 관리하기 위해서는 고객이 서비스에 적극적으로 참여할 수 있도록 이끄는 방안을 고려해야 한다.

서비스 과정은 표준화된 과정과 개별화된 과정으로 구분할 수 있다. 표준화된 과정은 부가서비스가 적으며 저렴한 비용이 든다. 그러나 개별화된 과정에서는 서비스 과정을 개별화시키는 과정에서 비용이 발생하므로 비용이 높아지게 된다. 사회서비스의 서비스 과정은 고객과의 상호작용 또는 개별화 수준이 높다는 점에서 표준화된 과정보다는 개별화된 과정이 적합할 때가 더 많다. 서비스 과정 전략에서는 고객이 서비스 생산에 기여한다는 점과 고객의 참여내용이 다른 고객에게 영향을 미친다는 점을 고려하여 전략을 수립해야 한다. 또한 사회서비스 조직에서는 이용자 중심의 서비스를 제공하고 이용자의 자기결정권을 보장한다는 측면에서도 고객참여를 중요하게 고려해야 한다.

서비스 과정 전략으로 이용자 참여 증대 방안을 선택하거나 대기 관리, 서비스 청사진 활용 등을 고려할 수 있다. 이용자 참여 증대 방안으로는 이용자의 참여과업을 정의하거나 이용자 간의 상호작용 관리, 서비스에 적합한 고객 유치, 효과적 보상 등이 포함된다. 대기 관리를 통해 서비스 과정에 대한 만족도를 높일 수 있는데, 대기 관리 방안으로는 선착순, 번호표 부여, 예약 정보 제공, 비수기 이용 유도, 온라인 예약시스템 운영 등이 포함된다.

서비스 청사진은 핵심 서비스 프로세스를 그 특성이 나타나도록 객관적으로 설명해 놓은 것으로, 종사자, 이용자, 조직이 서비스 전달 시 해야 할 역할과 단계, 절차를 묘사해 놓은 것이다. 서비스 과정에서 한 순간이라도 이용자가 불만족하는 순간이 생기면, 그 이용자는 전체 서비스 품질에 대해 부정적인 인식을 가질 수 있다는 점에서 전체 서비스 과정을 세밀하게 관리해 나가야 한다.

⑥ **물리적 자원(physical evidence)**은 조직과 이용자가 상호작용하고 서비스가 전달되는 환경으로 서비스의 경쟁력이 될 수 있다. 또한 물리적 자원을 통해 서비스 브랜드를 알리고 서비스의 질을 표현할 수 있다. 물리적 자원에는 외부환경, 내부환경, 기타 물리적 자원이 포함된다. 외부환경에는 시설의 외형, 간판, 주차장, 주변 환경 등이 포함되며, 내부환경으로는 내부 인테리어, 벽 색상, 장비, 가구, 온도 등이 포함된다. 기타 물리적 자원에는 명함, 팸플릿, 유니폼, 홈페이지 등이 포함된다.

물리적 자원은 구매 결정에 역할, 서비스 무형성의 가시화, 조직 이미지 형성, 종사자 행동에 영향, 편의 제공, 경쟁자와의 차별화 등의 역할을 할 수 있다. 조직 내 물리적 자원들이 혼잡하게 구성되어 있으면 대인 의사소통 감소, 구매 가능성 감소, 서비스 만족도 감소, 조직 이미지 악화 등이 발생할 수 있으므로 혼잡성을 감소시키려는 노력이 필요하다. 혼잡성 감소 전략으로는 시설 재배치, 종사자 및 고객 수 통제, 안내판 이용 등이 있다. 홈페이지도 주요하게 관리해야 할 물리적 자원인데, 인터넷을 통해 이용자는 서비스 정보를 획득하고 서비스 이미지를 형성한다는 점에서 홈페이지 관리도 중요하다.

⑦ **사람(people)** 전략에서 고려해야 할 사람은 서비스 제공자와 서비스 이용자이다. 생산과 소비의 동시성을 가진 사회서비스의 특성상 이 전략에서는 제공자와 이용자 모두 중요하다. 서비스에 대한 만족을 이끌기 위하여 양자 간의 상호관계나 작용이 원활하게 이루어지도록 관리해야 한다.

사회서비스 전문가는 전체 서비스를 단독으로 제공하는 경우가 많고, 서비스의 질을 결정하는 역할을 하며, 조직의 상징으로 보일 수도 있기 때문에 더욱이 관리가 중요하다. 이에 사회복지조직은 사회서비스 전문가의 직무만족을 높여 이용자의 만족을 높이기 위해 조직적 노력을 기울여야 한다. 사회서비스 전문가에게 교육 · 훈련프로그램을 제공하고, 조직 내에서 발생할 수 있는 갈등을 관리해 주고, 노동환경을 개선해 주어야 한다.

이용자는 서비스 생산에 기여하며, 다른 이용자에게 긍정적 · 부정적 영향을 미친다는 점에서 관리가 필요하다. 서비스 참여 정도가 높은 이용자의 경우에는 서비스 질 향상을 위해 이용자 교육을 별도로 실시하기도 한다. 예를 들면, 자원봉사집단의 리더의 경우에는 리더 교육을 별도로 실시할 수 있다.

〈해외 모금 마케팅의 사례〉

사례 1. The Social Swipe(독일)

신용카드를 긁으면 2유로가 기부됨.

사례 2. Very good manners project(폴란드)

1. 식사를 잠시 멈춤: 포크와 나이프를 대각선으로 교차
2. 식사를 마침: 포크와 나이프를 대각선으로 놓음.
3. 기부: 포크와 나이프로 적십자 마크를 만듦 → 폴란드 화폐로 5PLN이 자동으로 계산서에 추가됨.

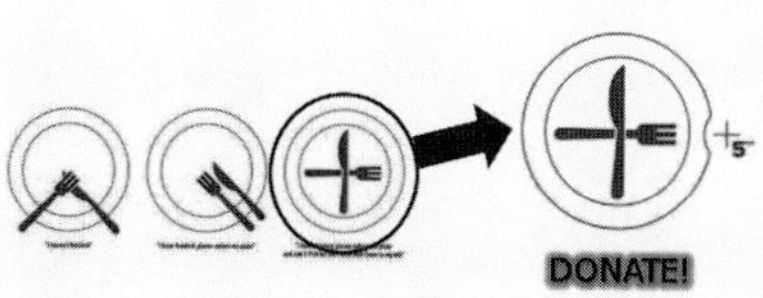

출처: Kolle-rebbe (2018); Sofii (2018).

생각해 보기

1. 사회복지조직에서 마케팅을 적용하는 데 방해가 되는 장애물에는 무엇이 있을까?
2. 사회서비스 유료화의 장단점은 무엇인가? 만약, 사회서비스를 유료화한다면 이용료는 어느 정도가 적정한가?

활동하기

- 사회복지조직에서 시행하고 있는 마케팅 우수사례 2개를 선택하여 그 사례의 STP와 마케팅 믹스 전략을 분석하고 두 사례의 장단점을 비교해 보자.

사례	A	B

- 사회복지조직의 인식 개선, 모금관리, 자원봉사자 관리, 서비스 이용자 모집 등에 도움이 될 마케팅 아이디어를 제안해 보자.

참고문헌

권익현 · 임병훈 · 안광호(1999). **마케팅**. 서울: 경문사.

예종석 · 김명수(1998). **마케팅**. 서울: 박영사.

정무성 · 황정은(2013). **사회복지 마케팅**. 서울: 도서출판 신정.

홍현미라 · 정진경 · 이은정 · 심선경 · 김가율 · 함수연(2014). **사회복지행정론**. 경기: 공동체.

황성철 · 정무성 · 강철희 · 최재성(2014). **사회복지행정론**(제3판). 경기: 정민사.

Armstrong, G., & Kotler, P. (2000). *Marketing: An Introduction* (5th ed.). Upper Saddle River, NJ: Prentice Hall.

Fine, S. H. (1992). *Marketing the Public Sector*. New Brunswick, NJ: Transaction Publishers.

Kivi, L. M. (2012). **비영리마케팅: 비영리조직의 고효율, 저비용 마케팅 전략**(조성숙 역). 서울: 도서출판 신정. (원전은 2010년에 출판).

Kolle-rebbe (2018). https://www.kolle-rebbe.de/en/work/the-social-swipe/

Sofii (2018). http://sofii.org/case-study/the-polish-red-cross-very-good-manners

Wirtz, J., Chew, P., & Lovelock, C. (2014). **서비스 마케팅**(김재욱, 김종근, 김준환, 이서구, 이성근, 이종호, 최지호, 한계숙 공역). 서울: 시그마프레스. (원전은 2008년에 출판).

Zeithaml, V. A., Parasuraman, A., & Berry, L. L. (1985). Problems and strategies in services marketing. *Journal of Marketing, 49*(2), 33-46.

제6장

사회복지조직의 정보관리

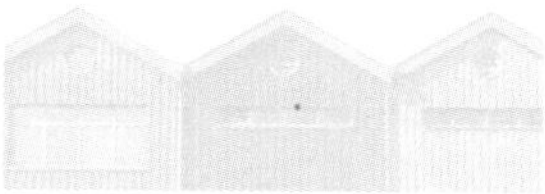

정보화시대를 넘어 4차 산업혁명시대로 가고 있는 현대 사회에서 정보시스템의 활용은 선택이 아닌 필수이다. 이 장에서는 사회복지 정보화가 왜 필요한지 논의하고, 정보관리체계를 이해하고, 공공의 사회보장 정보체계에 대하여 설명한 후, 사회복지조직의 정보관리와 관련된 이슈들에 대하여 논의한다.

주요학습내용

1. 사회복지조직의 정보화
2. 사회복지조직의 정보관리체계
3. 공공 사회보장 정보체계
4. 정보화 시 고려할 점

1. 사회복지조직의 정보화

정보기술의 발달은 조직운영과정의 많은 변화를 가져오고 있다. 먼저, 업무수행방법이 변화하고 있다. 모든 사회복지조직은 행정업무를 주로 컴퓨터를 활용하여 처리하고 있다. 의사소통 및 의사결정방법도 변화하고 있다. 전자우편, 전자결재, 화상회의 등이 보편화되고 있다. 또한 인적자원관리부문에서 정보화 지식과 기술의 활용을 요구받고 있다. 이에 따라 사회복지조직은 정보기술활용수준을 높여야 한다. 정보기술활용수준을 높이기 위한 노력으로는 전자우편 활용, 홈페이지 구축, 업무자동화, 개인 컴퓨터 보급, 전산화된 회계관리업무, 전자결재 시스템 구축 등이 포함된다(황성철 외, 2015). 그러나 현재 사회복지조직은 정보화에 대해 단편적으로 접근하고 있다. 정보기술을 활용하여 체계적으로 관련 정보를 관리하고 이를 업무수행에 활용하는 수준에 이르지 못하고 있다. 조미형과 최재성(2012)에 따르면 홈페이지가 구축된 비율은 88%이며, 전자결재 시스템을 활용하는 비율은 15%로 매우 낮으며, IT 관련 직원이 없는 비율은 55.3%로 정보화 수준이 낮게 나타나고 있다. 정보화 관련 지출 규모도 500만 원 이상은 14.3%, 500만 원 미만은 70.5%, 0원은 15.3%로 지출 수준도 매우 낮은 편이다. 이 연구 이후 사회복지시설정보시스템의 활용도와 정보화 수준이 점차 높아지고 있기는 하지만 타분야에 비하면 사회복지조직은 초보 수준의 정보관리를 하고 있다고 볼 수 있다. 사회복지조직의 정보화 수준이 높지 않은 이유는 서비스 제공에 재정을 우선 투자하면서 정보기술 도입에 대한 투자에 소극적이며, 정보기술의 중요성에 대한 인식이 낮기 때문이다. 사회복지 종사자 중에는 정보화로 컴퓨터 업무가 증가하거나 서비스 표준화에 대한 거부감 등으로 정보화를 조직미션 수행의 방해물로 인식하기도 한다.

표 6-1 사회서비스를 제공하는 사회복지조직에서 필요한 정보 유형

서비스 이용자 정보	서비스 수행 정보	기관/프로그램 정보
• 개인 신상 • 가족관계 • 문제/욕구 • 수급 자격 • 서비스 이력	• 서비스 과정/행동 • 산출 • 성과 • 단위당 비용/효율성 • 효과성	• 재정 수입/지출 • 인력 • 시설 • 프로그램 구조 • 프로그램 과정

출처: 김영종(2017)에서 재구성.

그러나 정보화 시대를 넘어 4차 산업혁명 시대로 가는 시기에 있는 상황에서 사회복지조직은 엄청난 양의 정보를 획득하고 있고, 이 중 조직 발전에 도움이 될 정보를 선별하여 활용하는 것이 매우 중요해졌다. 정보관리수준에 따라 조직의 경쟁우위가 달라지는 사회가 된 것이다. 사회복지조직에게 필요한 핵심 정보의 획득은 서비스 책임성과도 관련되어 있다. 내부적으로는 조직구성원이 각자의 업무를 적절히 수행하는지를 확인하기 위하여 업무수행과정 및 성과에 대한 정보가 필요하며, 외부적으로는 다양한 주체로서의 재정이나 합법성 제공자, 서비스 이용자나 그들의 가족, 혹은 서비스 의뢰자, 자원봉사자나 시민 등이 각자 알고 싶어 하는 정보를 제공해 주어야 한다. 서비스 과정, 서비스 성과, 회계관리의 합리성과 투명성, 각종 규정의 준수 여부 등에 대한 정보를 제공해야 하는 것이다.

〈표 6-1〉은 사회서비스를 제공하는 사회복지조직에서 필요한 정보의 세 가지 유형을 제시하고 있다. 서비스 이용자 정보, 서비스 수행 정보, 기관/프로그램 정보가 그 유형들이다. 서비스 이용자 정보로는 이용자의 신상이나 문제, 욕구사정, 서비스 진행에서의 서비스 이용자의 상태 변화 등에 대한 정보가 필요하다. 기관과 프로그램의 현황 상태를 알려 주는 정보도 관리를 위해 필요하다. 재정 상태나 인적자원(직원, 자원봉사자 포함), 시설이나 프

로그램 등에 대한 내용이 이에 해당한다. 서비스 이용자 정보와 기관/프로그램 정보가 결합되면 서비스 수행에 대한 정보가 생성될 수 있다. 서비스 과정/행동, 산출, 성과, 효율성, 효과성 등에 대한 정보가 이에 해당한다(김영종, 2017). 이러한 정보들이 조직 내에서 효율적으로 수집되고 활용될 수 있도록 하는 노력이 요구된다.

2. 사회복지조직의 정보관리체계(황성철 외, 2014)

1) 정보관리체계의 목적

사회복지기관에서 정보관리체계를 활용하는 목적에는 다양한 사회복지사업의 책임성 및 효과성 검증, 업무수행을 위한 보조수단, 업무성과에 대한 피드백 등이 있다.

2) 정보관리체계의 개념

정보관리체계(management information system: MIS)란 조직관리와 관련된 기본정보를 처리하기 위해 컴퓨터를 응용하는 것이다. 전산화는 사회복지조직의 목적과 조직의 성과에 초점을 두고 정보를 활용하는 방법에 관한 것을 말한다.

3) 정보관리체계의 유형

정보관리체계의 유형은 다섯 가지로 분류된다. 첫째, 자료처리응용(data processing)이다. 정보의 수집, 저장, 검색, 조정, 이송, 자료출력이 해당된다. 자료처리응용 프로그램은 행정업무 처리에 소요되는 시간과 비용을 줄이기 위해 고안된 것으로, 예를 들면 영수증 자동발급, 월급명세서 자동처리이다. 둘째, 정보관리체계 및 관리정보체계이다. 사람의 모집, 절차, 자료와 정보수집기술, 일련의 절차를 통해 자료와 정보를 향상시키는 기술로서 그 결과를 출력하여 배포한다. 자료 처리의 특성을 가지고 있으며, 예를 들면 사업부서별 분기보고서 작성 등이 해당된다. 셋째, 지식기반시스템(knowledge-based system)이다. 이는 다시 세 가지로 구분된다. ① 전문가 시스템(expert system)은 사용자가 제공한 사실을 기초로 컴퓨터 안에 저장된 지식을 응용하여 사례에 관한 의사결정을 한다. ② 사례기반추론(case-based reasoning)은 수천 개의 클라이언트 사례를 조사하여 저장하고, 이들 저장된 사례자료로부터 지식을 얻어 내는 것이다. ③ 자연음성처리(nature language processing)는 언어를 텍스트로 전환하는데, 그 예로 외국어 번역텍스트기가 있다. 정보관리체계의 유형 네 번째는 의사결정지원 시스템(decision support system)이다. 효과성과 의사결정의 특성을 탐구하여 전문가가 복잡한 의사결정을 보다 쉽게 할 수 있도록 지원하기 위해 고안된 것으로 호주의 센터링크가 그 예이다. 다섯째는 업무수행지원시스템(performance support system)이다. 이는 현장에서의 업무수행능력을 향상시키기 위해 개발된 통합정보제공시스템이다.

3. 공공 사회보장 정보체계

1) 사회보장정보원

사회보장정보원은 사회보장 정보화의 중추기관으로서 우리나라 사회보장 정보를 통합하여 정부 정책의 차질 없는 진행을 지원함으로써 국민 중심의

[그림 6-1] 사회보장정보원이 관리하는 정보시스템

출처: 사회보장정보원(2019).

복지 실현을 위해 설립되었다. 2009년 '한국보건복지정보개발원'으로 설립된 이후, 2015년 7월 「사회보장급여법」에 의해 2015년 '사회보장정보원'으로 변경되었다. 사회보장정보원은 2014년 UN 공공행정대상, 2015 보육통합정보시스템 DB 품질대상 우수상, 2016 제15회 K-ICT 정보보호대상 우수상 등을 수상하며 우리나라의 대표적 정보관리기관으로 자리매김하였다. 사회보장정보원의 주요 기능은, ① 사회보장 정보시스템의 운영, ② 사회보장 정보화 및 정책개발 지원 ③ 사회 · 보육 서비스 사업의 통합관리 ④ 정보시스템 사용자 지원 및 정보보호, ⑤ 사회보장분야 대국민 포털 운영이다. 사회보장정보원이 관리하는 정보시스템은 [그림 6-1]과 같다.

2) 사회보장정보시스템(행복e음)

사회보장정보시스템(행복e음)은 정부 각 부처에서 분산되어 운영되고 있는 복지사업과 지원대상자의 정보를 통합관리하여 복지 업무를 처리하고 적정수급관리를 지원하는 시스템이다. 이는 수급자 선정의 정확성 제고 및 담당 공무원의 업무수행 편의성을 제고시킨다. 5개 부처의 기초연금, 영유아보육, 기초생활보장, 장애인연금, 긴급복지 등 120개 사회복지사업에 대한 정보가 포함되어 있다.

사회보장정보시스템은 사회복지업무의 효율성을 향상시켜 왔다. 먼저 신청 후 대상자를 확정하는 데 소요되는 시간이 단축되었다. 2009년 60일의 처리기간이 2016년 18.8일로 단축되었다. 신청서류도 2009년 37종에서 2014년 6종으로 간소화되었다. 사회복지정보도 확대되었는데, 2010년에서 2016년까지 대상자 정보는 700만 명에서 2,846만 명으로 확대되었고, 연계정보는 218종에서 1,656종으로 확대되었다(사회보장정보원, 2019).

사회보장정보원을 통해 다양한 정보가 통합관리되고, 서비스 전달체계의 효율성이 높아진 측면이 있으나 여러 한계가 지적되었다. 복지대상자가 700만 명에서 2,867만 명으로 4.1배 증가하고 복지예산이 3.8배, 복지사업 수가 3.5배(101종 → 350종) 증가하는 등 복지업무가 지속적으로 확대됨에 따라 기존 시스템의 처리능력이 한계에 도달하였다. 즉, 정책변화를 시스템이 따라가지 못하는 어려움이 있었다. 사회보장정보시스템의 사용자가 공공으로 제한되면서, 민관이 협력하여 통합적인 서비스를 제공하는 데에도 어려움이 있었다. 이러한 문제점을 해결하기 위하여 보건복지부는 '차세대 사회보장정보시스템' 구축을 추진하게 되었다. 2019년에 개발에 착수하여 2022년 완성을 목표로 하고 있으며, 총 사업비는 3,560억 원에 이른다. 차세대 사회보장정보시스템의 구축 전략은 다음과 같다.

첫째, 국민에게 필요한 서비스를 찾아서 맞춤형을 안내할 계획이다. 공무원의 직권 신청을 활성화함으로써 신청주의의 완화가 기대된다. 둘째, 공공과 민간이 협력을 가능하게 하여 사람중심의 통합서비스를 제공한다. 공통사례관리 플랫폼, 사회서비스 종합시스템, 사회보장자원 통합틀을 구축하여, 업무협력과 자원공유를 가능하게 할 계획이다. 셋째, 일선 복지현장을 도와주는 스마트 시스템을 구축하여 업무 효율성을 높인다. 넷째, 사회보장정보를 활용하여 빅데이터 기반 정책 결정 지원시스템을 구축한다. 다섯째, 미

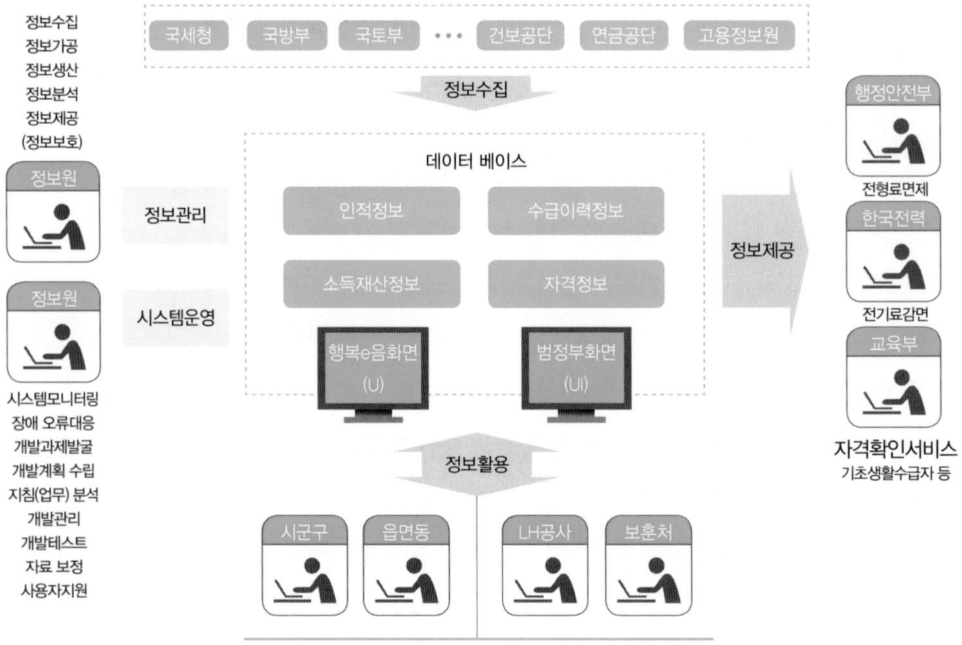

[그림 6-2] **사회보장정보시스템(행복e음) 시스템 구성도**

출처: 사회보장정보원(2019).

래 환경 변화에 유연한 시스템을 구축하여, 편리하고 안정적인 시스템으로 변화시킬 계획이다.

3) 사회복지시설정보시스템

사회복지시설정보시스템은 사회복지시설 업무의 표준화 및 투명화와 사회복지업무의 전자화를 위한 사회복지시설통합업무관리시스템이다. 회계, 관리, 세무, 고객관리, 시군구 보고, 이력, 고객관리의 서비스를 제공한다. 사회복지시설정보시스템은 제반 업무의 간소화를 통해 시설관리업무를 간소화 및 표준화시키고, 보조금 집행의 효율화 및 회계 투명성을 높이고 있다. 또한 사회복지시설에서 제공하는 다양한 서비스(프로그램)를 쉽게 검색할 수 있으며, 원하는 시설을 검색하여 후원 신청을 하고 후원금 사용내역을 조회한다.

사회복지시설정보시스템은 다음의 목적을 가지고 도입되었다. 첫째, 사회복지시설 업무의 표준화이다. 시설의 종별에 관계없이 모든 생활시설 및 이용시설에서 공통으로 사용 가능하다. 둘째, 업무처리의 간소화와 효율화이다. 한 시설 내 수기문서 관리 및 복잡한 업무처리를 간소화하고, 시스템 내 모든 업무가 연결성을 갖고 처리되어 업무의 중복을 방지한다. 또한 과거 자료 조회의 간편성을 제공하고, 필요한 통계자료 산출의 자동 수행을 가능하게 한다. 셋째, 외부 제출자료 작성의 편의성이다. 표준화된 정보시스템은 외

[그림 6-3] 사회보장정보시스템(범정부) 시스템 구성도

출처: 사회보장정보원(2019).

[그림 6-4] 사회복지시설정보시스템 구성도

출처: 사회보장정보원(2019).

부 제출자료 작성의 편의성을 증진시키고, 기본적이고 다양한 감사자료 및 사용자의 목적에 맞는 다양한 별지서식(예: 세입세출명세서, 현금 및 예금 명세서)을 제공한다. 넷째, 웹기반 시스템으로의 기능을 수행한다. 처음 시스템 도입 시 별도의 시스템 설치가 필요 없으며, 인터넷에 접속하여 시설 코드(발급에 2~3일 소요), 아이디, 비밀번호를 입력하여 사용한다. 100% 인터넷 기반으로서, 시설의 필요에 따라 사용자 아이디가 제한 없이 발급되며, 아이디별 권한이 시설에서 원하는 대로 엄격히 제한될 수 있다. 그리고 출장지나 퇴근 후에도 시스템에 접근하여 사용 가능하며, 국가 IDC의 철저한 보안체계 속에 이중 삼중의 백업시스템이 24시간 가동되고 있다. 사회복지시설정보시스템 구성도는 [그림 6-4]와 같으며, 사회복지시설정보시스템의 기능은 다음과 같다.

사회복지시설정보시스템의 기능

① 회계

–전표의 입출력, 검색

–보고서 출력(입력내용은 출력물에 일괄 반영됨)

–거래내역 관리

–예산 관리 및 예산 실적/잔액관리

–시설 내에서 관리목적으로 사용되고 있는 양식들(현금출납장 등), 외부보고용 양식 등(세입세출명세서, 대차대조표 등)이 자동으로 계산되어 산출됨

–모든 출력 문서는 액셀자료로 내려받을 수 있어 담당자의 수정이 용이함

–결재권자가 온라인 전자 결재 가능

② 관리

–임직원의 급여계산 작업/급여이체 관리

–교육/자격증/상벌/경력 관리

–인사발령/인사카드 관리

–근태관리, 일용직 관리, 퇴직적립금 관리

–비품 · 소모품 등 자산관리

③ 세무

–간단한 작업으로 전자신고 가능

–과세 수입에 대한 부가세 신고, 임직원 급여의 원천세 신고

–세무신고/퇴직정산/연말정산 관리

–기타 원천세 관리(사업소득, 기타소득 등)

–매출/매입 세금계산서 관리, 신고서류 관리 등

④ 이력

–서비스종별 서비스 이력관리 가능

–생활자(이용자) 등록, 검색, 입퇴소의 History 관리 등

–기본사항, 건강상태, 추가사항, 가족사항, 보관품, 방배치 등의 상세정보 관리

⑤ 고객관리
- 후원자 등록, 후원금 입력, 영수증 발행 등
- 후원자 및 결연자 정보 관리
- 후원금 입금/지급 관리 및 CMS/OCR 관리(금융결재원 및 효성 CMS 활용) 등
- 후원단체 관리/결연자 통장관리

⑥ 시군구 보고
- 사회복지시설에서 시군구 행정기관으로의 온라인 보고
- 사회복지시설 소관 시군구로의 보고문서 자동 생성
- 사회복지시설 보조금 · 교부금 신청 및 정산보고, 정기/수시 보고
- 예산서, 추경예산서 작성 및 세입세출 결산 보고 등

4. 정보화 시 고려할 점

사회복지조직에서 정보화를 할 때에 고려할 사항은 다음과 같다. 첫째, 수요자 중심의 정보화가 이루어져야 한다. 수요자에는 정보를 필요로 하는 이용자, 제공자, 자원봉사자 등이 포함된다. 둘째, 온라인과 오프라인상에서 사회서비스를 연계해야 한다. 홈페이지나 SNS 관리가 필요하다. 셋째, 이용자 및 제공자 정보를 보호해야 한다. 이용자 정보의 경우 원조목적의 전문가끼리만 정보를 공유하는 것이 필요하다. 넷째, 사회서비스 영역별 정보 연계가 필요하다. 현재 노인, 아동, 장애인, 저소득 등 이용대상별로 전달체계가 구성되어 대상별 정보시스템이 구축되어 운영되고 있는데, 이러한 정보의 분절성은 서비스 전달체계의 비효율성을 야기할 가능성이 높다. 예를 들어, 노인이면서 저소득인 이용자는 노인서비스나 저소득관련 서비스를 이용하기 위하여 시스템별로 사정을 두 번 해야 하는 상황에 놓일 수 있다. 또한 제공자 간 정보 공유가 어려워 서비스 중복이나 누락의 문제가 발생할 수 있다. 마지

막으로 정보의 접근성을 강화해야 한다. 디지털기술변화가 급속도로 이루어지고 실제로 일상을 크게 변화시키면서 사회복지영역에서도 온라인상의 서비스 전달체계가 확대되고 있다. 그러나 노인과 같은 정보취약계층의 경우 정보접근성이 매우 낮아질 우려가 있다. 따라서 사회복지정보화 시에 정보취약계층의 정보접근성을 높이는 방안을 고려해야 한다.

관리하는 정보의 양이 많아지고, 시스템의 기능이 향상되면서 다양한 정보를 활용할 수 있게 되었다. 그러나 이러한 정보활용 수준의 증대는 동시에 정보침해의 위험을 증가시켰다. 이러한 부작용을 축소시키기 위하여 사회보장정보원은 개인정보보호시스템을 운영하고 있다. 기본적으로 보조금카드의 개인정보 해킹을 100% 보호하고 있고, 모든 서버는 국가 IDC의 철저한 보안체계 속에 있으며, 이중 삼중의 백업 시스템이 가동되어 데이터의 안정성이 보장되고 있다.

사회복지시설정보시스템 내 개인정보는 네 가지로 분류할 수 있다. 첫째, 후원자 정보이다. 개인 정보(성명, 주소, 연락처, 계좌정보 등) 및 고유식별 정보(주민등록번호, 사업자등록번호)를 포함한다. 둘째, 이용자 정보이다. 개인정보(성명, 주소, 연락처, 계좌정보 등), 고유식별정보(주민등록번호), 민감정보(신체, 건강정보 등)가 포함된다. 셋째, 종사자 가족정보이다. 개인정보(성명, 주소, 연락처, 계좌정보 등), 고유식별정보(주민등록번호)가 포함된다. 넷째, 보조금과 관련된 사업자(개인) 종사자 정보이다. 세부내용은 후원자 정보와 동일하다. 이러한 개인정보가 보호될 수 있도록 사회보장정보원은 자체적으로 보안시스템을 운영하고 있고, 정보시스템을 활용하는 개인들에게 정보보호를 위한 준수사항을 지키도록 요구하고 있다.

사회복지시설정보시스템 활용 시 개인정보보호 준수사항은 네 가지가 있다.

첫째, **시설관리자의 사용자 관리 철저**이다. 시설관리자는 시설 내 최상의 사용자 관리 의무자로, 입・퇴사에 따른 아이디 관리 및 과도한 메뉴 권한 부여 지양 등 사용자 관리를 철저히 해야 한다.

둘째, **개인 PC의 접근 통제**이다. 윈도우, 정보시스템의 개인 비밀번호 설정 및 주기적 변경과 화면보호기 설정(작동시간 10분 이하) 등 접근 통제를 관리해야 한다.

셋째, **개인 프로그램 및 문서관리**이다. 업무상 불필요한 응용프로그램 설치 금지 및 공유 폴더를 삭제하고, 개인정보가 포함된 자료 저장은 자제하되 부득이하게 저장해야 할 경우에는 암호설정이 필수이다.

넷째, **개인정보보호 교육 실시**이다. 신입 및 기존 직원들의 정기적인 개인정보보호 교육을 실시해야 한다. 주의 사항으로는 정신적 · 물리적 폭력으로부터 대상자를 보호하는 시설은 개인정보를 상시 관리해야 한다.

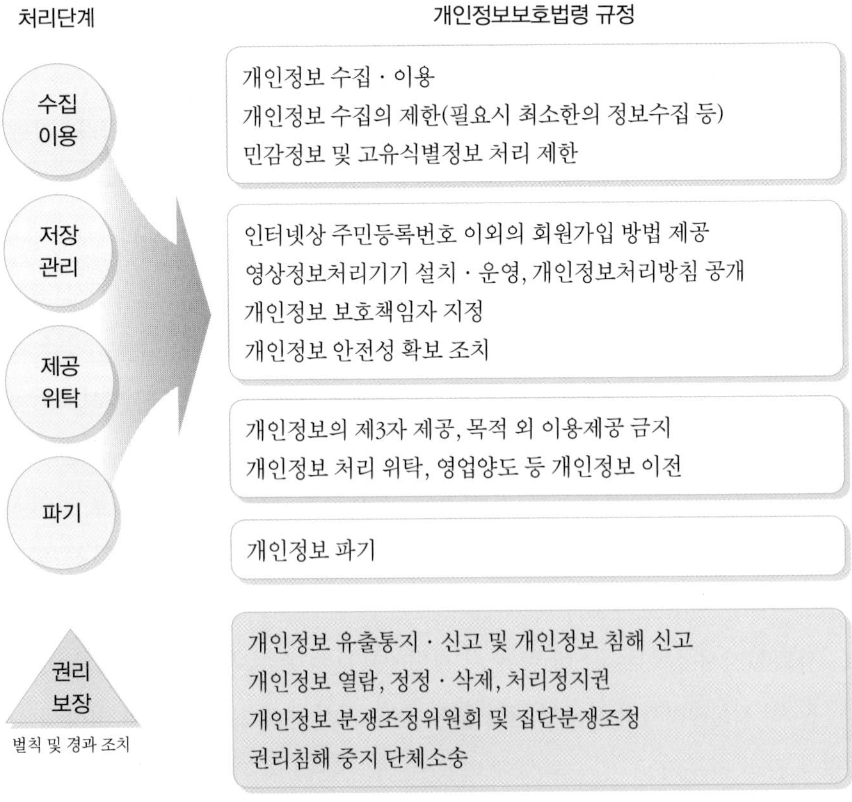

[그림 6-5] 개인정보처리 단계별 개인정보보호법령 규정

개인정보처리 단계별 개인정보보호법령 규정은 [그림 6-5]와 같으며, 사회복지조직도 이 규정에 적용을 받으므로 조직 내 종사자와 이용자, 이용자 가족 등의 정보를 보호할 수 있는 체계를 구축하여 실행해야 한다.

생각해 보기

1. 사회복지조직의 정보활용 방안에는 어떠한 것들이 있을까?
2. 인터넷상에서 발생할 수 있는 서비스 이용자의 정보 유출, 정보 왜곡 등의 문제는 어떻게 해결할 수 있을까?

참고문헌

김경준 · 이기동(2013). 사회보장정보시스템(행복e음) 이용자의 정보시스템 수용과 저항에 영향을 미치는 요인 연구. **e-비즈니스연구**, 14(2), 155-176.

김수영 · 김이배(2014). 공공사회복지행정의 정보화가 사회복지일선관료의 실천에 미친 영향: 사회복지통합관리망에 대한 비판적 고찰. **한국사회복지행정학**, 16(4), 91-126.

김영종(2017). **사회복지행정론**(4판). 서울: 학지사.

보건복지부(2019. 4. 3.). 포용적 차세대 사회보장정보시스템, 국민과 함께 만들어 갑니다! 보도자료.

장영미(2013). 사회보장정보시스템(행복e음)을 통한 통계생산 현황과 과제. **보건복지포럼**, 42-52.

조미형 · 최재성(2012). 사회복지조직의 IT자원이 업무효율성에 미치는 영향. **한국사회복지행정학**, 14(1), 113-138.

황성철 · 정무성 · 강철희 · 최재성(2014). **사회복지행정론**(제3판). 경기: 정민사.

사회보장정보원(2019). http://www.ssis.or.kr

제7장

사회복지조직의 프로그램 관리

사회복지 프로그램은 사회복지조직에서 수행하는 주된 활동 내용으로 서비스 이용자의 문제 해결, 욕구 충족, 나아가 삶의 질 향상 등과 관련한 목표를 가진다. 사회복지 프로그램을 실시하는 데 있어서 사전에 기획하고 사후에 평가하는 것은 보다 체계적이고 과학적인 접근을 통한 효과성 및 효율성 증진, 증거기반실천, 사회적 책임성 이행을 위해 필수적이다. 이 장은 사회복지 프로그램이 무엇인지에 대한 이해를 바탕으로 사회복지 프로그램 기획 과정의 절차와 방법, 평가의 유형과 기준, 좋은 프로그램이 가져야 하는 조건을 개괄함으로써 사회복지 프로그램 수행에 대한 전반적인 이해를 목적으로 한다.

주요학습내용

1. 사회복지 프로그램의 개념과 구성요소
2. 사회복지 프로그램의 기획 과정과 구성
3. 사회복지 프로그램의 평가
4. 좋은 사회복지 프로그램의 구성 요건

1. 사회복지 프로그램의 개념과 구성요소

1) 사회복지 프로그램이란

일상에서 흔히 사용되는 프로그램이라는 용어는 사전적으로는 진행 계획이나 순서(표준국어대사전, 2017)를 의미하지만, 사회복지학에서는 사회복지사가 속한 시설 혹은 기관의 활동 목표를 달성하고 구성원의 성장과 변화를 촉진하기 위해 활용하는 원조 매체로서의 활동을 의미하며 활동의 계획, 실시, 평가를 포괄한다.

사회복지 프로그램은 학자에 따라 다양하게 정의되어 왔는데(〈표 7-1〉 참조), 이를 종합하면 '조직의 사명, 목적과 목표, 희망하는 성과를 달성하기 위

표 7-1 사회복지 프로그램에 대한 정의

학자	정의
Popper(1959)	희망하는 성과를 생산해 내는 일련의 활동
York(1983)	목표를 달성하기 위한 일련의 상호의존적 활동
Patti(1983)	조직의 설립 이념 또는 사명을 충족시키기 위해 서비스 기술이 서비스 이용자 집단에게 적용되는 활동이 이뤄지는 체계
Rapp & Poertner(1992)	특정 목표를 달성하기 위한 행동들의 집합체
Royse et al.(2001)	특정 목적을 달성하기 위해 설계된 활동의 조직화
Netting et al.(2008)	진술된 목적과 목표를 성취하기 위해 설계된 사전에 조정된 일련의 활동
김상곤 외(2012)	특정한 목적과 목표를 성취하기 위해 설계된 조직적인 활동으로서 사회복지사와 사회복지조직의 사명을 실현하는 수단
이준영(2017)	사회문제 해결을 위해 계획된 일련의 활동으로, 서비스 이용자의 욕구를 충족하거나 역량을 강화하기 위해 개입하는 활동인 서비스의 묶음

해 수행하는 계획된 일련의 조직적 활동'이라 할 수 있다.

2) 사회복지 프로그램의 구성요소

앞서 살펴본 개념에서도 볼 수 있듯이, 사회복지 프로그램은 각 요소 간의 상호작용으로 구성된 일련의 과정으로서 구성요소들이 갖춰졌을 때 의미를 갖는다. 관련하여 김통원(2004)은 대상자, 제공자, 활동내용, 영향을, 정무성(2005)은 보다 거시적 관점에서 욕구와 문제, 목표의 확인, 프로그램의 성과, 대상자, 재정자원, 행정지원을, 황성철(2005)은 목적, 자원과 기술, 계획된 활동을 사회복지 프로그램의 구성요소로 제안하였다.

이 절에서는 실천적 관점에서 사회복지 프로그램의 구성요소를 욕구, 문제와 목표의 확인, 자원과 기술, 서비스 이용자, 계획된 활동, 영향에 대한 평가의 다섯 가지로 보고 각각에 대해 살펴본다.

[그림 7-1] 사회복지 프로그램의 구성요소

(1) 욕구, 문제와 목표의 확인

사회복지 프로그램은 대체로 특정 사회문제 해결을 통한 서비스 이용자의 욕구 충족과 삶의 질 향상을 목표로 한다. 따라서 서비스 이용자가 가지는 문제와 욕구를 파악하고 나아가 사회문제를 확인, 분석하는 활동은 프로그램의 필요성, 적절성 및 타당성과 밀접하게 관련되어 있는 요소로서 프로그램의 전 과정에서 지속적으로 점검되어야 한다.

(2) 자원과 기술

자원과 기술(resources and technology)은 사회복지 프로그램을 운영하기 위한 필수 요소이다. 프로그램의 운영에 필요한 자원은 크게 인적자원과 물적자원으로 구분되는데, 사회복지 프로그램에서의 인적자원에는 프로그램을 직접 운영하는 사회복지사, 사회복지사를 지도 및 감독할 수 있는 슈퍼바이저, 자원봉사자, 외부자문가(전문가) 등이 포함된다. 이때 슈퍼바이저와 자원봉사자는 내부 인적자원, 자원봉사자와 외부자문가는 외부 인적자원으로 분류되기도 한다.

한편 물적자원에는 재정자원, 물리적 공간, 설비 등이 포함된다. 인적자원, 물적자원 및 물리적 환경 조성을 위한 예산(비용)인 재정자원은 자원의 출처에 따라 정부 지원금, 서비스 이용료, 제3자 지불금으로 구분해 볼 수 있다. 먼저, 정부 지원금은 일반조세를 통해 마련된 사회복지기금, 즉 예산을 말하며, 서비스 이용료는 서비스 이용자에 의해 지불된 비용, 제3자 지불금은 정부 혹은 서비스 이용자가 제공하지 않은 비용의 총합(개인, 기업의 기부 · 후원금 등)을 의미한다.

다음으로 사회복지 기술은 프로그램 효과성과 관련을 가지는 요소로 넓은 의미에서 사회복지의 이론과 실천 기법을 포함하며, 사회문제의 해결을 위해 필요한 실천이론 및 기법의 활용을 말한다.

(3) 서비스 이용자

사회복지 프로그램은 서비스 이용자의 문제 해결, 욕구 충족, 나아가 삶의 질 향상을 목적으로 수행되므로, 서비스 이용자는 사회복지 프로그램의 핵심 요소이다. 따라서 프로그램의 성공적 수행을 위해서는 이용자의 특징과 욕구, 문제 및 강점에 대한 파악이 이루어져야 한다.

(4) 계획된 활동

사회복지 프로그램은 임의적으로 진행되는 활동이 아니라 프로그램 목표를 달성하기 위해 체계적 접근법과 계획을 가지고 일정 기간 동안 제공되는 활동이다. 이와 관련하여 정무성(2005)은 활동내용 계획 시에는 활동 내용을 중요도, 긴급성, 신선도, 서비스 이용자의 수준 등을 고려하여 세분화할 것, 활동 참여자의 특성과 수준에 적절한 매체와 방법을 활용할 것, 지도자의 경험과 능력에 적합한 지도법을 활용할 것, 활동의 양과 질의 측면에서 충분하고 적절하게 제공할 것 등을 제안하였다.

한편, 황성철(2005)은 프로그램의 성격에 따라 활동내용을 서비스 활동, 행정 활동, 지역사회활동으로 구분하였는데, 이때 서비스 활동은 서비스 이용자의 문제 해결 및 욕구충족을 위해 제공되는 활동, 행정 활동은 프로그램의 효과적 진행을 위한 조직 내부 활동, 지역사회활동은 자원을 확보하거나 정당성을 얻는 조직 외부 활동을 말한다(이민홍 · 정병오, 2017).

(5) 영향에 대한 평가

사회복지 프로그램의 영향은 프로그램이 어떤 이익을 어떤 형태로 산출하였는가를 의미한다. 프로그램 평가 결과 아무런 영향도 미치지 못한 것으로 나타난다면 해당 프로그램은 효과가 없음을, 기대한 긍정적 영향이 발견된다면 프로그램이 효과적임을 의미한다.

2. 사회복지 프로그램의 기획 과정과 구성

1) 프로그램 기획의 개념

(1) 프로그램 기획의 개념과 특징

일반적으로 기획(planning)과 계획(plan)의 개념은 혼용되어 사용되기도 하지만, 계획은 앞으로 할 일의 절차, 방법, 순서, 규모 등을 미리 생각하여 세운 내용을, 기획은 계획을 수립하는 일련의 과정을 의미한다(표준국어대사전). 즉, 기획은 계획을 수립하는 과정 전체를 의미한다는 점에서 계획을 포괄하는 개념이다. 사회복지 프로그램은 계획을 수립해 가는 과정 또한 중요하므로 여기서는 기획이라는 용어를 사용한다.

사회복지 프로그램에서의 기획은 일반적으로 사용되는 기획과 비교하여 역동적인 사회 환경의 변화와 밀접한 관련이 있고, 사회문제와 욕구를 주제로 한다는 차별성을 가진다. 학자들은 관점의 차이에 따라 사회복지 프로그램을 조금씩 상이하게 정의하고 있는데, Gilbert와 Specht(1977)는 사회복지 프로그램 기획을 "통찰력과 체계적인 사고, 조사, 행동노선 대안의 선택에 있어서 가치선호의 행사를 통하여 문제를 해결하고 장래의 일의 방향을 통제하려는 의도적 시도"로 정의하였다. 한편, Skidmore(1995)는 사회복지 프로그램 기획을 "목적과 표적물을 기대하는 과정, 목적과 기대에 도달하기 위해 하나의 계획을 준비하는 과정"으로 정의하였다. 반면, 정무성(2005)은 "특정기간에 프로그램 담당자들이 특정한 방법과 자원을 사용하여 특정한 사람들을 바람직한 상태로 이끌기 위한 사전에 마련된 구체적인 시도"로, 이봉주와 김기덕(2008)은 "현재 주어진 상황에 대한 평가에 근거하여 목적 달성을 위해 미래 수행해야 할 과업과 그 과업의 결과에 대한 추정과 전망을 현재의 시점에서 수행하는 작업"으로 개념화하였다.

이러한 사회복지 프로그램 기획에 대한 학자들의 정의로부터 사회복지 프로그램 기획의 특징을 도출하면 다음과 같다.

첫째, 사회복지 프로그램의 기획은 **미래지향적 활동**이다. 사회복지 프로그램 기획은 프로그램이 달성하고자 하는 목적 혹은 목표를 위한 미래 활동을 현재에 수립하는 것이다.

둘째, 기획은 **계속적인 활동**이다. 기획은 계획과 달리 일회성인 행동이 아닌 계속적인 과정이다. 기획을 통해 계획이 수립되었다고 하더라도 기획 활동은 끝난 것이 아니며, 계획에 대한 모니터링과 환류 과정을 통해 계속된다.

셋째, 기획은 **목표지향적인 활동**이다. 프로그램 기획은 무엇을 할 것인가, 즉 프로그램의 목표를 지향점으로 두고 그 지향점으로 나아가는 방향을 수립하는 과정이다. 분명한 목표하에, 논리적, 체계적 접근에 근거한 기획이 이루어져야 프로그램이 방향성을 가지고 수행될 수 있다.

넷째, 기획은 **의사결정과정**이다. 프로그램 기획은 합리적인 방법과 체계적인 절차를 통해 프로그램의 이해관계자들이 언제, 어디서, 무엇을 어떻게 해야 하는지를 결정하는 것을 돕는 의사결정과정이다.

(2) 프로그램 기획의 필요성

사회복지에 투입되는 재원의 증가는 사업의 효과성을 증명하라는 사회적 요구 또한 증대시켜 왔다. 이러한 측면에서 사회복지 프로그램 기획은 프로그램에 대한 신뢰를 확보하고 사회복지실천과정에 요구되는 전문성, 효과성 등에 대한 책임성 제고를 위한 수단으로서 중요성을 가진다.

프로그램 기획은 다음과 같이 **불확실성 감소, 책임성 증진, 합리성 증진, 효과성 및 효율성 증진, 동기부여와 사기진작** 등의 측면에서 그 필요성이 제기된다(지은구, 2005; 한국사회복지행정학회, 2014; 이준영, 2017; 이민홍 · 정병오, 2017).

첫째, 프로그램의 기획은 미래의 **불확실성에 대한 대응력을 높인다**. 프로그램의 수행은 불확실한 미래 상황에서 이뤄진다. 이런 상황 속에서 프로그램의 기획이 미흡할 경우 프로그램 및 조직의 목표 자체가 위협받을 수 있기에 철저한 프로그램 기획 과정을 통한 불확실성의 감소가 필요하다.

둘째, 프로그램의 기획은 **책임성을 증진**시킨다. 사회서비스를 위한 대부분의 재원이 정부보조금과 민간의 기부금에 의존한다는 점에서 사회복지조직은 높은 수준의 사회적 책임을 가진다. 프로그램을 설계하고 나아가 평가 체계를 수립하는 프로그램 기획 과정을 통해 사회복지조직은 내외부 이해관계자들에 대한 조직의 책임성을 확보하고 프로그램에 정당성을 부여한다.

셋째, 프로그램의 기획은 **합리성을 증진**시킨다. 기획은 프로그램 수행에 대한 의사결정과정이라 할 수 있다. 기획 과정에 합리적 의사결정 기술을 도입하여 활용하는 것은 프로그램의 원활한 수행을 위한 의사결정에 영향을 미치며, 프로그램 평가의 기준이 되는 동시에 프로그램의 미흡했던 점을 판단하여 개선하기 위한 기초자료로 활용됨으로써 합리성 향상에 기여한다.

넷째, 프로그램 기획은 프로그램 **효율성과 효과성을 증진**시킨다. 프로그램 기획은 프로그램이 의도한 목표를 달성할 수 있도록 체계적으로 내용을 구성하고 실행 방안을 수립하는 기획 과정을 통해 프로그램 효과성 증진에 기여한다. 또한 한정된 자원에 대한 자원 배분 전략은 프로그램의 효율성을 증대시킨다.

다섯째, 프로그램 기획은 구성원의 **동기부여와 사기진작에 기여**한다. 사회복지 프로그램의 기획은 한 명의 사회복지사에 의해 이루어지는 것이 아니라 조직구성원, 서비스 이용자의 참여로 이뤄지는데, 새로운 프로그램의 기획을 위해 대상자의 욕구, 선호, 가치 등을 논의하는 과정은 프로그램 기획에 협동적인 성격을 부여하며 이는 조직구성원의 동기부여와 사기진작에 긍정적 영향을 미친다.

2) 프로그램 기획의 과정

프로그램의 시작이자 바탕이 되는 단계인 기획은 프로그램의 질을 결정하는 토대(이해주 · 최운식 · 권두승, 2009; 조창빈 · 박원희, 2015)로서 프로그램 개발의 핵심 단계이다. 프로그램 기획은 연속적인 과정이라는 점에서 명확하게 수행 단계를 구분할 수는 없으나, 일련의 과정에서 나타나는 논리적 흐름의 바탕으로 학자들은 프로그램 기획 과정을 제안해 왔다. 프로그램 기획 과정은 단계의 세분화 정도와 기획 과정의 범위에 대한 관점의 차이에 따라 상이하게 제안되어 왔으나, 여기서는 Skidmore(1995)가 제안한 6단계의 사회복지프로그램 기획 과정을 중심으로 살펴본다([그림 7-2] 참조).

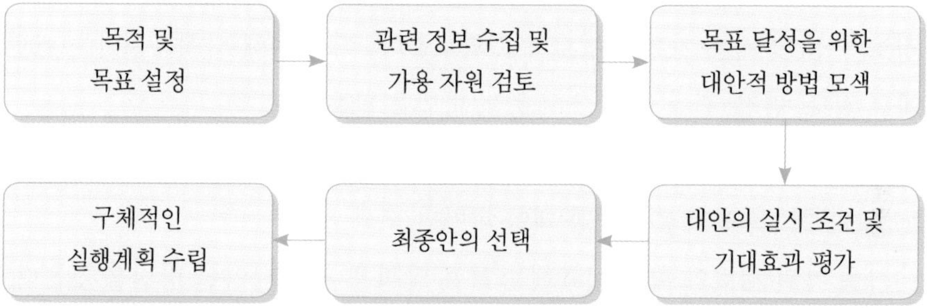

[그림 7-2] **프로그램 기획의 단계**

출처: Skidmore (1995).

① 1단계: 목적 및 목표 설정

이 단계는 사회복지 프로그램이 달성하고자 하는 목적과 목표를 설정하는 단계로, 이 단계에서 사회복지사는 문제와 욕구 확인을 통해 문제의 심각성을 파악하고 목적을 설정한다. 이때 목적과 문제는 인과관계로 진술될 수 있어야 한다. 사회복지사는 수립된 목적을 바탕으로 한 가지 이상의 목표를 수립하고, 이를 바탕으로 목표를 달성하기 위한 하위 목표 또는 전략을 수립한

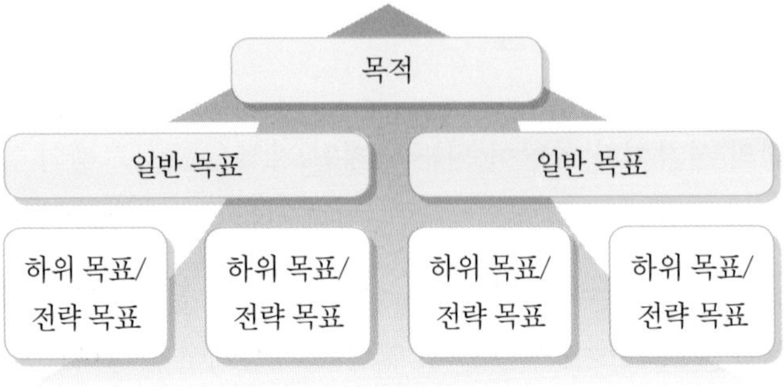

[그림 7-3] 목적과 목표 설정

다([그림 7-3] 참조).

② 2단계: 관련 정보 수집 및 가용 자원 검토

이 단계에서는 구체적인 목표 설정 이후에 목표 달성을 위해 필요한 관련 정보 수집 및 가용 자원을 검토하고 확보한다. 이를 위해 사회복지사는 관련 자료 검토, 면접, 관찰, 설문조사 등의 방법을 활용한다.

③ 3단계: 목표 달성을 위한 대안적 방법 모색

가용 자원 검토와 확보 이후에는 목표 달성을 위한 다양한 방법을 찾는다. 목표 달성에는 다양한 방법이 있을 수 있으므로 사회복지사는 집단토의, 개별적 대화, 정보 수집 등의 방법을 활용하여 다양한 대안을 개발하고 분석한다. 다양한 대안 개발을 위해 이 단계에서는 타 구성원과의 협력이 중요하다.

④ 4단계: 대안의 실시 조건 및 기대효과 평가

이 단계에서는 목표 달성을 위해 택할 수 있는 다양한 대안의 내용과 기대효과, 장단점, 성공가능성 등을 평가한다. 이때 주관성을 배제하기 위해 객관적인 평가영역을 구성하여 이를 근거로 평가하는 것이 바람직하다.

⑤ 5단계: 최종안의 선택

각 대안들에 대한 분석 후에는 그 결과를 바탕으로 최종 대안을 선정한다. 최종 대안 선정 시에는 대안의 성공가능성에 대한 합리적 예측뿐 아니라 윤리적 측면도 고려해야 한다.

⑥ 6단계: 구체적인 실행계획 수립

최종 대안을 선정한 이후에는 이를 실행하기 위해 구체적인 실행계획을 수립한다. 실행계획 수립을 위해서는 목표관리모델(management by objectives: MBO), 프로그램 평가 검토 기법(program evaluation and review technique: PERT), 시간별 활동계획표(간트차트)(Gantt chart), 월별 활동계획 카드(shed-U-graph), 방침관리기획(breakthrough planning), 논리모델(logic model) 등을 활용한다(이준영, 2017).

3) 프로그램 기획 모델

사회복지프로그램 기획의 최종 단계는 최종 대안을 실행하기 위한 구체적인 실행계획을 수립하는 것이다. 여기서는 실행계획 수립 시 사용되는 프로그램 기획 모델을 현장에서 흔히 사용되는 목표관리모델(management by objectives: MBO), 프로그램 평가 검토 기법(program evaluation and review technique: PERT), 시간별 활동계획표(Gantt chart), 월별 활동계획 카드(shed-U-graph), 논리모델(logic model) 중심으로 살펴본다.

(1) 목표관리모델

목표관리모델(MBO)은 구성원이 스스로 업무를 설정하는 데 참여하고, 자신에 대한 평가 방법을 인식하며, 합의에 의해 설정된 목표 달성도에 따라 업적을 평가할 수 있는 기획 방법이다(이준영, 2017). MBO는 목표의 설정(확인과 조정)–실행–평가의 세 단계로 구성되며, 각 요소들은 순환한다고 본다.

MBO의 가장 큰 특징은 구성원의 참여를 바탕으로 한 정당성 확보인데, 구성원 참여를 통해 목적과 목표를 구체화하고 추후 이를 바탕으로 성공 여부를 평가한다. 즉, MBO는 구성원 참여를 통한 목표의 설정, 구성원의 기여 증진, 체계적인 평가를 가능하게 하는 기획 방법이다. MBO는 영역을 망라하여 가장 많이 사용되어 온 전통적인 관리기법으로, 사회서비스를 제공하는 사회복지조직에의 적용 시에도 다음과 같은 장점을 가진다(김영종, 2017; 정무성 · 정진모, 2000).

첫째, 프로그램 및 조직과 관련된 의사결정에 조직구성원의 적극적 참여를 기반으로 함으로써 궁극적으로 조직구성원의 사기를 진작하고 동기를 부여한다.

둘째, 개인별 목표 취합을 통해 팀별 목표를 설정하고 구성원이 함께 추구해 가면서 구성원 간의 협력을 강화한다.

셋째, 구체화된 목표를 제안함으로써 목표 성취 정도를 확인하는 데 유용하다.

넷째, 목표와 목표 달성을 위한 활동에 대한 계획 설정을 통해 임기응변식 활동을 예방한다.

(2) 프로그램 평가 검토 기법

프로그램 평가 검토 기법(PERT)은 프로그램 목표의 계획과 실행을 시간, 비용에 맞추어 합리적으로 계획 · 통제하기 위해 고안된 관리기법으로, 프로그램의 목표에 따라 수행될 필요가 있는 모든 활동, 활동에 요구되는 시간, 절차, 필요한 자원을 ○와 →를 결합한 네트워크(network) 그림으로 지시하는 체계를 가진다(이철수, 2008).

PERT는 명확한 목표를 가진 프로그램을 조직화하고, 진행시간표를 작성하고, 예산을 세우고, 진행상황을 추적하는 데 유용하다(정무성 · 정진모,

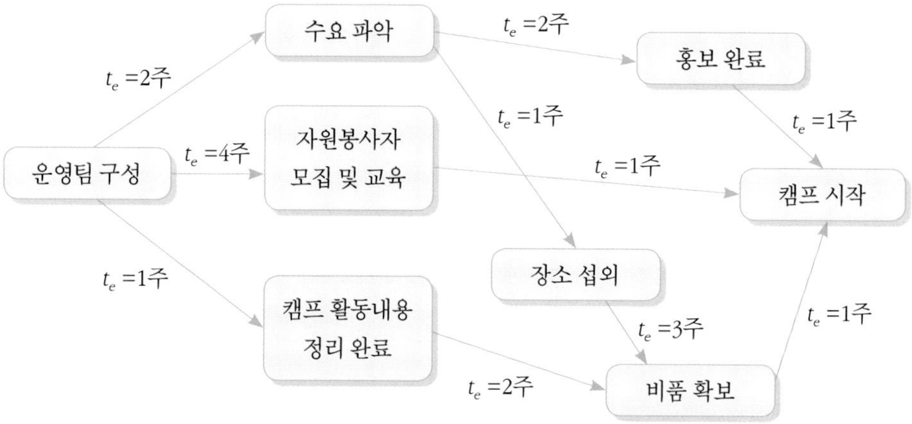

[그림 7-4] 청소년 캠프를 위한 PERT 사용의 예

2000; 이준영, 2017). 목표별로 시간의 흐름에 따른 상황별 활동과 구성원별 역할을 상세하게 제시함으로써 프로그램 기획자는 PERT 활용 시 시간별 활동을 한눈에 확인하고 활동과 시간, 자원 등을 일정에 맞춰 조정할 수 있다.

또한 PERT는 활동별 소요 시간을 보여 줌으로써 가장 오랜 시간이 소요되는 경로인 임계경로(critical path)를 이용하여 프로그램 종료에 소요되는 시간을 추정할 수 있다. 이를 임계경로기법이라 하는데, 임계경로기법을 활용하여 경로별 소요시간을 단축함으로써 전체 업무에 소요되는 시간을 단축할 수 있다(김영종, 2017; 이준영, 2017). [그림 7-4]는 청소년 캠프 기획 시 PERT 사용의 예이다.

(3) 시간별 활동계획표(간트차트)

Gantt(1910)에 의해 고안된 생산관리용 도표인 간트차트는 세로축에 세부목표와 활동 내용, 가로축에 시간을 기입하여 프로그램의 소요시간을 막대로 나타내는 체계를 가진다. 간트차트는 각 활동들을 시간을 중심으로 기입했다는 점에서 시간별 활동계획표라고도 불린다.

[그림 7-5] 청소년 캠프를 위한 간트차트

간트차트는 단순함에도 세부 목표 및 활동 내용을 한눈에 보기 쉽도록 고안되어 프로그램에 필요한 내용을 확인하고, 특정 활동을 완수하는 날짜를 추적할 수 있으며, 계획과 통제의 기능을 동시에 수행할 수 있어 많이 사용된다. 하지만 세부 활동내용 간의 상관관계가 기재되지 않아 계획의 수립에 참여하지 않은 사람은 계획을 이해하기 어렵다는 한계를 가진다.

(4) 월별 활동계획 카드

월별 활동계획 카드(Shed-U-Graph)는 시간과 과업을 시각적으로 표현한다는 점에서 간트차트와 유사하다. 월별 활동계획 카드는 가로축에 월을 기입하고 해당 월 아래에 과업을 기록하는 체계를 가짐으로써 과업을 시간에 따라 변경하는 것이 용이하고 한눈에 과업을 확인할 수 있다는 장점을 가진다. 그러나 간트차트와 마찬가지로 과업 간의 상관관계를 파악하기 어렵다는 한계를 가진다. [그림 7-6]은 청소년 캠프 기획 시 월별 활동계획 카드 활용의 예이다.

[그림 7-6] 청소년 캠프를 위한 월별 활동계획 카드

(5) 논리모델

논리모델(logic model)은 체계이론의 투입, 과정, 산출, 성과의 기본틀에 근거하여 프로그램에 투입되는 자원과 개입방법, 산출물과 효과를 중심으로 프로그램을 기획하는 기법이다(이준영, 2017). 논리모델은 프로그램의 전체 흐름을 가시적으로 표현함으로써 프로그램 이해관계자들의 이해와 대화를 촉진하는 도구로써 유용성이 높아 그 쓰임이 지속적으로 확대되어 왔다.

[그림 7-7]에서 볼 수 있듯이, 논리모델은 기본적으로 투입, 활동, 산출, 성과로 구성된다. 이때 투입은 프로그램에 투입되는 인적 · 물적 · 사회적 자원을 말하며, 활동은 프로그램의 성과를 위해 필요한 모든 활동의 단계를 말한다. 산출은 활동 단계에서 나타난 구체적인 산출물을 의미한다. 주로 정량적인 수치로 프로그램이 서비스 이용자들에게 의도된 만큼 전달되었는가를 나타낸다. 마지막으로 성과는 활동이나 산출물로부터 도출된 변화로서 프로그

투입(Input)	활동(Activity)	산출(Output)	성과(Outcome)
프로그램에 투입된 자원	목표 달성을 위한 수단/제공된 서비스	프로그램의 산출물	프로그램으로 인한 변화
재원, 협력 파트너, 네트워크, 사회복지사, 클라이언트, 시간, 시설, 장비, 기타 지역사회 자원 등	프로그램(상담, 직업훈련, 치료 및 교육 등), 이벤트, 실천 기술, 관계 등	(예) 가르친 횟수, 만남 횟수, 참여자 수, 서비스 시간, 교육자료 수 등	단기성과 (예) 새로운 지식, 향상된 기술, 태도, 가치관의 변화 중기성과 (예) 행동 변화 장기성과 (예) 조건과 지위의 변화

[그림 7-7] **논리모델의 세부 구조**

출처: 김상곤 외(2012); 이준영(2017)에서 재구성.

램에 참여한 서비스 이용자들의 태도, 행동, 기능 등의 구체적인 변화를 의미하며, 방향과 성과에 따라 단기 · 중기 · 장기 성과로 구분되기도 한다.

사회복지프로그램 기획에 있어서 논리모델을 활용하는 것은 이해관계자들에게 투입하는 자원, 활동과 함께 의도된 변화와 결과를 보여 줌으로써 프로그램의 운영에 정당성을 부여할 수 있다는 점에서 장점을 가진다. 그러나 사회서비스 제공을 주요 활동으로 하는 사회복지조직의 경우 성과를 계량적으로 측정하는 것이 쉽지 않아 사회복지를 비롯한 사회서비스 영역에의 적용에는 어려움을 가지기도 한다.

3. 사회복지 프로그램의 평가

사회복지 프로그램 기획의 마지막 단계는 프로그램 효과성을 평가하는 단계로서 기획 단계에서 프로그램 수행 이후에의 평가 방법을 미리 결정하기도 한다. 사회복지영역에 투입되는 자원의 증가와 함께 책임성과 투명성에 대한 사회적 요구 또한 증대됨에 따라 평가는 하나의 프로그램에서 나아가 기관의 존속을 결정지을 정도로 중요한 사안이 되었다. 사회복지영역의 성과를 평가하기 위한 방법에 대한 문제 혹은 평가의 결과로 부여되는 상벌의 적합성 등은 여전히 논쟁이다. 그러나 목적 달성을 위한 노력과 활동에 대한 검증을 통해 사회적 책임을 실현하고, 합리적 의사결정을 가능하게 한다는 측면에서 평가는 중요한 의미를 가진다.

1) 프로그램 평가의 개념 및 목적

평가를 ① 의사결정을 목적으로 ② 논리적이고 체계적인 정보 수집과 분석 과정을 통해 ③ 정책 및 프로그램의 효과성을 증진하는 행위로 이해했을 때, 사회복지 프로그램의 평가는 '의사결정을 목적으로 프로그램을 수행하는 각 과정에서 논리적이고 체계적인 정보 수집 과정과 분석을 통해 프로그램의 성과와 장점 및 단점을 판단하는 과정'으로 정의할 수 있다. 이러한 사회복지 프로그램 평가는 다음과 같은 목적을 가지고 수행된다.

첫째, 사회복지 프로그램에 대한 평가 결과는 향후 해당 프로그램의 확대, 유지, 축소, 혹은 중단 등에 대한 의사결정의 중요한 근거로 활용될 수 있다.

둘째, 사회복지 프로그램 평가는 사회복지실천의 지식기반 축적을 위해 활용될 수 있다. 프로그램 평가는 두 가지 방법을 통해 지식기반 축적에 기여하는데, 기존 프로그램에서 나타났던 문제점을 수정 · 보완하거나 프로그램 수행 이후 평가를 통해 기존 프로그램과 비교하여 보다 효과적인 새로운 프로그램을 만들어 냄으로써 지식 축적과 확산에 기여한다(이민홍 · 정병오, 2017).

셋째, 외부 자원을 활용하는 사회복지 프로그램은 평가를 통해 효과성과 성과를 입증함으로써 정당성 확보와 책임성 이행의 수단의 역할을 수행할 수 있다.

표 7-2 프로그램 평가의 목적

목적	내용
의사결정(정책개발)을 위한 기준	프로그램의 효과성 검증(개입기술의 효과성 검증) 목표 달성도 확인 프로그램 추진 여부 및 활동 내용 수정에 영향 사회의 욕구 변화에 대한 개선 프로그램의 효율성, 효과성, 능률성 제고
지식기반 확충	평가를 통한 개입의 가설 검증 프로그램 수정 · 보완 과정을 통한 지식기반 축적 타 프로그램과의 비교를 통한 지식기반 축적
책임성 이행	재무회계적 책임, 전문적 책임(효과성 및 효율성), 정치적 책임

출처: 이준영(2017), p. 366에서 재구성.

2) 프로그램 평가의 유형

사회복지 프로그램 기획의 마지막 단계이자 사회적 책임 이행의 중요한 수단으로 활용되는 프로그램 평가는 평가 목적, 평가 방법, 평가 주체, 평가 단위 등 다양한 유형으로 구분된다. 여기서는 사회복지 프로그램 평가의 유형을 평가의 목적에 따른 형성평가와 총괄평가, 평가 방법에 따른 양적평가와 질적평가로의 분류를 중심으로 살펴본다.

(1) 평가 목적에 따른 프로그램 평가 유형: 형성평가, 총괄평가, 통합평가 (형성평가+총괄평가)

먼저 사회복지 프로그램 평가는 프로그램 진행과정에서 프로그램을 수정하거나 보완하는 것을 목적으로 하는지, 아니면 프로그램이 종료된 이후 프로그램이 달성하고자 했던 목적을 얼마나 달성했는지를 파악하기 위해 수행되는지에 따라 형성평가와 총괄평가로 구분된다.

형성평가는 프로그램이 계획대로 수행되고 있는지 과정에 대한 분석을 바탕으로 보다 효율적인 운영전략의 수립과 프로그램의 중단 · 축소 · 유지 · 확대 여부를 결정하는 데 필요한 정보를 제공한다. 또한 프로그램 운영 도중에 발생한 효과들을 파악하여 총괄평가를 보완한다. 반면, 프로그램의 영향과 성과를 평가하는 것을 목적으로 하는 결과평가의 성격을 가진 총괄평가는 다시 그 목적에 따라 효과성 평가와 효율성 평가로 구분된다. 효과성 평가는 프로그램이 의도했던 목표를 얼마나 달성했는지에 관심을 두는 반면, 효율성 평가는 투입된 비용 대비 산출과 성과에 관심을 둔다.

형성평가와 총괄평가는 각기 장점과 수행 이유를 가지기에 형성평가와 총괄평가가 통합된 통합평가를 실시하기도 한다. 통합평가는 일반적으로 총괄평가로 평가를 한 후 형성평가적 접근법을 통해 프로그램 수행 과정의 타당성과 인과관계를 검토함으로써 총괄평가를 통해 얻은 정보의 타당성과 신뢰도를 평가하는 방식으로 이루어진다.

(2) 평가 방법에 따른 프로그램 평가 유형: 양적평가, 질적평가

사회복지프로그램 평가는 평가 방법에 따라 실험접근, 목표지향접근, 의사결정 중심 접근, 이용자 중심 접근, 반응적 접근, 양적평가와 질적평가 등으로 구분되는데(정무성, 2005), 여기서는 실제로 현장에서 가장 보편적으로 활용되는 양적평가와 질적평가를 중심으로 살펴본다.

양적평가와 질적평가로의 유형화는 자료의 성격과 조사 방법에 따라 구분된다. 양적평가를 통해 수집되는 자료는 주로 정량적이며, 조사 설계를 통해 수집된 객관적 자료가 연역적으로 분석되는 반면, 질적평가는 정량화되지 않는 상황에 대한 관찰이나 면접 등을 통해 귀납적으로 자료를 획득하고 분석한다.

3) 프로그램 평가의 기준

프로그램 평가의 기준은 프로그램의 어떤 측면을 평가의 대상으로 삼아야 할 것인가와 관련된다. 즉, 프로그램의 성패를 판단하기 위해 프로그램의 어떤 측면에 주목할 것인가를 의미한다. 학자에 따라 프로그램 평가의 기준은 다양하게 제시되나, 여기서는 많은 학자에 의해 공통적으로 제안되는 요소인 노력성, 효과성, 효율성, 만족도, 서비스의 질, 과정, 공평성을 중심으로 검토한다(〈표 7-3〉 참조).

표 7-3 프로그램의 평가 기준

기준	정의	평가지표(예)
노력성	프로그램 활동의 양	• 단위활동의 수 • 이용자 수 • 전문지식 및 기술의 소유와 활용 정도 • 프로그램 예산 및 자원 • 프로그램 활동에 대한 전문 인력의 투입시간 등
효과성	프로그램 목표의 달성 정도	• 이용자의 인지적/감정적 변화 • 이용자의 행동상의 변화 • 이용자의 사회적 변화 등
효율성	산출대비 비용 정도	• 프로그램 노력에 대한 비용 • 프로그램 결과에 대한 비용 등
만족도	이용자의 프로그램 만족도	• 이용자의 프로그램 만족도
서비스의 질	프로그램의 전문성	• 서비스 인력의 전문자격 소유 여부와 정도 • 프로그램에서 활용하고 있는 전문지식과 기술의 발전 상태 등
과정	프로그램 결과의 경로	• 세부목표들의 달성 정도와 연계성 • 세부목표와 프로그램 결과 사이의 영향 정도의 차이 등
공평성	프로그램 배분의 공평성	• 대상 집단에게 동일한 접근 기회가 주어지는지 여부 • 프로그램 활동이 지역 내에 균등하게 배분되는 정도 등

출처: 김영종(2017); 정무성(2005); 이준영(2019)에서 재구성.

- **노력성**. 프로그램의 수행 및 목표 달성을 위해 얼마나 많은 노력을 기울였는지를 의미하는 것으로, 투입된 자원과 산출물의 양으로 평가된다. 프로그램 수행 및 목표 달성을 위해 투입된 인적·물적 자원, 투입된 시간, 서비스 이용자 참여, 프로그램 담당자의 제반 활동 등이 포함된다.
- **효과성**. 프로그램이 의도한 목적을 달성하였는가를 의미하는 것으로, 대체로 산출 결과를 말한다. 효과성은 투입된 비용에 상관없이 성취한 양이 많을수록 해당 프로그램의 효과성은 높다고 본다. 효과성은 목표를 기준으로 성취 정도를 측정함으로 목표에 대한 정확한 이해가 필요하다.
- **효율성**. 투입과 산출 간의 비용적 관계를 의미하는 것으로, 프로그램의 결과로 얻게 된 성과가 프로그램에 투입한 자원과 비교하였을 때 어느 정도인지, 즉 최소 비용으로 얼마나 많은 산출을 얻어 냈는지에 관심을 둔다. 일반적으로 산출대비 투입으로 분석하는데, 투입비용대비 효과를 분석하면 비용효과분석이 되며, 투입비용대비 이윤을 분석하면 비용편익분석이 된다.
- **만족도**. 사회서비스에서 이용자 중심 접근이 강조되면서 이용자의 만족도 또한 중요한 평가의 기준이 되었다. 사회복지사들은 서비스의 이용에 대해 이용자에게 피드백을 구하고 만족도 조사를 실시하는 방식으로 프로그램 평가를 실시하는데, 만족도라는 것은 주관적이고 추상적인 특성이 있으므로 해석에 유의해야 한다.
- **서비스의 질**. 프로그램의 운영이 얼마나 전문적이었는지, 제공된 서비스의 수준이 어떠한지를 평가하는 것이다. 이는 프로그램을 운영하는 사회복지사의 역량과 관련이 깊으며, 일반적으로 가장 우수하다고 인정되는 지식이나 기술이 프로그램 운영에 얼마나 활용되었는지를 평가한다. 프로그램 운영자들의 교육 수준, 자격증 취득 여부, 교육 및 훈련 정도, 경력 등이 지표로 활용된다.
- **과정**. 서비스가 제공되는 과정에 대한 평가는 해당 프로그램의 성패 여

부를 판가름하는 기준으로, 프로그램의 속성(프로그램의 접근 및 실행 방법, 관리자의 활동), 이용자, 프로그램 제공 조건, 프로그램 효과의 성격 등의 측면이 평가된다.

- **공평성.** 프로그램을 통해 제공된 사회서비스의 효과나 비용이 대상 집단에게 공평하게 분배되었는가와 관련 있는 개념으로, 필요한 대상자들에게 프로그램에 참여할 기회나 혜택이 적절하게 분배되었는가를 평가한다. 공평성은 대체로 정책 혹은 프로그램의 기획 차원에서 정치적인 고려에 의해 채택된다.

4. 좋은 사회복지 프로그램의 구성 요건[1)]

실제로 현장에서 좋은 프로그램을 개발하여 수행하는 것은 생각보다 쉽지 않다. 이와 관련하여 Royse 등(2001)은 좋은 프로그램이 되기 위한 요건으로 인력, 예산, 안정적 재원, 인정된 정체성, 연구기반 실천, 이론적(개념적) 근거, 서비스 철학, 체계적 평가 노력 등을 제안한 바 있다(이민홍 · 정병오, 2017에서 재인용).

각각의 내용을 보다 구체적으로 살펴보면 다음과 같다. 먼저, 좋은 프로그램이 되기 위해서는 인력, 예산, 안정적 재원을 갖추는 것이 가장 기본적으로 요구된다. 사회서비스는 휴먼서비스의 일종으로 서비스 전달자가 서비스의 질, 나아가 조직의 성공을 결정한다. 이에 프로그램을 위한 전문적 인력의 수급과 인력의 적재적소 배치는 좋은 프로그램의 핵심 요소라 할 수 있다. 더불어 프로그램 수행을 위해서는 프로그램 활동별 예산이 배정되어 있어야 한다. 프로그램 수행에는 인력, 시설, 장비 등의 활용이 필수적이기에 이를 위

1) 이민홍 · 정병오(2017), pp. 37-42를 참조하여 재구성.

한 비용이 항목으로 설정되어 있어야 하며, 안정적 운영이 가능한 예산이 확보되어야 한다.

둘째, 좋은 프로그램은 고유한 정체성과 서비스 철학이 요구된다. 프로그램의 정체성은 프로그램이 존재해야 하는 이유로서 프로그램의 사명, 목적, 대상, 절차, 개입방법에서 다른 프로그램과의 차별성을 가지고 있어야 하며, 사회적으로 지지받을 수 있어야 한다. 프로그램의 정체성과 더불어 좋은 프로그램은 명확한 서비스 철학을 가져야 한다. 서비스 철학이 없는 상태에서 제공되는 프로그램 활동은 서비스 이용자에게 단순한 도움을 제공하는 활동에 불과하다.

셋째, 좋은 프로그램은 과학적으로 검증되어 신뢰할 만한 증거를 기반으로 견고하게 수립되어야 한다. 프로그램의 기획자는 서비스 제공 전에 가능한 한 실천 기술과 방법의 유용성을 면밀히 파악하는 연구기반 실천의 수행이 요구된다.

넷째, 좋은 프로그램은 이론적 모델에 기반해야 한다. 프로그램의 기획자이자 운영자인 사회복지사는 문제에 개입하기 전에 서비스 이용자에게 왜 문제가 발생했으며, 문제를 해결하기 위한 최선의 방법은 무엇인지를 면밀히 살펴야 한다. 이때 이론적 모델은 문제에 접근하는 방향성을 제공할 수 있다.

다섯째, 좋은 프로그램이 되기 위해서는 제공하는 서비스에 대해 과학적이고 체계적인 평가의 노력을 기울여야 한다. 결국, 사회복지사는 프로그램의 평가를 통해 프로그램이 어느 정도의 성취를 달성하였는지를 평가하고 분석해야 한다. 이 과정에서 체계적인 자료수집과 판단이 요구되며, 향후 프로그램의 운영에 유용한 경험적 기반으로 활용될 수 있다.

좋은 프로그램 제안서의 요건

- 첫째, 내용을 일관적, 논리적으로 전개할 것. 즉, 사업의 필요성으로부터 목적, 목표, 활동내용, 평가지표가 논리적 흐름을 가지고 연결되어야 한다.
- 둘째, 배분기관의 요구사항이 반영되어야 한다.
- 셋째, 기관의 역량, 담당 직원의 역량을 강조해야 한다.

생각해 보기

1. 사회복지 프로그램을 기획하고 평가를 실시해야 하는 이유는 무엇일까?
2. 프로그램 기획 모델 하나를 선택해서 사회복지 프로그램을 기획해 보자.

참고문헌

김상곤 · 최승희 · 안정선(2012). **사회복지 프로그램 개발과 평가**. 서울: 학지사.

김영종(2017). **사회복지행정론(4판)**. 서울: 학지사.

김통원(2004). **사회복지 프로그램 개발과 평가**. 서울: 학지사.

이민홍 · 정병오(2017). **사회복지 프로그램 개발과 평가**. 경기: 양서원.

이봉주 · 김기덕(2008). **사회복지 프로그램 기획의 이해와 적용**. 서울: 도서출판 신정.

이준영(2019). **사회복지행정론(2판)**. 서울: 학지사.

이철수(2008). **사회복지학사전**. 서울: 비상.

이해주 · 최운식 · 권두승(2009). **평생교육 프로그램 개발**. 한국방송통신대학교출판부.

정무성(2005). **사회복지 프로그램 개발론**. 경기: 학현사.

정무성 · 정진모(2000). **사회복지 프로그램 개발과 평가**. 서울: 양서원.

조창빈 · 박원희(2015). 장애인 평생교육 여가활동 프로그램 기획과정 분석. **장애인평생교육 · 복지연구, 1**(1), 69-100.

지은구(2005). **사회복지프로그램 개발과 평가**. 서울: 학지사.

한국사회복지행정학회(2014). **사회복지 행정론**. 경기: 양서원.

황성철(2005). **사회복지 프로그램 개발과 평가**. 경기: 공동체.

Druker, P. E. (1954). *The Practice of Management*. Harper & Brothers Publishers.

Gantt, H. L. (1910). *Work, Wages and Profit*. New York: Engineering Magazine.

Gilbert, N., & Specht, H. (1977). *Planning for social welfare: Issues, models, and tasks*. Prentice Hall.

Netting, F. E., O'Connor, M. K., & Fauri, D. P. (2008). *Comparative approaches to program planning*. John Wiley & Sons.

Patti, R. J. (1983). *Social welfare administration: Managing social programs in a developmental context*. Englewood Cliffs, NJ: Prentice-Hall.

Popper, K. (1959). *The logic of scientific discovery*. London: Hutchinson.

Rapp, C. A., & Poertner, J. (1992). *Social administration: A client-centered approach*. Allyn & Bacon.

Royse, D., Thyer, B. A., Padgett, D. K., & Logan, T. K. (2001). Program evaluation: An introduction (3rd ed.). Belmont, CA: Brooks/Cole.

Skidmore, R. A. (1995). Social work administration: Dynamic management and human relationships. Allyn & Bacon.

국립국어원 표준국어대사전. https://stdict.korean.go.kr/main/main.do

제8장

사회복지조직의 성과관리

이 장에서는 사회복지영역에 투입되는 자원의 증대와 함께 자원 사용에 대한 책임성 검증 압력, 자원 확보를 위한 경쟁의 심화, 자원의 효율적 사용에 대한 강조와 함께 그 중요성이 증대되고 있는 사회복지조직의 성과관리를 위한 방법과 현실을 검토한다.

주요학습내용

1. 성과관리의 개념과 목적
2. 사회복지조직의 성과관리에서 고려해야 할 사회서비스의 특징
3. 사회복지시설평가의 현실과 대안
4. 서비스 질 관점의 성과관리 도구
5. 사회복지조직의 성과관리를 위한 대안적 도구

1. 성과관리의 개념과 목적

성과에 대한 이해를 바탕으로 성과관리는 성과와 관리의 합성어로서 '성과의 평가를 통한 조직관리'를 의미한다. 즉, 성과관리는 조직의 지속적 발전을 위해서 성과를 측정하고 평가함으로써 조직을 관리하는 기법으로, Peter Drucker는 "측정할 수 없는 것은 관리할 수 없다."라고 성과관리의 중요성을 강조한 바 있다. 성과관리는 조직의 조직관리기법이자 의사결정도구로서 조직은 성과관리를 통해 일차적으로 현재의 상황을 인식하고 성과를 개선하기 위해 무엇을 해야 하는지를 알게 하며, 이를 바탕으로 성과 개선을 위해 제한된 자원의 효과적·효율적 사용 및 품질 개선에 노력을 기울이게 됨으로써 궁극적으로 조직 발전에 기여한다.

성과관리에서의 성과는 관점의 차이에 따라 다양하게 제시되어 왔으나, 여기서는 지은구(2015)가 제시한 결과 중심, 과정 중심, 가치 중심 관점을 토대로 성과의 개념을 살펴본다(〈표 8-1〉 참조).

결과 중심의 관점은 성과의 결과 또는 생산의 측면을 강조한다(Harbour, 2009). 이 관점에서 성과는 효율성과 효과성에 초점을 두고 조직이 기대하는 결과물과 실제 산출한 결과물을 비교한다. 따라서 결과 중심의 성과를 강조하는 조직에서는 결과물의 생산 증대를 통한 효율성 및 효과성 강화를 지향

표 8-1 결과 중심, 과정 중심, 가치 중심 관점에서의 성과에 대한 이해 비교

관점	성과 내용
결과 중심	생산물의 효과성 및 효율성의 증진
과정 중심	총체적 행동의 집합체 및 생산과정의 결과
가치 중심	공공가치 및 사회적 가치의 실현

출처: 지은구(2015).

한다.

과정 중심의 관점은 결과 중심의 관점과 대조적으로 생산을 위한 과정을 강조한다(Armstrong & Baron, 2005). 이 관점은 과정을 중시하므로 조직의 목적 달성을 위한 서비스의 질과 내용, 서비스 전달 과정, 구성원의 역량 강화를 위한 노력, 고객의 만족도와 고객 응대의 즉시성 등 성과에 영향을 미치는 모든 조직행동과 과정을 고려한다.

반면, 가치 중심의 관점은 조직 가치의 실현을 강조한다. 이러한 관점에서 성과는 생산물을 만드는 과정과 결과로부터 발생한 가치의 실현(Van Dooren & Van de Walle, 2016)이다. 이 관점은 조직의 활동과 성과가 궁극적으로 조직의 목적 달성에 기여한다고 보며, 대체로 사회적 가치 실현을 목적으로 존재하는 공공 및 비영리 조직에서 채택하여 사용한다.

이처럼 성과를 바라보는 관점에 따라 달라질 수 있으나 포괄적 관점에서 성과는 '조직 및 조직구성원이 목적을 달성하기 위해 취한 행동의 총체이자 결과물'이라 할 수 있다.

2. 사회복지조직의 성과관리에서 고려해야 할 사회서비스의 특성

사회복지조직의 성과를 관리하기 위해서는 먼저 비분리성, 개별성, 무형성, 소멸성과 같은 사회서비스의 특징을 이해해야 한다. 사회서비스의 비분리성은 생산과 소비가 동시에 일어나며 분리될 수 없음을, 즉 서비스 생산이 소비자의 상호작용을 전제로 함을 의미한다. 이는 또한 동일한 생산자가 동일한 서비스를 다수의 소비자를 대상으로 제공하여도 소비자의 가치관, 태도, 참여, 상호작용 정도 및 방식에 따라 결과물과 성과가 달라질 수 있음을 의미한다. 반대로 같은 소비자가 동일한 서비스를 받을지라도 서비스 제공자가 달라지면 서비스가 달라질 수 있는 개별성을 가진다.

또한 사회서비스는 사람이 사람을 대상으로 하는 무형의 서비스로, 서비스 제공 직후 소별되는 무형성과 소멸성이라는 특징을 가진다. 따라서 사회서비스는 표준화가 어렵거나 해서도 안 된다. 더하여 사회서비스는 생산물에 대한 평가가 다양한 이해관계자의 관점에 따라 달라질 수 있다. 예를 들어, 동일한 서비스에 대해 이용자는 자신의 욕구 충족과 정도를 기준으로 평가하는 반면, 공급자는 전문성을 중시하고 서비스 과정과 기술 등을 중심으로 평가하며, 자원 제공자는 투입된 자원 대비 산출물과 성과라는 비용 효과성의 관점에서 평가할 수 있다.

이러한 특성으로 사회서비스는 그 결과물에 대한 측정과 평가가 쉽지 않다. 이에 대해 Campbell(1969)은 사회서비스의 대상이 인간이기 때문에 발생하는 성과관리에서의 방법론적 문제들을 다음과 같이 설명한 바 있다. 우선 서비스 이용자와 환경 간의 복잡성으로 개입과 변화의 관계를 분리해 내는 것이 어렵다. 즉, 서비스 이용자에게 나타난 변화가 개입에 의해서 야기된 것인지에 대한 의문이 존재한다. 다음으로 서비스 이용자의 참여가 강제될 수 없기에 서비스 이용자의 참여 정도에 따라 조직의 성과가 달라질 수 있다. 또한 측정 도구가 해당 변화를 측정할 수 있는 최선의 도구인가라는 도구의 적절성 문제를 가진다.

이처럼 사회서비스의 특징에 기인하는 내재적 한계에도 불구하고 사회복지영역에서 평가는 사회적 책임성 검증이라는 측면에서 그 중요성이 점차 증대되고 있다. 사회서비스의 본질적 특징에 기인한 평가의 한계에도 불구하고 사회복지조직의 운영을 위한 주요 재원인 공적 재원과 제공하는 서비스에 대한 책임성의 측면에서 사회복지조직의 성과는 측정되고 관리되어야 할 필요성이 있으며, 그 중요성이 재원의 확대와 함께 커지고 있다. 사회서비스에 대한 평가는 전통적으로 효과성과 효율성에 초점을 두어 왔으나, 이후 총체적 품질경영(total quality management: TQM), 질 산출(quality output) 등 이용자의 관점에서 서비스의 질에 초점을 둔 관점과 평가 방법이 제안되었다. 또한 보다 최근에는 재무적 성과와 비재무적 성과를 균형 있게 모두 고려해야 한다는 관점을 반영한 균형성과표(balanced scorecard: BSC)와 사회적 가치 달성 수준으로 평가하는 사회적 투자 수익률(social return on investment: SROI) 등이 제안 · 적용되고 있다. 이 장에서는 현재 사회복지조직 성과관리의 현실을 검토하고, 다양한 평가 방법에 대한 개괄적 검토와 함께 사회복지조직에의 적용을 고민한다.

3. 사회복지시설평가의 현실과 대안

1) 사회복지시설평가의 도입 배경과 목적

사회복지시설에 대한 평가는 1997년 「사회복지사업법」의 개정으로 신설된 제43조(시설의 평가)와 「사회복지사업법 시행규칙」 제27조 제1항의 '보건복지부장관 및 시도지사는 법 제43조의 규정에 의하여 3년마다 1회 이상 시설에 대한 평가를 실시하여야 한다'는 규정을 근거로 1999년 한국보건사회연구원에 의해 처음으로 실시되었다. 일정한 기간을 가지는 학술연구용역 방식으로 시행되었던 당시의 평가는 5년간 지속되었고, 이후 2004년 「사회복지사업법 시행령」 개정[1)]으로 평가 위탁의 법적 근거를 마련하면서 한국사회복지협

1) 「사회복지사업법 시행령」 제25조(권한의 위임 · 위탁)의 제3항에 시설평가의 위탁 가능성이 추가되었다.

③법 제52조 제2항의 규정에 의하여 보건복지부장관은 다음 각호의 업무를 정부가 설립 · 운영비용의 일부를 출연한 비영리법인으로서 사회복지 지도 · 훈련 또는 시설평가에 관한 전문적인 능력을 갖춘 전문기관에 위탁할 수 있다. 〈신설 2004. 7. 30.〉

1. 법 제10조의 규정에 의한 사회복지사업종사자에 대한 지도 · 훈련업무
2. 법 제43조 제1항의 규정에 의한 사회복지시설에 대한 평가업무

의회, 사회보장정보원이 위탁기관[2)]으로서 평가를 수행하고 있다.

1990년대 후반 사회복지시설 상당수가 회계감사 기준을 충족하지 못하고 에바다 사건과 장항수심원 사건 등 일부 사회복지시설의 인권유린 사건들[3)]이 사회적 공분을 사게 되면서 사회복지시설에 대한 관리감독의 필요성에 대해 사회적 인식이 생겨났다. 일련의 사건들에 의한 사회복지시설에 대한 모니터링과 평가가 필요하다는 사회적 합의는 사회복지서비스의 질 향상과 효율성 제고를 위한 새로운 모니터링 방식이자 사회서비스에 투입된 공적 자원에 대한 책임성 검증 수단(최재성, 2001; 양난주, 2014)으로서 사회복지시설평가가 도입되는 배경이 되었다. 이러한 배경과 의도를 가지고 도입된 사회복지시설평가가 제시하고 있는 평가의 목적은 다음과 같다.

사회복지시설평가의 목적

첫째, 사회복지시설에 대한 평가를 통하여 사회복지시설의 운영 효율화 및 서비스의 질을 제고함으로써 사회복지시설 이용자, 생활자에 대한 사회복지서비스의 질 향상 도모

둘째, 합리적 평가지표와 평가체계의 개발을 통한 사회복지시설에 대한 객관적인 평가틀 마련

2) 2016년 사회복지시설평가는 한국사회복지협의회에 의해 수행되었으나, 2017년 사회복지시설평가부터는 사회보장정보원이 위탁기관으로서 평가를 수행하고 있다.

3) 에바다 사건(유동철, 2012)과 장항수심원 사건(서동우, 1999)은 대표적인 사회복지시설 인권유린 사례이다. 에바다 사건은 당시 에바다 농아학교를 운영하던 재단이 저지른 비리사건으로 대표적 장애인 시설 비리로 알려져 있는 사건이다. 에바다 재단은 농아학교의 농아어린이 70명을 인신매매하고, 재학생들을 강제 노역시킨 후 임금을 착취하고 폭력을 행사하는 등의 인권침해 행위를 자행하였으며, 6억 7천만 원대에 이르는 국고를 횡령하였다. 장항수심원 사건은 장항읍 유부도에 위치한 정신질환자 수용시설에서 일어난 인권유린 사건으로 시설에 수용된 원생들은 강제노동에 동원되었으며, 열악하고 비위생적 시설 환경 및 폭행에 무방비로 노출되어 있었다. 시설 폐쇄 이후 시설 내에서 시설 관계자 및 재단장이 원생에게 살인교사를 지시한 것으로 밝혀져 또 한 번 사회적 충격을 주기도 하였다.

셋째, 전국적으로 사회복지시설 평가를 통하여 사회복지시설 운영 수준에 대한 지역별 · 시설종별 차이를 파악하고, 이의 개선을 위한 사회복지시설 운영 수준의 균형화 대책 마련을 위한 기초 자료 확보
넷째, 사회복지 수요 증대에 따른 사회복지시설 운영 상태에 대한 정보 제공으로 사회복지시설에 대한 국민의 선택권 확대 및 보장
다섯째, 국민들에게 직접 복지서비스를 제공하는 사회복지시설의 기능 강화를 통해 사회안전망을 강화하고 시설 운영의 선진화를 통하여 국민의 복지 수준 향상에 기여

출처: 사회복지시설정보시스템 홈페이지.

2) 사회복지시설평가지표와 평가수행

사회복지시설평가지표, 즉 어떠한 지표와 항목으로 사회복지시설을 평가하는지는 조직이 향후 중점을 두고 추구해 나가야 할 방향을 제시한다는 점에서 중요성을 가진다. 사회복지시설평가지표를 개발하고 구성하는 것은 지표 구성이 향후 사회복지시설이 나아갈 방향을 제안한다는 점, 어떤 기관이 평가점수를 더 높거나 낮게 받는 데 영향을 미칠 수 있다는 점 등에서 예민하면서도 중요한 과정이다. 이에 사회복지시설평가지표의 개발은 온라인 의견수렴, 모의 평가, 공청회, 실무위원회 등을 통해 현장실무자와 전문가 등 다양한 이해관계자의 의견을 듣고 반영하는 절차를 따른다([그림 8-1] 참조).

지속적으로 수정 · 보완되어 온 사회복지시설평가지표는 2018년 사회복지관의 경우 시설 및 환경, 재정 및 조직 운영, 인적자원관리, 프로그램 및 서비스(사례관리, 서비스제공, 조직화사업), 이용자의 권리, 지역사회연계와 같은 6개 영역으로 구성되며, 각 영역별로 다음 〈표 8-2〉에 제시된 지표에 의해 평가된다. 사회복지시설평가는 개발된 지표를 활용하여 일차적으로는 스스로 자신의 시설을 평가하는 자체평가, 자체평가를 바탕으로 평가위원이 시설을 방문하여 평가

1단계	평가 위탁기관의 사회복지조직들로부터의 평가지표에 대한 의견 수렴 단계
2단계	관련 전문가들이 자문회의와 현장방문을 통해 1단계에서 수렴된 의견과 관련 법령 및 지침 변경에 따른 지표 적용, 주요 평가지표 개선사항에 대해 논의하는 단계
3단계	시설 유형별 평가지표(안)의 현장 적용성을 검토하는 모의평가 단계
4단계	모의평가에서 시행된 평가지표(안)에 대한 공청회 시행 및 2차 온라인 의견 수렴 단계
5단계	모의평가, 공청회 및 온라인을 통해 수렴된 의견 내용을 검토하고, 자문회의와 평가지표 실무위원회를 통해 시설 유형별 최종 지표(안)를 확정하는 단계
6단계	사회복지시설들을 대상으로 확정된 시설유형별 최종 평가지표에 대한 사전설명 및 설명회 개최 단계

[그림 8-1] **사회복지시설평가지표 개발 과정**

출처: 사회복지시설정보시스템 홈페이지.

를 실시하는 현장평가, 현장평가에 대한 이의 신청과 확인, 확인평가와 평가결과 확정, 평가결과에 따른 인센티브 지원을 통한 동기부여, 컨설팅 등 사후 관리의 절차에 따라 수행된다(사회복지시설정보시스템 홈페이지 www.w4c.go.kr).

3) 사회복지시설평가의 한계와 과제

사회복지시설평가는 도입된 지 20여 년을 지나면서 전국적으로 사회복지시설들이 재정·회계관리 등 조직운영과 시설환경 등에 있어서 최소한의 기준을 충족하고 격차를 해소하며 사회복지시설의 표준화를 이끄는 데 기여해 왔다. 그럼에도 불구하고 그 한계 또한 다음과 같이 제기되어 왔다.

먼저, 평가지표와 관련하여 지금의 사회복지시설평가지표는 프로그램이

표 8-2 2018년 사회복지관 평가지표

영역	평가지표	
시설 및 환경	편의시설의 적절성	응급상황에 대한 안전체계 구축
	안전관리	화재예방 및 피난대책
재정 및 조직 운영	보조금 결산액에 대한 운영법인의 자부담(전입금) 비율	
	보조금 결산액에 대한 사업비 비율	
	경상보조금 결산액에 대한 후원금 비율	
	회계의 투명성	
인적자원 관리	직원의 충분성	최고 중간관리자의 전문성
	월평균 확보 직원 대비 자격증 소지 직원 비율	직원교육
	직원의 근속율	직원복지
	직원 교육활동비	사회복지관 직원의 급여(보수) 수준 향상을 위한 노력
	직원 채용의 공정성	
	시설장의 전문성	직원의 권리 및 인권 보호
프로그램 및 서비스	사례관리 실행체계	프로그램 수행과정
	사례관리 인력의 전문성	프로그램 평가
	사례관리 수행의 전문성	지역조직화 실행체계
	사례관리 협력 연계	지역조직화 수행의 전문성
	프로그램 기획의 전문성	지역사회 네트워크
이용자의 권리	이용자의 비밀보장	이용자의 학대 및 인권침해 예방
	이용자의 고충처리	
	서비스과정에 이용자의 참여 및 자기결정권	
지역사회 연계	외부 자원 개발	후원금(품) 사용 및 관리
	자원봉사자 관리	연구보고서 및 연간사업보고서

출처: 보건복지부 · 사회보장정보원(2018).

나 서비스가 아니라 시설(조직)에 초점이 맞추어져 있다(최재성, 2001; 이선우 · 최상미, 2002; 양난주, 2014). 이는 기관 운영의 투명성과 책임성을 높이기 위함이 우선적 목적이었던 사회복지시설평가의 도입 배경을 반영하는 평가 내용이나, 사회복지시설평가가 도입된 지 20년이 지나 시설환경 및 운영에 있어서의 표준화가 이루어진 것으로 평가되는 지금까지 시설 운영에 대한 평가가 평가내용의 주를 이루는 것은 필요하지도 않으며, 변별력의 문제 또한 야기하고 있다고 지적된다.

다음으로, 사회복지시설평가 결과의 활용에 있어서의 문제이다. 실제로 시설평가의 결과는 해당 사회복지시설에만 등급의 형태로 통보되고 공개되지 않는다. 결과에 대한 미공개는 평가결과에 대한 신뢰성에 의문을 야기하며(정병오, 2012), 비록 평가결과의 등급에 따른 인센티브가 주어지고는 있지만 조직 측면에서도 서비스 질 및 조직 성과 향상을 위한 유인으로 작동하는 데 제한 요인이 되고 있다. 이용자 측면에서도 어떤 사회복지시설을 이용할지를 결정하기 위한 근거로서 평가결과를 활용하지 못함으로써 평가 결과의 활용에 한계를 가진다.

사회복지시설평가는 도입 이래 사회복지조직의 표준화를 이끌며 효과성, 효율성, 서비스 질 및 투명성 향상에 기여해 왔다. 그러나 사회복지조직을 둘러싼 현재의 환경은 도입 시점과는 현격히 다르며 빠르게 변화하고 있기에 사회복지시설평가 역시 변화가 요구된다. 변별력, 평가 준비를 위한 기관의 부담 가중, 타 평가와의 중복, 시설 중심의 평가, 평가 결과의 신뢰성과 활용성 등의 문제가 지속적으로 제기되고 있는 만큼, 시설보다는 서비스와 프로그램 중심의 평가를 통해 기관의 평가 준비의 시간과 노력을 경감시키면서도 서비스 질 향상에 기여할 수 있는 방식으로의 변화에 대한 고민이 필요하다.

4) 서울형 사회복지시설평가[4]의 시도

서울형 사회복지시설평가는 서울시가 자체적으로 개발한 사회복지시설평가로, 기존의 사회복지시설평가가 양적 측면만을 고려하고 있다는 점, 지역적 특성을 반영하지 못하고 있다는 점, 문서 중심으로 이루어지고 있다는 점

4) 서울시복지재단 홈페이지.

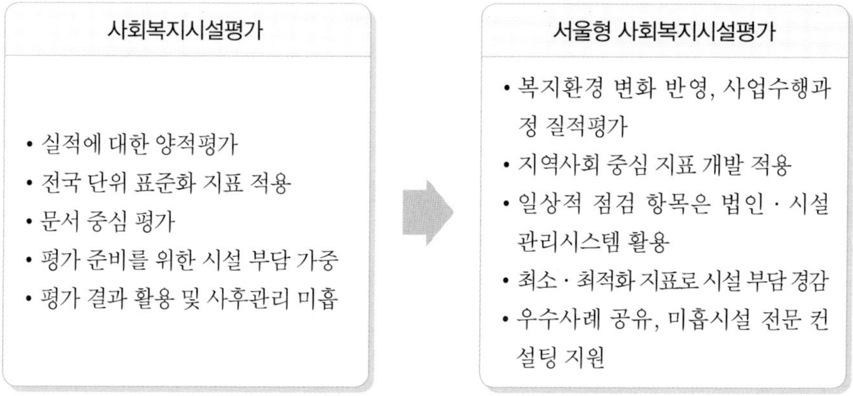

[그림 8-2] 서울형 사회복지시설평가 추진배경

출처: 서울시복지재단 홈페이지.

과 이로 인해 시설의 평가 준비 부담을 가중하고 있다는 점, 평가 결과의 환류와 활용이 미흡하다는 점 등의 한계를 보완하는 것을 목적으로 2017년 이래로 시범적으로 시도되고 있다([그림 8-2] 참조).

서울형 사회복지시설평가의 평가지표는 크게 관리지표와 사업지표로 구성된다. 관리지표는 시설환경, 재정회계, 인력 등 시설 환경 및 관리와 관련된 내용이며, 사업지표는 환경변화 대응성, 지역사회 민감성, 지역환경 특수성 등 실천 노력과 복지환경의 특성과 변화 반영 정도를 파악한다(〈표 8-3〉 참조). 평가 방식 역시 기존의 문서 중심 평가의 문제점을 해결하기 위해 관리지표는 법인 · 시설 관리시스템을 활용하며, 사업 지표는 인터뷰 등의 방법을 활용한 이용자 및 전문가에 의한 이용자 중심 평가 방식으로 평가된다.

서울형 사회복지시설평가는 기존 시설평가의 문제를 보완하기 위한 새로운 시도로서 기존의 관리 중심, 정량적, 시설 중심을 상당부분 프로그램과 서비스 질, 정성적, 이용자 중심적으로 전환하였다는 의의를 가진다. 그러나 여전히 인터뷰 중심의 정성적 평가로서 객관성 확보는 과제로 남아 있다.

표 8-3 서울형 사회복지시설평가 평가지표 중 사업지표의 구성(2016년)

평가지표	평가항목	세부 평가 기준
환경 변화의 이해	인지된 환경 변화	• 외부 환경 특성의 변화 파악 유무 • 지역사회 변화 및 욕구 변화 파악 유무 • 사업에 대한 주민의 의견 수렴 • 복지관 내부관련 환경 변화 파악 유무
	환경 변화 내용 공유	• 기관 차원에서 환경변화의 내용 공유 (누구와 무엇을 어떻게 공유하고 있는가) • 공유 결과를 통한 조직 내재화
환경 변화에 대한 대응	조직차원의 대응	• 조직의 비전, 미션과 환경 변화의 관련성 • 조직차원의 중장기 운영 방향 준비
	사업운영의 대응	• 기존 프로그램(단위사업)의 수정과 변화 • 신규 프로그램(단위사업)의 기획 시도와 운영
복지실천 전문가 양성과 활용	실천전문가의 양성	• 조직차원의 인재상 및 필요 역량 정의 • 조직차원의 전문가 양성을 위한 교육훈련체계(계획) 수립과 운영 • 조직 차원의 전문가 양성을 위한 지원체계 수립과 운영
	실천전문가의 활용	• 조직 차원의 실천전문가 활용
지역사회 평판지수		• 2016년 서울시재단 별도 연구결과 활용
지역사회 협력 활동	기관의 주도적 역할	• 지역사회 협력에 대한 방향성 수립 • 방향성 수립을 바탕으로 기관의 주도적 역할 (활동하는 협력의 목적과 내용은 무엇인가)
	기관의 협조적 역할	• 지역사회 협력에 대한 방향성을 바탕으로 협조적 협력의 목적과 내용
주민의 참여 활성화	주민자치 활동 지원	• 지역사회 주민(시설 이용자)을 대상으로 하는 주민지원 정책의 수립과 운영 • 기관의 자원 공유 현황
	주민참여 주체성 육성	• 기관에서 추진하는 주민의 주체성 향상 노력 • 주민의 참여 주체성 변화도
지역사회 환경지수		• 2016년 서울시복지재단 별도 연구결과 활용

출처: 서울시복지재단 홈페이지.

5) 사회서비스 품질 평가

사회서비스 전자바우처 사업의 실시와 함께 전통적인 사회복지시설 및 기관 외에도 사회서비스 바우처 기관에서의 사회서비스 제공의 비중이 확대되어 왔다. 많은 경우 소규모이며 영리 기관에 의해 제공되는 사회서비스에 대해 서비스 질 관리의 문제가 지속적으로 제기되어 왔다. 이에 대응하여 2014년 사회서비스 품질 평가가 도입되어 시행되고 있다.

사회서비스 품질 평가는 사회서비스 양적 확대 및 품질관리의 중요성에 대한 사회적 관심 증대와 더불어 사회서비스 제공기관의 서비스 품질 향상 및 이용자 만족도를 제고하고자 도입되었다. 사회서비스 품질평가는 「사회서비스 이용 및 이용권 관리에 관한 법률」 제30조를 법적 근거로 한다.

- 「사회서비스 이용 및 이용권 관리에 관한 법률」 제30조

제30조(사회서비스 품질관리) ① 보건복지부장관은 이용자를 보호하고 사회서비스의 질을 높이기 위하여 사회서비스의 품질기준을 정하고, 그 품질기준에 따라 제공자가 제공하는 사회서비스의 질을 평가하는 등 사회서비스 품질관리 업무를 수행하여야 한다.

–동법 시행규칙 제19조 "사회서비스의 품질을 3년마다 1회 이상 평가하여야 한다"라고 명시

사회서비스 품질 평가는 사회보장정보원이 시행하고 있으며, 2014년 이래 지역투자사업 서비스와 산모신생아서비스, 가사간병서비스, 노인돌봄서비스에 대해 품질 평가를 시행해 왔다. 평가 방법으로는 자체평가와 현장평가를 구분하여 실시하고, 현장평가 대상기관에 한해 이용자 및 제공 인력 만족

도 조사를 실시하며, 현장평가 결과 이의신청 기관에 대해 확인평가를 실시하고 있다(〈표 8-4〉 참조).

사회서비스 품질 평가는 〈표 8-5〉에서 볼 수 있듯이, 상대평가로 5등급으로 평가된다. 또한 평가 결과는 공개되어 사회서비스 이용자들이 서비스 이용 시 참고할 수 있다.

사회서비스 품질 평가의 평가 지표는 기관운영(7개), 제공인력관리(7개), 서비스제공 및 평가(13개), 서비스성과(3개), 현장평가단(3개), 평가일치도(1개) 등 6개 평가영역 34개 평가지표로 구성된다. 기관운영의 세부지표 중 운영체계는 세부적으로 운영 규정 및 지침, 사업운영, 회계관리, 안전관리를, 정보

표 8-4 사회서비스 품질 평가 방법

평가 방법	평가 방법별 평가내용
자체평가	평가지표별 기준에 따라 제공기관에서 자체 점검 및 평가
현장평가	현장평가단(학계 및 현장전문가 2인 1팀)이 제공기관을 방문하여 평가지표별 기준에 따라 평가자료를 확인하여 평가
이용자 만족도 조사	제공인력 및 서비스 관련 사항(10문항 내외) ※ 대상: 이용자 또는 보호자(10~15명) ※ 방법: 조사 전문기관(전화조사)
제공인력 만족도 조사	업무만족도 관련 사항(10문항 내외) ※ 대상: 현장평가 기관 제공인력(2명 이내) ※ 방법: 조사 전문기관(전화조사)
확인평가	현장평가 결과 이의신청 기관에 대한 확인평가 실시

출처: 사회보장정보원 홈페이지. 2018년도 사회서비스 품질평가 지표 안내

표 8-5 사회서비스 평가 등급 및 비율

등급	A	B	C	D	F
비율	상위 10%	20%	40%	20%	하위 10%

* 행정처분 결과 반영에 따라 최종 등급의 비율은 변경될 수 있음.

관리는 서비스 이용자에 대한 개인정보보호와 제공인력 등록 관리를, 정보제공은 서비스 정보 게시를 평가한다.

제공인력관리 지표 중 인력 채용 및 유지 지표는 제공인력 채용, 근로계약 체결, 제공인력 근속률로 평가하며, 제공인력 교육훈련은 교육훈련 시행 정도를, 직원복지는 노무관리, 복리후생, 고충처리를 평가한다.

서비스 제공 및 평가 지표 중 제공인력 전문성은 전문성을 가진 제공인력 확보 정도를, 초기상담 및 서비스 계획은 초기상담 시행 및 서비스 제공 계획 수립 정도를 평가한다. 서비스 제공 및 모니터링은 서비스 제공 및 평가 지표 중 가장 비중이 높은 항목으로 계획적인 서비스 제공, 서비스 제공기록 관리, 이용자 불만처리, 사례회의 및 전문가 자문, 서비스 모니터링을 평가한다. 서비스 연계 및 종료 지표는 지역사회연계와 서비스 계약 종료 안내를, 사업평가는 사업평가 및 결과 활용을 평가한다.

서비스 성과는 이용자 유지율, 이용자 만족도, 제공인력 만족도로 평가하며, 이용자 만족도는 모든 지표 중 25점의 배점으로 가장 중요하게 반영된다. 다음으로 현장평가단이 기관장의 서비스 품질 향상 노력, 평가 준비 정도, 평가자료를 갖춘 수준 정도에 대해 자율적으로 평가하여 현장평가 점수를 부여한다. 마지막으로 자체평가와 현장평가 일치도를 평가하여 자체평가 시 근거 없이 스스로에게 높은 점수를 부여하는 것을 경계하도록 하고 있다.

사회서비스 품질 평가는 사회서비스 전자바우처 사업 실시 이래로 민간 영리, 개인이 사회서비스를 제공하면서 제기되어 온 사회서비스 질 관리를 평가를 통해 시도한다는 의미를 가진다. 또한 시설이 아닌 서비스에 대한 품질 평가에 시행하는 의의를 가진다. 그러나 여전히 서비스에 대한 질 평가가 아닌 시설 평가의 내용도 상당부분 포함하고 있으며, 사회서비스 품질 평가가 민간 영리에 의해 제공되는 사회서비스의 질 향상에 실제로 기여할 수 있을지는 향후 평가가 필요하다.

표 8-6 사회서비스 품질 평가 평가 지표(2018년 기준)

평가 영역	평가 지표	배점
A. 기관 운영 (7개, 11점)	A1. 운영체계	7점
	A2. 정보관리	3점
	A3. 정보제공	1점
B. 제공인력 관리 (7개, 14점)	B1. 인력채용 및 유지	6점
	B2. 제공인력 교육 · 훈련	3점
	B3. 직원복지	5점
C. 서비스 제공 및 평가 (13개, 35점)	C1. 제공인력 전문성	2점
	C2. 초기상담 및 서비스 계획	5점
	C3. 계약 체결 및 서비스 변경	6점
	C4. 서비스 제공 및 모니터링	12점
	C5. 서비스 연계 및 종료	6점
	C6. 사업평가	4점
D. 서비스 성과 (3개, 30점)	D1. 이용자 유지율	3점
	D2. 이용자 만족도	25점
	D3. 제공인력 만족도	2점
E. 현장평가단 (3개, 6점)	E1. 평가 전반	6점
F. 평가일치도 (1개, 4점)	F1. 자체평가와 현장평가 일치도	4점
계		100점

4. 서비스 질 관점의 성과관리 도구

사회복지조직의 성과 측정과 관리는 다양한 차원에서 논의될 수 있다. 사회복지조직의 주요 성과는 서비스 이용자에게 미친 영향이다. 이는 전통적으로 효과성 및 효율성의 관점에서 투입된 시간, 에너지, 비용을 고려하여 측정된 반면, 최근에는 효과성 혹은 효율성 이상의 무엇이라는 전제를 기반으로 접근되고 있다(강철희 · 정무성, 2002). 사회복지영역에서 효과성과 효율성 중심의 평가가 가지는 한계를 보완하는 대표적인 접근인 서비스 질 관점을 반영한 평가 방법으로는 총체적 품질경영(Total Quality Management: TQM)[5], 질 산출(quality output) 및 SERVQUAL(service quality) 방식 등이 논의 · 적용되어 왔다. 이 절에서는 서비스 질에 대한 이해와 통찰을 제공하며, 사회복지조직에 높은 적용성을 가지고 활용되고 있는 SERVQUAL 모델을 중심으로 살펴본다.

SERVQUAL 모델은 집단에 대한 초점집단면접(focus group interview)을 통해 서비스 질에 영향을 미치는 열 가지 결정 요소로 유형성, 신뢰성, 반응성, 능력, 예절, 신용성, 안정성, 접근가능성, 커뮤니케이션, 고객 이해를 제안하였다(〈표 8-7〉 참조). 이 열 가지 요소는 추후 유형성, 신뢰성, 반응성, 확신성, 공감성의 다섯 가지 요소로 압축되었는데, 여기서 확신성(assurance)은 능

표 8-7 서비스 질의 결정 요소

결정 요소		정의
유형성		물리적 시설, 장비, 서비스 제공자의 용모 및 복장
신뢰성		약속한 서비스를 정확하고 믿을 수 있게 수행하는 능력
반응성		고객을 기꺼이 돕고 신속한 서비스를 제공하는 것
확신성	능력	필요한 기술 소유 여부와 서비스를 수행할 지식 소유 여부
	예절	고객이 접촉하는 종업원의 정중함, 존경, 배려, 친근함
	신용성	서비스 제공자의 신뢰성, 정직성
	안정성	위험 및 의심의 가능성이 없는 상태
공감성	접근가능성	접촉가능성과 쉬운 접근성
	커뮤니케이션	고객들이 이해하기 쉬운 말로 이야기하고, 고객의 말을 경청하는 것
	고객 이해	고객의 욕구를 알기 위해 노력하는 것

출처: Parasuraman et al.(1985); Zeithaml et al.(1990).

5) 이봉주 · 이선우 · 백종만(2012), pp. 394-399에서 재구성.

력, 예절, 신용성, 안정성을 포괄하며, 공감성은 접근가능성, 커뮤니케이션, 고객 이해를 포괄한다(Zeithaml et al., 1990).

SERVQUAL 모델에 따르면, 고객이 인지한 서비스 질은 기대 수준과 실제로 인지된 서비스 질의 부합 정도에 의해 결정되므로(Parasuraman et al., 1985), 높은 서비스 질을 위해서는 고객의 기대에 부응하거나 그보다 높은 수준의 서비스를 제공해야 한다. 따라서 기대 수준 또한 서비스 질을 결정하는 중요한 요소인데, 고객의 기대 수준은 구전(word of mouth), 개인적 욕구 수준, 과거의 경험, 외부와의 커뮤니케이션 등에 의해 결정된다.

SERVQUAL 모델은 서비스 질의 개념과 구성요소를 규정하고 나아가 측정도구를 제안했다는 점에서 의미를 갖는다. 하지만 기대와 인지의 불일치를 통해 서비스의 질을 설명함으로써 기대의 중요성을 지나치게 강조한다는 점, 서비스 질을 결정하는 요소를 일부만 반영한다는 점, 전달된 서비스는 배제하고 서비스의 전달 과정만을 고려한다는 점 등은 한계로 지적된다.

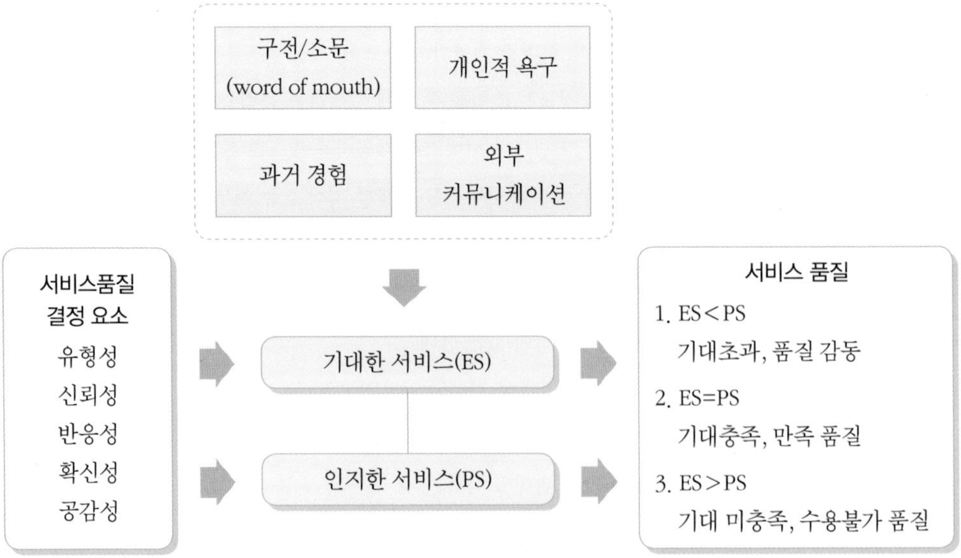

[그림 8-3] SERVQUAL 모델

출처: Parasuraman et al.(1985).

5. 사회복지조직의 성과관리를 위한 대안적 도구

사회적 요구의 증대와 다원화에 따라 사회서비스 또한 다원화되고 그 양도 증가하고 있다. 사회서비스를 제공하는 주체 또한 전통적 사회복지조직을 포함하여 사회서비스 바우처 기관, 사회적경제 조직, 자선조직 등으로까지 다양화되고 있다. 이에 재원 또한 대부분을 정부에 의존하던 과거와 달리 이용자, 개인기부 · 후원자, 기업기부후원자, 자선단체 등으로부터 다양한 방식으로 자원을 확보하고 자원 활용에 대한 책임성 검증을 요구받고 있다.

이에 비영리조직들은 그들의 이해관계자들에게 그들이 창출한 성과를 증명하기 위해 다양한 방법을 모색해 왔는데, 그 과정 속에 제안된 도구 중 이 절에서는 균형성과표(balanced score card: BSC)와 사회적 투자 수익률(social return on investment: SROI)을 검토한다. 균형성과표와 사회적 투자 수익률은 사회적 가치를 측정할 수 있는 최선의 방법을 찾아가는 과정 속에 제안된 기법들이지 완성된 평가지표는 아니나, 발생시킨 사회적 가치 또한 중요한 성과라는 인식을 바탕으로 재무적 가치와 함께 비재무적 가치의 균형 잡힌 고려, 사회적 가치를 재정적으로 환산하려는 노력 속에 제안된 평가도구라는 점에서 의미를 가진다.

1) 균형성과표

균형성과표는 Kaplan과 Norton(1992, 1993)에 의해 1990년대 초반 재무적 지표 중심의 전통적 성과평가시스템의 한계를 지적하며 등장하였다. 전통적 성과평가시스템은 단기적 관점을 가지고 조직의 지난 활동을 평가함으로써 재무적 지표 중심인 반면, 균형성과표는 장기적 · 미래지향적 관점을 가지고 급변하는 환경을 고려하여 활동 과정 내에서 성과를 측정하는 과정적 특성을 갖는다. 또한 주주 외에도 고객, 종사자 등 다양한 이해관계자의 관점을 반영하여 재무적 측면 외에도 학습 및 성장, 내부 프로세스, 고객 차원을 포괄적으로 평가함으로써 조직의 전략 수립과 실행에 도움을 준다. 균형성과표는 조직의 활동으로 인한 성과가 기대된 성과를 달성하였는지를 판단하기 위해 학습 및 성장, 내부 프로세스, 고객, 재무적 관점의 네 가지 측면을 고려하는데, 각 관점의 주요 질문과 측정지표는 〈표 8-8〉과 같다.

균형성과표는 영리조직을 대상으로 개발되었으나, 그 특징이 공공 및 비영리 조직과 부합하는 부분이 많아 정부, 공공기관, 병원, 대학교, 공공도서관 등 공공 및 비영리 영역으로의 적용이 확대되어 왔다. 이처럼 균형성과표의 적용 정도와 범위가 넓어지면서 개념, 측정도구, 관점 간의 인과관계 또한 점차 정교하게 발전되어 왔다. 균형성과표를 연구해 온 주요 학자들은 [그림 8-4]에서 볼 수 있듯이 균형성과표의 관점별 인과관계를 제시해 왔는데, Kaplan과 Norton(2004)은 영리조직의 경우 학습 및 성장을 통한 구성원들의 역량 강화가 조직의 내부 프로세스에, 내부 프로세스의 향상이 고객 만족에,

표 8-8 균형성과표의 네 가지 관점별 주요 질문과 측정지표

관점	주요 질문	측정지표
학습 및 성장	(비전을 성취하기 위해) 어떻게 우리의 능력을 변화시키고 개선할 수 있도록 유지해야 하는가?	구성원의 역량, 구성원의 만족, 정보의 이용가능성
내부 프로세스	(주주와 고객들을 만족시키기 위해) 어떤 과정을 추진해야 하는가? 우리가 반드시 해야 하는 것은 무엇인가?	고객 관리, 조직 운영, 조직 규범, 조직문화
고객	(우리의 비전을 성취하기 위해) 우리는 고객들에게 어떻게 보여야 하는가? 우리의 주된 고객은 누구이며, 그들에게 서비스를 제공하는 데 있어 우리의 중심 가치는 무엇인가?	고객 만족도, 고객 확보율, 고객 유지율
재무	(재무적으로 성공하기 위해) 우리는 주주들에게 어떻게 보여야 하는가?	이익률, 원가 절감, 자산 활용

고객 만족이 재무적 성과에 영향을 미치는 인과관계를 가지는 반면, 영리 추구가 아닌 미션 달성을 목적으로 하는 공공 및 비영리 조직의 경우 구성원의 학습 및 성장이 내부 프로세스에, 내부 프로세스가 고객과 책임성에 영향을

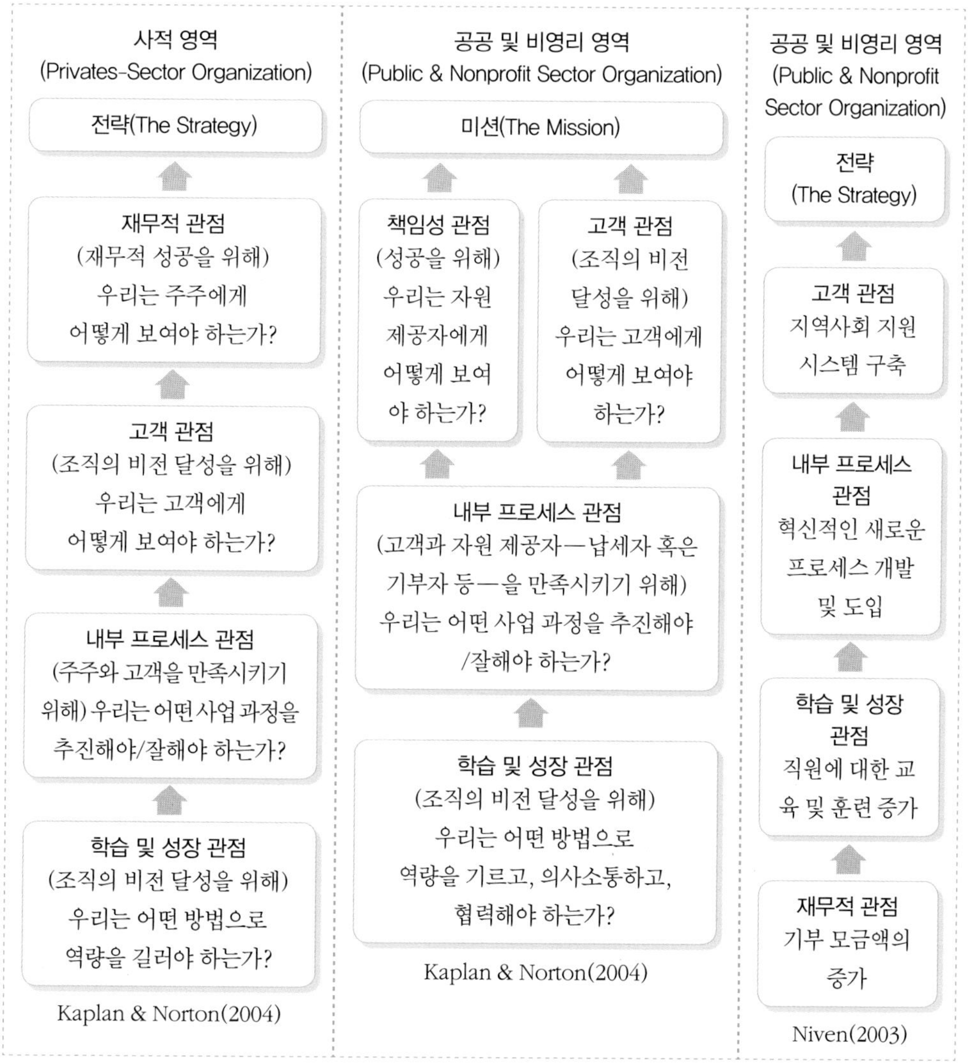

[그림 8-4] 균형성과표의 네 가지 관점에 대한 인과관계

출처: 최상미(2007).

미치는 인과관계를 가진다고 제안한 바 있다.

반면, Niven(2003)은 공공 및 비영리 조직의 경우 재정적 관점이 구성원의 학습 및 성장에, 학습 및 성장이 내부 프로세스에, 내부 프로세스가 고객에 영향을 미치는 모형을 제안하였다. Niven이 제안한 모형은 공공 및 비영리 영역의 조직들이 미션을 추구하는 과정에서 가장 중요한 관점을 고객 관점으로 보는데, 이는 이 영역에서 활동하는 조직들의 역할은 궁극적으로 고객을 지원하기 위한 것이라는 의미를 내포한다(최상미, 2007). 같은 맥락에서 Arveson(2003)은 사적 영역과 공공 및 비영리 영역에서 전략에 대한 서로 다른 접근법이 필요함을 주장하였다. 영리 영역의 경우 일반 전략 목표(general strategic goals)는 경쟁력(타 경쟁기관과의 차별성), 재무적 목표는 이익 및 성장, 시장 점유율, 이해관계자는 주주, 구매자, 직원이지만, 공공 및 비영리 영역에서의 일반 전략 목표는 미션의 달성, 양질의 서비스 제공, 재무적 목표는 생산성, 효율성, 가치, 이해관계자는 자원제공자, 납세자, 입법자, 수혜자를 의미한다(최상미, 2007에서 재인용).

균형성과표는 재무적 지표뿐 아니라 학습 및 성장, 고객, 내부 프로세스와 같은 비재무적 지표를 포괄적으로 고려한다는 점에서 다양한 이해관계자의 관점을 반영하고 조직과 구성원의 활동과 조직 성과 간의 관련성을 제안하였다는 의미를 가진다. 또한 이러한 측면에서 균형성과표는 비재무적 가치의 중요성이 강조되는 비영리조직에 높은 적용 가능성을 가진다.

2) 사회적 투자 수익률

로버츠 기업 개발 기금(Roberts enterprise development fund: REDF)[6]에 의해

6) REDF는 1997년 설립된 벤처형 사회공헌단체이다. 샌프란시스코에 거점을 두고 있으며, 사회적기업의 확대를 위해 캘리포니아의 비영리단체에게 주식형의 자금원조나 사업 지원 등의 활동을 하

2000년 처음 도입되어 The SROI Network에 의해 국제 표준 지표화되고 있는 사회적 투자수익률(social return on investment: SROI)은 한 조직이 창출하는 경제적 · 환경적 · 사회적 가치 결과물을 측정함으로써 변화를 이야기하고 이를 화폐적 가치로 추정하는 평가 기법이다(조영복 · 류정란, 2014). SROI를 통해 조직들은 그들의 활동으로 발생한 사회적 가치를 측정하거나, 발생할 사회적 가치를 예측할 수 있다(The SROI Network, 2012).

SROI의 산출식은 연구자에 따라 상이하게 제안되고 있는데, 영국의 The New Economics Foundation(NEF)이 제안한 산출식은 가장 기본적인 형태로 투자대비 효과로 성과를 보되 성과에 사회적 가치를 포함하는 SROI의 의미를 가장 잘 보여 준다. 즉, 전통적인 투자수익률(return on investment: ROI)과 비교한 SROI의 차별성은 현재 가치에 전통적으로 고려되어 온 경제적 가치에 사회적 가치를 포함하여 고려한다는 것이다. SROI 산출식에 의하여 투자의 현재가치에 대한 효과의 현재가치의 비율이 2:1이라면, 이는 1만 원의 투자를 통해 2만 원의 경제적 가치와 사회적 가치가 발생하였음을 의미한다.

$$\text{SROI} = \frac{\text{효과의 현재 가치}}{\text{투자의 현재 가치}} = \frac{(\text{경제적 가치}+\text{사회적 가치})}{\text{총 투자}}$$

SROI는, 첫째, 조직의 활동으로 인해 발생하는 사회적 가치를 극대화하기 위한 전략적 논의가 가능하도록 돕고, 둘째, 조직 활동으로 발생한 긍정적 · 부정적 외부효과를 관리하는 데 도움을 주며, 셋째, 조직의 활동에 기여한 다

고 있다. REDF는 엄격한 기준으로 성과가 양호한 비영리단체를 선정하고 있으며, 이를 통해 영리단체뿐 아니라 자금제공자, 사회적기업의 입지지역에게도 정보를 공개하고 있다. 2013년 기준으로 REDF가 지원한 50개의 사회적기업은 6,500명을 고용하고, 1억 1,500만 달러 이상의 수익을 거두고 있는데 SROI의 개념은 이와 같은 활동의 맥락에서 사회적 가치의 창출을 투자자에게 가시적으로 보여 주기 위해 제안되었다(신창균, 2013).

른 조직 혹은 사람들에게 조직 활동의 중요성을 입증할 수 있도록 돕는다. 넷째, 조직이 달성하고자 하는 것과 이해관계자들이 달성하고자 하는 것 사이의 공통점을 찾음으로써 사회적 가치 극대화에 기여하고, 다섯째, 서비스 공급자와 수혜자의 소통을 촉진시켜 의미 있는 서비스를 기획할 수 있는 근거를 제시할 수 있다는 장점을 갖는다. 게다가 SROI는 조직 활동의 사회적 영향력을 화폐가치로 표현하는 방법론을 제안하기 때문에 사회적기업, 일반 기업뿐 아니라 사회적 · 환경적 성과를 내는 다양한 비영리 단체, 공공기관 등에 높은 활용 가능성을 가진다(이승규 · 라준영, 2010). 하지만 이러한 장점들에도 불구하고 사회적 가치라는 무형의 성과를 측정하는 데에서 오는 어려움 때문에 정교한 산출식의 개발과 적용은 활발한 논의에 비해 쉽게 이루어지지 않고 있는 실정이다.

(사회적) 성과 측정 도구들

Acumen Scorecard

Atkinsson Compass Assessment for Investors(ACAFI)

Balanced Scorecard(BSC)

Best Available Charitable Option(BACO)

BoP Impact Assessment Framework

Center for High Impat Philanthropy Cost per Impact

Charity Assessment Method of Performance(CHAMP)

Foundation Investment Bubble Chart

Hewlett Foundation Expected Return

Local Economic Multiplier(LEM)

Measuring Impact Framework(MIF)

Millennium Development Goal scan(MDG−scan)

Measuring Impacts Toolkit

Participatory Impact Assessment
Poverty Social Impact Assessment(PSIA)
Public Value Scorecard(PVSc)
Robin Hood Foundation Benefit–Cost Ration
Social Compatibility Analysis(SCA)
Social Costs–Benefit Analysis(SCBA)
Social Cost–Effectiveness Analysis(SCEA)
Social e–valuator
Social Footprint
Social Impact Assessment(SIA)
Social Return Assessment(SRA)
Social Return On Investment(SROI)
Socio–Economic Assessment Toolbox(SEAT)
Stakeholder Value Added(SVA)
Toolbox for Analysing Sustainable Ventures in Developing Countries
Wellventure Monitor

출처: Maas & Likert (2011); Potma (2016).

생각해 보기

1. 사회서비스의 어떠한 특성이 사회복지조직의 성과관리를 어렵게 하는가?
2. 사회복지조직에서 성과관리의 중요성이 강조되는 이유는 무엇일까?
3. 서울형 사회복지시설평가 시도의 의미는 무엇일까?

참고문헌

강철희 · 정무성(2002). 사회복지서비스 기관의 조직성과에 관한 연구: 서울시 지역사회복지관의 질 산출(quality output)을 중심으로. **한국사회복지학**, 49(5), 343-378.

보건복지부 · 사회보장정보원(2018). 2018년도 사회복지시설평가 사회복지관 평가지표. 2018년도 사회복지시설평가 평가지표 설명회 자료집.

신창균(2013). 사회책임투자(SRI)와 사회투자수익률(SROI). 한국기업지배구조원. 토픽 분석.

양난주(2014). 사회복지시설평가 15년을 평가한다. **한국사회복지행정학회 학술대회 자료집**, 5-31.

오상환(2014). 사회적기업의 창출 가치에 관한 연구. 부산대학교 행정대학원 석사학위논문.

유삼희(2004). 사회복지서비스의 품질평가에서 SERVQUAL 척도의 검증. **문명연지**, 5(1), 177-223.

이봉주 · 이선우 · 백종만(2012). **사회복지행정론**. 경기: 나남.

이선우 · 최상미(2002). 사회복지시설평가의 현실과 개선방안: 장애인복지시설을 중심으로. **사회복지 정책**, 15, 133-154.

이승규 · 라준영(2010). 사회적기업의 사회경제적 가치 측정: 사회투자수익률(SROI). **벤처경영연구**, 13(3), 41-56.

정병오(2012). 사회복지 인적자원의 전문성 향상과 시설평가의 발전방향. 한국사회복지학회 추계학술대회 발표논문.

정원식(2009). 사회적기업 성과 측정에 관한 연구. 부산대학교 대학원 석사학위논문.

조영복 · 류정란(2014). 사회적기업의 사회적 가치 측정, 그 방법과 발전방향의 모색-SROI의 우수성을 중심으로. **한국인적자원관리학회**, 21(3), 475-494.

지은구(2011). BSC모델의 특성과 한계: 비영리사회복지조직 성과측정을 중심으로. **사회과학논총**, 30(1), 285-312.

지은구(2015). **비영리조직 성과관리**. 서울: 나눔의집.

최상미(2007). 한국 사회복지기관의 성과관리를 위한 균형성과표(BSC)의 도입 가능성에 관한 고찰. **서울도시연구**, 8(4), 189-209.

최재성(2001). 사회복지분야의 평가 경향과 과제. **한국사회복지행정학**, 4(6), 89-115.

Armstrong, M., & Baron, A. (2005). Managing performance: performance management in action. CIPD publishing.

Arveson, P. (2003). A balanced Scorecard for City & County Services. Balanced Scorecard Institute. www.balancedscorecard.org

Campbell, D. T. (1969). Reforms as experiments. *American Psychologist, 24*, 409-429.

Harbour, W. (2009). The relationship between institutional unit and administrative features of disability services offices in higher education. *Journal of Postsecondary Education and Disability, 21*(3), 138-154.

Kaplan, R. S., & Norton, D. P. (1992). The Balanced Scorecard: Measures that drive performance. *Harvard Business Review*, 1992(Jan-Feb), 71-79.

Kaplan, R. S., & Norton, D. P. (1993). Putting the balanced scorecard to work. *Harvard Business Review*, 1993(Sept-Oct), 134-142.

Kaplan, R. S., & Norton, D. P. (2004). *Strategy maps: Converting intangible assets into tangible outcomes*. Boston: Harvard Business School.

Maas, K., & Likert, K. (2011). Social impact measurement: Classification of methods. In R. L. Burritt et al. (Ed.), *Environmental management accounting and supply chain management* (pp.171-200). Amsterdam: Springer.

Nicholls, J., Lawlor, E., Neitzert, E., & Goodspeed, T. (2010). **SROI 사회적 투자수익률 측정 가이드**(조영복, 류정란 공역). 서울: 시그마프레스. (원전은 2009년에 출판).

Niven, P. R. (2003). *Balanced scorecard step-by step for government and nonprofit agencies*. John Wiley & Sons, Inc.

Parasuraman, A., Zeithaml, V. A., & Berry, L. L. (1985). A Conceptual model of service quality and its implications for future research. *Journal of Marketing, 49*(4), 41-50.

Parasuraman, A., Zeithaml, V. A., & Berry, L. L. (1988). SERVQUAL: A Multiple-Item Scale for Measuring Consumer Perceptions of service Quality. *Journal of Retailing, 64*(1), 12-40.

Potma, L. (2016). *Social impact measurement methods*. University of Amsterdam.

The SROI Network (2012). *A guide to Social Return on Investment*. The SROI Network.

Van Dooren, W., & Van de Walle, S. (Eds.). (2016). Performance information in the public sector: How it is used . UK: Springer.

Zeithaml, V. A., Parasuraman, A., & Berry, L. L. (1990). Delivering quality service: Balancing customer perceptions and expectations . Simon and Schuster.

사회보장정보원. https://www.ssis.or.kr

사회복지시설정보시스템. https://www.w4c.go.kr

서울시복지재단. 서울형 사회복지시설평가 안내. https://www.welfare.seoul.kr/business/assessment/

제3부

사회복지조직의 자원관리

제9장

사회복지조직의 인적자원관리

사회복지조직이 제공하는 서비스는 주로 종사자에 의해 기획되고 전달된다. 그렇기에 서비스의 질은 종사자가 결정한다고 해도 과언이 아니다. 즉, 종사자가 사회복지조직의 성과 달성에 있어서 핵심적인 역할을 한다는 점에서 사회복지조직의 인적자원관리는 매우 중요하다. 이 장에서는 사회서비스의 질을 결정하는 인적자원을 어떻게 관리해야 하는지 이해한다. 또한 사회복지 종사자 일자리의 질과 노동자로서 사회복지사의 권리보장 수준과 개선방향에 대해 검토한다.

주요학습내용

1. 사회복지조직 인적자원관리의 정의와 핵심 구성요소
2. 사회복지조직의 리더십과 슈퍼비전
3. 노동자로서 사회복지 종사자의 권리보장

1. 사회복지조직 인적자원관리의 정의와 핵심 구성요소

조직 내 종사자 관리는 전통적으로 인사관리라는 명칭 아래 논의되어 왔으나, 종사자를 노동력을 제공하는 생산요소의 하나로서 기계적으로 통제하는 데 중점을 둔 인사관리는 여러 한계를 드러내 왔다. 이에 종사자 관리에 대한 패러다임이 변화하고 있는데, 새로운 패러다임이 바로 인적자원관리이다.

인적자원관리는 조직구성원을 조직 내 부분 업무를 담당하는 자로만 보는 것이 아니라 업무수행자이자 조직발전에 기여할 미래의 인적자원으로 인식한다. 전통적 인사관리에서는 업무와 관련된 부분에 한하여 종사자를 관리하였던 것과 비교하여 인적자원관리는 종사자의 업무뿐만 아니라 종사자의 잠재적 능력을 개발하기 위해 조직적 노력을 기울인다. 즉, 인적자원관리란 인적자원으로서의 종사자가 조직의 목적 달성에 기여할 수 있도록 이들을 효율적 · 효과적으로 관리하는 것을 말한다. 인적자원관리의 구성요소는 학자별로 다소 상이하나 전반적으로 종사자 모집에서부터 이직 및 유지관리까지의 내용을 포함하고 있으며, 구성요소별로 상호연관성이 높은 편이다. 이 장에서는 인적자원관리의 구성요소를 종사자 모집과 채용, 종사자 사전교육, 직무분석과 업무분장, 성과평가체계, 종사자 교육 및 경력 개발, 보상관리, 이직 및 유지관리로 구분하여 살펴본다.

종사자가 조직의 핵심 기술이자 자원인 사회복지조직은 여느 조직보다 인적자원관리가 조직의 생존과 발전에 영향을 미치기에 사회복지조직에서 인적자원관리는 중요한 조직관리요소라고 할 수 있다. 그러나 현재 사회복지조직이 가진 불충분한 보상체계, 충분하지 못한 교육 및 경력개발 체계 등의 인적자원관리 차원의 문제들은 질 높은 인적자원의 조직이탈을 증가시키고,

조직유입을 감소하는 요인이 되고 있다. 이에 인적자원관리에 대한 이해를 높일 필요가 있다.

1) 종사자 모집과 채용

조직은 새로운 종사자가 필요할 때 종사자 모집과 채용을 진행한다. 종사자 모집은 조직에 기여할 수 있는 잠재적 역량을 갖춘 사람을 찾아내는 과정으로, 내적 모집과 외적 모집이 있다. 내적 모집은 조직 내부에서 관심역량을 갖춘 종사자를 찾는 것으로 조직 내부에서 그러한 종사자를 찾게 되면 업무재분장을 통해 종사자의 업무를 재배치한다. 외적 모집은 조직 외부로부터 관심역량을 갖춘 종사자를 찾는 것으로, 채용과정을 통해 종사자를 모집한다.

외적 모집 시 실시하는 채용은 조직에서 요구하는 능력을 갖춘 사람을 구별하여 조직에 입사시키는 과정이다. 채용결정을 위한 도구에는 인터뷰, 추천서, 이력서, 신체검사, 인지능력검사, 성격검사, 직업능력검사, 정직성검사, 약물검사 등이 있는데, 각 도구별 신뢰도와 타당도는 〈표 9-1〉과 같다.

표 9-1 채용방법에 대한 평가표

채용방법	신뢰도	타당도
인터뷰	낮음	낮음
추천서	낮음	낮음
이력서	높음	높음
신체검사	높음	중간
인지능력검사	높음	중간
성격검사	높음	낮음
직업능력검사	높음	높음
정직성검사	아직은 논란의 여지가 존재함	아직은 논란의 여지가 존재함
약물검사	높음	높음

출처: 황성철 · 정무성 · 강철희 · 최재성(2014).

조직은 채용 시 대개 복수의 도구를 활용한다. 가장 일반적인 도구는 이력서와 인터뷰이지만, 그 외에도 필요에 따라 여러 도구를 활용한다. 사회복지조직의 경우 인터뷰, 추천서, 이력서 등을 주로 활용하고, 경우에 따라 신체검사, 성격검사 등을 실시하기도 한다.

채용 시에는 채용형태도 결정해야 하는데, 채용형태는 크게 정규직과 비정규직으로 구분된다. 비정규직은 노동유연성 확보, 인건비의 절감, 인적자원관리비용의 절감 등의 장점을 갖고 있으나, 동시에 고용불안 및 차별, 노동시장의 양극화 문제를 초래한다는 단점도 갖고 있다. 사회복지조직의 경우 타 산업분야에 비하여 비정규직 문제가 심각한 편은 아니다. 그러나 예산의 부족으로 정규직 일자리가 필요함에도 불구하고 비정규직 일자리를 만드는 경우가 있고, 동일노동 동일임금 원칙이 지켜지지 않는 경우도 있다. 따라서 사회복지조직은 직무분석을 통해 비정규직 일자리의 필요성을 검토하여 채용형태를 결정하고, 비정규직과 정규직의 일자리 질의 격차를 해소하기 위한 노력을 기울여야 한다.

2) 종사자 사전교육

종사자를 채용하고 나면, 종사자 사전교육을 실시하게 된다. 종사자 사전교육은 조직구성원을 사회화하는 과정으로, 새로운 종사자가 조직을 이해하고 조직에 기여할 수 있도록 돕기 위해 제공되는 사회화 기제의 하나이다(Noe, Hollenbeck, Gerhart, & Wright, 1997). 종사자 사전교육은 네 가지 내용이 포함되어야 한다. 첫째, 조직에 대한 거시적 이해 제고를 위해 조직의 미션과 비전, 역사, 기본정책 및 규정, 직무, 주요 외부 자원 등 조직에 대해 설명해야 한다. 둘째, 조직에 대한 중시적 이해의 제고를 위해 소속 부서에 대한 사전교육이 필요하다. 소속 부서의 조직 내 위치와 기능, 소속 부서원 소개 등을 통해 소속 부서와 조직과의 관계, 소속 부서에 대한 이해를 높여야 한다. 셋째, 조직에 대한 미시적 이해의 제고를 위해 종사자의 과업과 조직 및 소속 부서 내의 종사자의 위치, 슈퍼비전 체계 등에 대해 설명해야 한다. 넷째, 노동환경에 대한 설명을 통해 조직만족도를 높여야 한다. 노동시간, 임금체계, 성과평가체계, 보상체계, 경력개발체계 등에 대한 충분한 정보를 제공하고, 이를 통해 조직에 오랜 기간 일하고 싶도록 만들어야 한다. 이러한 내용들이 사전교육에서 종사자에게 전달되기 위하여 사전교육은 형식적이 아닌 체계적으로 기획 및 실행되어야 한다.

3) 직무분석과 업무분장

직무분석은 조직이 운영되는 데 필요한 과업들을 분석하는 과정으로, 직무에서 수행하는 과제나 활동을 파악하는 과제 중심 직무분석(직무기술서 작성 가능)과 직무를 수행하는 데 필요한 인간의 역량을 가지고 분석하는 작업자 중심 직무분석(직무명세서 작성 가능)이 있다. 직무분석은 관찰, 개인 인터뷰, 집단 인터뷰, 설문조사, 전문가 초청 회의 등의 방법을 통해 실행가능하다.

직무분석은 다음과 같은 효용성이 있다. 먼저, 누가 채용되어야 하는지를 명료화하고, 업무에 대한 기대가 명확해지며, 종사자의 성과평가를 가능하게 만든다. 또한 종사자 이직 시 업무를 지속적으로 유지할 수 있도록 돕고, 채용의 필요성을 파악할 수 있다. 그리고 모니터링을 통해 업무를 효율적으로 재조정할 수 있으며, 종사자의 교육과 개발의 내용을 정할 수 있고, 성과와 보상의 형평성을 확인할 수 있으며, 핵심업무와 주변업무를 확인하여 직무를 분류할 수 있게 한다. 보통 조직의 조직도를 보면 전반적인 직무와 직무에 필요한 인적자원을 확인할 수 있다.

4) 성과평가 체계

성과평가는 종사자 차원에서는 업무동기부여에 영향을 미치고, 조직 차원에서는 조직 성과의 효율성을 확인하고 그에 대한 제고방안을 마련하는 데 근거를 제공해 준다는 점에서 중요하다. 특히 사회복지조직에서는 성과평가를 통해 서비스의 수준을 파악할 수 있고, 성과를 높이려는 노력을 통해 서비스 이용자의 욕구를 충족시킬 수 있다는 점에서 더욱 중요하다.

종사자 성과평가 체계는 공정성과 객관성을 고려하여 구축될 때 종사자의 업무동기를 강화시킬 수 있는데, 사회서비스의 경우 성과를 객관화하기 어렵다는 점을 고려하여 성과평가가 이루어져야 한다. 성과평가의 대표적인 방법은 목표관리법(MBO: 목표를 설정해서 이에 대한 결과를 평가하는 방법)이지만 균형성과표(BSC: 재무, 고객, 프로세스, 학습과 성장의 차원에서 장단기 성과를 동시

표 9-2 평가정보의 원천에 따른 분류

평가정보 원천	장점	단점
상급자 (supervisor or managers)	• 다른 평가자의 정보보다 정확 (직무에 대한 이해가 높다는 것을 전제)	• 평가대상자의 특정 상황에 대한 이해 부족 • 평가자의 편견에서 자유롭지 못함
동료 (peers)	• 평가대상자의 특정 상황에 대한 이해도가 높음	• 평가대상자와의 친밀도에 영향을 받음 • 평가 이후 동료관계에 영향을 줄 수 있음
하급자 (subordinates)	• 상급자의 하급자 관리역량평가에서 활용도가 높음	• 하급자는 상급자의 권력에서 자유롭지 못함
자기자신 (self)	• 자기점검을 통한 자기통제의식 제고 • 평가대상자의 참여를 바탕으로 직무내용 및 수준 확인 가능	• 자기자신에 대한 과대평가 경향
고객 (customers)	• 고객 욕구를 확인하는 데 있어 효과	• 비용이 많이 소요 • 대표성 있는 고객을 선정하는 어려움

출처: 황성철 외(2014).

에 관리하는 방법)도 최근 들어 활용도가 늘어나고 있다. 또한 예전에는 성과에 대한 평가정보의 원천이 주로 상급자였다면, 최근에는 다양한 원천으로부터 평가정보를 획득하고 종합하여 성과를 평가하는 다면평가가 확대되는 추세이다. 〈표 9-2〉에 제시되었듯이 평가정보의 원천에 따라 장단점이 존재하므로, 이를 고려하여 성과평가정보의 원천을 결정해야 할 것이다.

또한 성과평가 시 문제가 발견되는 경우, 이 문제의 원인이 개인적 요인인지 조직적 요인인지를 파악하는 것이 중요하다. 예를 들어, 어떠한 사회복지사의 성과가 낮게 평가되었는데 그 원인은 사회복지사의 역량 부족이나 실수라기보다는 업무수행을 위한 예산의 부족 때문이었을 수도 있다. 만약 그 원인이 조직에 있을 경우, 문제의 책임을 모두 개인에게 전가해서는 안 될 것이다.

5) 종사자의 교육 및 경력 개발

종사자 관리의 패러다임이 인사관리에서 인적자원관리로 전환되면서 종사자의 교육 및 경력 개발은 더 중요해졌다. 이전에는 업무수행에 필요한 교육만 실시되었다면, 현재는 현재와 미래의 업무역량 강화를 목적으로 현재 업무에 필요한 교육과 함께 앞으로 필요한 업무를 위한 교육도 실시하고 있다. 한편, 업무와 별개로 자기계발을 지원하기 위한 교육 역시 실시되고 있다. 자기계발 교육은 종사자의 복리후생의 차원에서 실행되는 것으로, 자기계발 교육을 통해 종사자는 직장 외 또는 노후에 필요한 역량을 개발할 수 있고, 조직은 종사자들의 조직헌신도를 높일 수 있다.

사회복지조직도 업무역량 강화를 위한 교육과 자기계발을 위한 교육을 제공하고 있는데, 그 수준이 아주 만족스러운 편은 아니다. 2008년 「사회복지사업법」이 개정되면서 사회복지법인 및 사회복지시설에 종사하는 종사자는 연간 8시간 이상의 보수교육이 의무화되었다. 현재 교육의 양은 적지 않지만 질은 여전히 논쟁적인 상황이므로 향후 종사자를 위한 양질의 교육이 개발될 필요성이 있다.

종사자의 개발을 위해서는 공식적인 교육 이외에도 슈퍼비전, 멘토십, 업무경험 다각화 등의 방법을 사용할 수 있다. 특히 무형의 서비스를 제공하고, 변동상황이 많이 발생하는 사회복지조직에서는 슈퍼비전이나 멘토십이 중요한 종사자 개발 방법으로 제시되고 있다. 또한 순환근무 등을 통한 업무경험의 다각화는 종사자의 역량을 다양화하며 다양한 상황에서 효율적으로 대응하는 데 도움을 준다.

6) 종사자에 대한 보상관리

종사자는 자신의 업무성과에 따른 적절한 보상이 있을 때 업무동기가 강화되고 조직 헌신도가 제고되기에 조직은 다양한 금전적 보상과 비금전적 보상제도를 마련하여 운영한다. 먼저, 금전적 보상은 임금과 같은 직접보상과 사회보험, 교육/건강/문화시설 등의 복리후생과 같은 간접보상으로 구성된다. 한편, 비금전적 보상에는 재량권 확대, 교육 및 훈련 기회 제공, 승진기회 제공 등의 직무관련보상과 쾌적한 직무환경, 변동적 시간근로제, 휴가, 안식제 등의 직무환경보상이 포함된다. 그 외에 인센티브는 금전적인 특성과 비금전적인 특성을 모두 갖고 있는데, 인센티브에는 보너스와 복리후생제도가 포함된다. 사회복지조직의 보상체계는 정치적으로 보완되고 있으나 여전히 불충분한 보상 문제를 갖고 있다. 그렇기에 사회복지조직은 금전적 및 비금전적 보상을 혼합하여 다양한 형태의 보상체계를 수립 및 운영해야 할 필요가 있다.

최근에는 능력과 성과에 따라 임금이 산정되는 연봉제가 늘어나는 추세이다. 연봉제는 종사자의 동기부여에 효과적이긴 하나, 평가체계가 공정하고 객관적이어야만 동기부여 효과가 발생한다. 공정한 평가제도가 아닌 경우 오히려 종사자들의 사기가 저하되고, 종사가 간의 갈등, 불건전한 경쟁이 야기될 수 있다. 따라서 사회복지조직에서 연봉제를 도입한다면 비가시적이며 공급과 동시에 소멸하는 등 사회서비스의 특성에 대한 고려가 수반되어야 한다.

7) 종사자 이직 및 유지관리

사회복지조직은 저임금, 장시간 근로, 불충분한 슈퍼비전, 불충분한 교육 및 훈련 등으로 인하여 직원 유지가 어려운 상황이다. 많은 사회복지 종사자 관련 연구에서는 사회복지 종사자들이 높은 직무스트레스, 낮은 직업만족, 낮은 조직몰입, 소진, 감정부조화 등을 경험하면서 이직 의도가 높아지고, 심해지면 이직을 시도하게 된다고 보고하고 있다. 또한 조직 내 소수 종사자에 대한 차별이나 배제 역시 종사자의 이직 의도에 영향을 미친다. 특히 외국인 신입 종사자가 증가하고, 다양한 전공의 전문가들이 협력하는 기회가 증가하고 있는 상황에서 조직은 다양성 관리를 통해 종사자 유지관리에 힘써야 한다. 종사자의 유지는 서비스의 질과 연관된다는 점에서 앞으로 사회복지조직은 노동환경을 개선하고, 종사자의 심리적 요인과 다양성을 관리하여 종사자 유지를 도모해야 한다.

2. 사회복지조직의 리더십과 슈퍼비전

1) 리더십

현실에서 경영자와 리더의 개념은 조직의 우두머리를 의미하는 개념으로 혼용되고 있지만, 엄밀한 의미에서 경영자와 리더의 역할에는 차이가 있다. 경영하는 사람을 의미하는 경영자의 주요 역할은 조직의 운영과 관련이 깊은데, 조직이 존속할 수 있도록 정책과 절차, 권위 등을 활용하여 조직 운영을 순조롭게 하는 것이다. 반면, 리더는 조직의 목표 혹은 비전, 방향성 등에 더

표 9-3 경영자와 리더의 차이

경영자	리더
• 일상적인 업무의 수행에 관심 • 현재의 순조로운 조직 운영에 초점을 둔 변화에의 수동적 태도 • 문제 해결과 업무의 구조화에 탁월 • 구성원과 통제된 관계 형성 • 스스로를 보호자(conservator) 혹은 운영자(regulator)로 간주	• 조직의 비전과 방향성에 관심 • 미래에 대해 적극적이고 창의적인 태도 • 기회의 발견을 위해 위험을 감수 • 업무에 대한 적극적 · 정열적 태도 • 스스로를 변화를 촉진하는 존재로 간주

출처: Worth (2013).

관심을 가지고 어떻게 조직을 운영할 것인가보다는 '무엇을' '왜'에 더 관심을 가지며, 구성원과의 상호작용 및 관계를 중심에 둔다. 리더는 변화를 추구하는데 그 변화는 조직 혹은 리더가 제시할 방향성과 관련이 깊고, 다시 그 변화의 성공 여부는 구성원의 동기화와 밀접한 관련이 있다. 즉, 포괄적 의미에서 리더십은 조직의 목표 달성을 위한 리더의 행위와 구성원의 동기화를 위한 리더 영향력 행사과정이다.

전통적인 피라미드 형태의 조직에서 리더와 조직구성원은 수직적이고 경직된 관계에 놓였었지만, 사회구조의 다양화에 따른 조직 구조의 변화는 리더와 조직구성원의 관계를 수평적이고 양방향적인 관계로 변화시켜 왔다. 이러한 리더와 구성원 간 상호작용의 변천은 리더의 행위적 특성과 활동에 다양한 영향을 미쳐 왔으며, 이는 리더십 이론의 흐름에도 반영되어 왔다.

리더십을 리더의 특성으로 이해하는 대표적인 이론으로는 전통적 리더십 이론인 특성이론, 행동이론, 상황이론 등이 있다. 하지만 조직구성원이 없는 리더는 존재할 수 없기에 리더뿐 아니라 구성원 역시 리더십 이론의 주요 대상 중 하나로 연구되어 왔으며, 최근에는 과거보다 더 구성원 중심의 관점을 취득한 다양한 리더십이 제안되고 있다.

1900년대 초부터 활발하게 진행되어 온 리더십에 대한 연구는 다양한 접

표 9-4 리더십 이론의 연구 동향

연구 시기	접근방법	핵심 주제
~1940년 후반	리더의 특성	리더의 선천적 자질, 특성
1940년대 후반~ 1960년대 후반	리더의 행동	효과적인 리더의 행동
1960년대 후반~ 1980년대 초반	상황	효과적인 리더십의 상황 의존성
1980년대~	새로운 리더십	리더의 카리스마, 비전, 영감, 정서적 친밀감

근법을 바탕으로 이루어져 왔다. 일반적으로 리더십 이론은 특성이론(trait theory), 행동이론(behavioral theory), 상황이론(contingency theory), 새로운 리더십 이론의 4단계로 발전해 온 것으로 이해되며 연구 시기에 따라 특성이론과 행동이론, 상황이론은 전통적 리더십 이론으로, 1980년대 이후에 연구되어 온 새로운 리더십 이론들은 현대 리더십 이론으로 구분된다.

초기 리더십 이론인 특성이론은 리더들이 갖는 개인의 보편적 특성을 규정하는 데 많은 공헌을 하였지만, 개인의 특성을 중심으로 리더십을 설명함으로써 특별한 능력을 가진 소수의 몇 사람만 리더가 될 수 있다는 관점과 외부 환경을 완전히 배제한 채 어떤 상황에서든 해당 특성이 리더십으로 이어질 것이라는 믿음을 내포하고 있다는 점에서 한계를 갖는다.

반면, 행동이론은 리더십이 후천적으로 개발될 수 있는 것이라는 시각에서 성공적인 리더의 바람직한 행동의 관찰을 중심으로 전개되었다. 행동이론에 따른 연구들에 의하면, 리더의 행동 양식은 크게 과업 관련 행동(task behavior)과 관계 지향 행동(relationship behavior)[1]으로 유형화된다. 우선 자

1) 일부 연구에서는 관계 지향 행동을 절차 행동(process behavior)으로 보기도 하는데, 절차 행동은 관계 지향 행동을 과업 행동을 수행하는 절차 속에서 구성원이 타인과 원활한 관계를 구축할 수 있도록 하는 리더의 행동으로, 관계 지향 행동과 같은 의미를 내포하는 것으로 이해할 수 있다.

신에게 주어진 과업을 해결하기 위하여 리더는 과업 관련 행동을 취하는데, 해야 할 일과 직접적으로 관련된 행동이라는 점에서 과업 관련 행동은 생산 지향(production orientation) 활동이다. 동시에 리더는 구성원이 소속된 집단 내에서 원활한 관계를 맺고 편안함을 느낄 수 있도록 돕기 위해 관계 지향적 행동을 취하는데, 이러한 행동은 구성원의 감정을 중심으로 하는 구성원 지향(employee orientation) 활동이다.

특성이론과 행동이론은 모든 상황에 적용 가능한 보편적 리더십의 규명이라는 목적을 달성하기 위해 노력했지만, 연구결과는 그 목적을 달성하기에는 한계가 있었다. 이는 성공적 리더들이 처한 개별적 상황과 상황에 따른 효과적인 리더십의 유형이 일관적이지 않았기 때문인데, 모든 상황에 적합한 보편적이고 일관적인 리더십을 규정하는 것은 불가능하다는 인식은 리더십 이론이 새로운 접근 방식을 모색하도록 만들었다. 그 결과, 1960년대 후반부터 1980년대 초반까지 리더십 연구는 상황의 산물로 리더십을 이해하는 상황이론(situational theory, contingency theory)을 중심으로 이루어져 왔다. 상황이론은 리더가 직면하는 다양한 상황을 중심으로 상황적인 요인을 고려한 리더십 유형을 규정하는 것을 목적으로 발전해 왔다.

1980년대 이후에 탐구되어 온 리더십 이론은 현대 리더십 이론으로 분류되는데, 여기서는 현재 리더십 이론 중 카리스마 리더십 이론과 거래적 · 변혁적 리더십 이론을 살펴본다.

(1) 카리스마 리더십 이론

사회학과 정치학에서 주로 연구되어 온 카리스마는 개인의 능력으로 구성원에게 깊은 영향을 미치는 리더의 특성을 말한다. 그리스어인 카리스마(Charisma)는 원래 신에게 부여 받은 재능, 은혜, 무상의 선물을 의미하였으나, Max Weber에 의해 구성원의 리더에 대한 헌신, 충성심뿐 아니라 구성원을 동기화시키는 리더의 특성을 포함하는 사회과학의 개념으로 확대되었다. Max Weber는 카리스마라는 개념을 통해 구성원의 인식을 바탕으로 형성되는 리더의 영향력을 기술하고자 하였다.

한편, Max Weber의 카리스마 리더십 이론을 발전시킨 House는 카리스마 리더십을 리더가 소유하고 있는 어떤 자질이나 특성이 아닌 리더와 구성원 사이의 관계의 산물로 이해했다. House에 따르면 카리스마 리더는 가치, 목표, 행동에 있어 구성원의 본보기가 되는데, 이는 리더가 제시하는 목표가 구성원의 목표와 동일시되는 것과 관련이 깊다. 뿐만 아니라 카리스마 리더는 목표의 명확화와 도전적 목표의 설정을 통해 스스로의 자신감을 표현하는 동시에 구성원의 자신감을 북돋으며, 기존의 질서와 다른 가치관을 가지고 변화를 유도한다(House, 1976).

리더와 구성원의 관계를 중요시하는 카리스마 리더십이 그 효과를 발휘하기 위해서는 구성원의 리더에 대한 인식이 중요한데, 일반적으로 다음과 같은 구성원의 태도가 리더십을 극대화하는 것으로 제안된다. 첫째, 리더의 신념과 구성원 자신의 신념을 동일화한다. 둘째, 리더의 권위에 대해 순종하고 신뢰한다. 셋째, 리더가 제안한 방향성이 구성원에게도 긍정적인 것이라는 믿음을 갖는다. 넷째, 리더의 개인적 매력에 몰입한다.

카리스마 리더십은 리더와 구성원의 특성뿐 아니라 상황적 특성에 의해 발휘되기도 하는데, 구성원이 위기의식을 느끼고 자신들이 처한 상황을 타개하기 위해 리더를 찾게 되거나 업무의 분배에 있어 구성원 내 상호 의존성이 높은 경우 해당 집단의 리더가 카리스마 리더가 될 가능성이 높다.

(2) 거래적 · 변혁적 리더십 이론

1970년대에 Downton에 의해 제안된 변혁적 리더십의 개념은 Burns에 의해 거래적 · 변혁적 리더십(transactional/transformational leadership) 이론으로 확장 · 발전되었고, Bass에 의해 정교화되었다. Burns에 따르면, 거래적 리더

표 9-5 구성원에 영향을 미치는 거래적 리더와 변혁적 리더의 행동

거래적 리더	변혁적 리더
보상(contingent reward) 차별화를 통한 수동적 관리 (passive management by exception) 차별화를 통한 적극적 관리 (active management by exception)	이상적 영향력(Idealized influence) 개별적 배려(Individualized consideration) 지적 자극(Intellectual stimulation) 동기부여(Inspirational motivation)

출처: Yukl (2009), p. 278.

십은 구성원이 얻게 될 이익을 바탕으로 보상을 제공함으로써 구성원을 동기화하는 리더십 유형이며, 변혁적 리더십은 윤리적 문제에 대한 의식 함양을 통해 조직 활동을 촉진하려는 시도로 구성원의 도덕적 가치에 호소하는 리더십 유형이다.

2) 슈퍼비전

슈퍼비전은 사회복지 종사자가 전문적 지식과 기술을 활용하여 질 높은 서비스를 제공할 수 있도록 도움을 주는 활동이다. 사회복지조직의 서비스는 대부분 사회복지 종사자와 서비스 이용자 간의 일대일 접촉을 통해 서비스를 제공한다는 점에서 사회복지 종사자의 지식과 기술은 조직의 성과와 직결된다. 이에 사회복지조직은 양질의 슈퍼비전을 제공할 수 있도록 슈퍼바이저를 양성하고, 슈퍼비전 체계를 갖추어야 한다.

슈퍼비전의 기능에는 크게 교육적 · 행정적 · 지지적 기능이 있다(김경희, 2005). 첫째, 교육적 기능은 사회복지사의 업무 수행에 필요한 지식, 태도, 기술을 함양시키는 것과 관련이 있다. 슈퍼바이저는 조직이 제공하는 서비스와 관련된 이론, 방법론, 기술을 직접 교육하기도 하고, 이와 관련된 교육기회를 제공하기도 한다. 둘째, 행정적 기능은 조직의 서비스 전달체계를 이해

하게 하고, 절차에 따라 서비스를 효과적으로 수행하도록 하는 것과 관련이 있다. 사정에서부터 종결까지에 관한 서비스 절차, 회계 관리 규정, 조직 운영 규칙 등에 대해 알려 줌으로써 업무의 효율성을 높일 수 있도록 돕는다. 셋째, 지지적 기능은 슈퍼바이지의 감정을 관리해 줌으로써 업무동기를 강화하고 직무만족을 높이는 것과 관련 있다. 감정노동자인 사회복지 종사자는 업무수행과정에서 감정부조화, 감정소진 등을 경험할 수 있는데, 이때 슈퍼바이저는 부정적인 감정을 잘 다루어 주고, 격려와 지지를 해 주어야 한다.

슈퍼비전이 효과적으로 수행되기 위해서는 첫째, 슈퍼바이저가 슈퍼비전을 줄 수 있는 능력을 갖추어야 한다. 둘째, 슈퍼바이지는 슈퍼바이저에게 의존하기보다는 슈퍼비전을 기반으로 스스로 업무를 수행해야 한다. 셋째, 슈퍼바이저는 접근성을 높이기 위한 노력을 해야 한다. 넷째, 슈퍼바이지는 상황에 맞추어 슈퍼비전을 요구해야 한다. 다섯째, 슈퍼바이지는 업무내용을 슈퍼바이저에게 설명하고, 슈퍼바이지와 슈퍼바이저는 정기적 미팅을 가져야 한다(Skidmore, 1995).

3. 노동자로서 사회복지 종사자의 권리보장

사회복지 종사자는 인간으로서의 권리뿐 아니라 노동자로서의 권리도 보장받아야 한다. 그러나 사회복지 종사자는 희생과 봉사의 주체로 인식되어 왔고, 이용자의 권리가 중요시되면서 상대적으로 사회복지사의 권리는 등한시되어 왔다. 그러한 과정 속에서 사회복지 종사자의 일자리 질과 권리보장 수준은 낮은 수준으로 유지되어 왔다.

1) 사회복지 종사자의 일자리 질

사회복지 종사자의 열악한 처우는 오랜 기간 문제로 지적되어 왔고, 점차적으로 처우가 개선되어 왔으나, 여전히 미흡한 지점들이 남아 있다. 2014년 보건복지부의 사회복지 종사자 실태조사 결과에 따르면, 사회복지시설 종사자의 연 임금총액은 평균 약2,586만 원이고, 시설 간 연임금 총액의 편차가 존재했다.

다른 산업과 비교했을 때에도 사회복지 종사자의 임금수준은 낮은 편이다. 보건복지서비스 종사자의 연평균 임금수준(2,584만 원)은 전체 산업평균(3,240만 원)의 79% 수준이며, 표준산업분류에 의한 18개 산업분야 중에서 14번째이다. 보건복지서비스보다 낮은 산업은 숙박 및 음식점업(1,492만 원), 부동산업 및 임대업(2,283만 원), 예술 · 스포츠 여가(2,108만 원), 협회 및 단체 기타 개인서비스업(2,204만 원)뿐이다(김형용, 2018).

이러한 상황을 개선하기 위하여 사회복지 종사자들은 임금을 중심으로 처우 개선 노력을 진행해 왔고, 그 결과 사회복지관 사회복지 종사자의 임금은 공무원 임금의 약 95% 수준에 이르렀다. 그러나 여전히 시설 간 편차 문제가 남아 있고, 사회복지 종사자와 공무원 임금의 비교가 적합한지도 논쟁의 여지가 있다. 또한 근로시간의 단축과 복리후생제도 및 비금전적 보상제도의 보완도 필요하다.

전 세계적으로 노동시장에서 관심을 받고 있는 일자리의 질이라는 개념을 중심으로 임금뿐만 아니라 다른 금전적 보상(예: 사회보장, 복리후생)과 비금전적 보상(예: 인권친화적 노동환경)이 통합적으로 고려되어야 한다. 이를 통해 양질의 일자리를 창출하고 운영하는 것이 사회복지 종사자의 권리를 보장하는 데 도움이 될 것이다.

2) 사회복지 종사자의 인권

사회복지사의 인권과 서비스 이용자의 인권은 상호배타적이지 않고 상호보완적인 관계에 있다(김종해, 2014). 사회복지사의 인권이 보장되면 서비스의 질이 향상될 가능성이 높고, 이는 서비스 이용자의 인권 보장으로 이어질 가능성이 높다. 같은 맥락에서 '사회복지윤리, 원칙의 성명'(IFSW & IASSW, 2004) 및 '사회복지사 윤리강령'(한국사회복지사협회, 2001)은 사회복지전문직의 권익옹호가 서비스 이용자의 권익보장을 위한 행동과 동시에 추진되어야 한다고 명시하고 있다. 한국사회복지사협회도 사회복지사의 권익옹호를 위한 노력을 규정으로 명시하고 있으며, 「사회복지사 등의 처우 및 지위 향상을 위한 법률」 제3조에도 사회복지사의 처우 개선과 신분보장을 위해 국가와 지방자치단체가 적극적으로 노력하여야 한다고 명시하고 있다. 그러나 이러한 규정들은 선언적 성격이 강하여 사회복지 종사자의 인권을 개선하는 데에는 효과가 미미한 실정이다(배화옥 외, 2015).

현재 한국의 사회복지 종사자들은 인권의 사각지대에 놓여 있다. 열악한 노동조건, 전문성 향상을 위한 교육 및 훈련 제도의 부족, 사회복지조직 운영의 비민주성과 비전문성, 사회복지조직의 재정구조 취약성, 반노조적 기관과 사용자의 태도, 서비스 이용자의 폭력 등은 사회복지 종사자의 인권을 보장하는 데 걸림돌로 작용하고 있다(배화옥 외, 2015). 그 결과, 사회복지사의 평등권(차별 경험), 노동권, 자유권(의사표현, 종교 선택, 안전)이 침해되고 있다(김종해, 2014). 따라서 사회복지 종사자의 인권을 보장하기 위해서는 노동조건이 개선되고, 사회복지 종사자-서비스 이용자의 인권이 불가분하고 상호보완적이라는 인식이 확산되어야 하며, 사회복지조직 차원에서 사회복지 종사자들의 의사결정 기회를 확대하는 것이 필요하다.

생각해 보기

1. 사회복지사의 처우는 어느 수준이 적절할까?
2. 사회복지조직에 가장 바람직한 리더십 유형은 무엇일까?
3. 사회복지 종사자의 일자리 질 향상을 위해 가장 필요한 것은 무엇일까?
4. 사회복지 종사자의 과중한 업무부담 문제 해결을 위해 활용할 수 있는 4차 산업혁명 관련 기술에는 어떠한 것들이 있을까?
5. 사회복지 종사자의 권리와 서비스 이용자의 권리가 상충될 때 어떻게 해결해야 할까?

활동하기

- 사회복지 종사자의 인적자원관리와 관련된 다음 주제에 관하여 정보를 탐색하여 주요 내용을 정리하고, 그에 대한 생각과 문제점, 개선방안 등에 대하여 토의해 보자.
  - 사회복지전담공무원의 현황과 업무
  - 서울시/보건복지부 사회복지 종사자 인건비 가이드라인 비교(사회복지사 1호봉, 수당 중심)
  - 사회복지사협회의 역할과 사업
  - 사회복지공제회의 기능과 사업
  - 「사회복지사 등의 처우 및 지위 향상을 위한 법률」의 주요 내용과 2018 개정안의 주요 내용
  - 사회복지보수교육 현황(사회복지보수교육센터 참조)
  - 사회복지사의 처우에 대한 통계 요약
  - 사회복지사 안전(상해, 클라이언트 폭력) 현황 파악
  - 사회복지 종사자의 가족친화제도 활용 수준
  - 보건복지부 및 서울시의 최근 사회복지 종사자 처우 개선 제도

참고문헌

김경희(2005). **사회복지기관행정론**. 서울: 서울여자대학교 출판부.

김광병(2016). 사회복지시설 종사자의 처우 및 지위보장 논거. **사회복지법제연구**, 7(2), 33-52.

김유경 · 김미숙 · 박경수 · 윤덕찬 · 정희선 · 김가희(2014). 사회복지시설 종사자 보수수준 및 근로여건 실태조사. 보건복지부 · 한국보건사회연구원.

김유선(2014). **임금체계 개편 논의, 비판적 검토와 대안 모색**. 한국노동사회연구소 이슈페이퍼.

김종해(2014). 사회복지사 인권상황 실태조사. 서울: 국가인권위원회.

김형용(2010). 사회복지서비스 산업화에 따른 사회적 노동의 위기: 지역사회기반 서비스로의 전환 모색. **한국사회복지조사연구**, 25, 115-141.

김형용(2018). 사회복지 노동과 임금: 가격결정의 문제들. **한국사회복지행정학**, 20(1), 151-179.

남일재 · 문영주 · 오주(2015). **사회복지행정론**. 경기: 정민사.

배화옥 · 심창학 · 김미옥 · 양영자(2015). **인권과 사회복지**. 경기: 나남.

서울특별시(2017). 2017년 사회복지시설 종사자 근무여건 개선 계획.

한국사회복지사협회(2001). **사회복지사 윤리강령**. 서울: 한국사회복지사협회.

황성철 · 정무성 · 강철희 · 최재성(2014). **사회복지행정론**(제3판). 경기: 정민사.

House, R. J. (1976). *A 1976 theory of charismatic leadership*. Ontario: Toronto Univ.

IFSW & IASSW. (2004). *Ethics in social work, statement of principles*.

Noe, R. A., Hollenbeck, J. R., Gerhart, B. G., & Wright, P. M. (1997). *Human resource management: Gaining a competitive advantage* (2nd ed.). N.Y: McGraw-Hill.

Skidmore, R. A. (1995). *Social Work Administration: Dynamic Management and Human Relationships* (3rd ed.). Needham Heights, MA: Allyn & Bacon.

Watkins, M. D. (2003). *The First 90 Days: Critical Success Strategies for New Leaders at All Levels*. Harvard Business School Press.

Watkins, M. D. (2012). How managers become leaders. *Harvard Business Review*.

Watkins, M. D. (2013). What is organizational culture? And why should we care? *Harvard Business Review*.

Yukl, G. A. (2009). *Leadership in organizations* . New Jersey: Prentice Hall.

제10장

사회복지조직의 자원봉사관리[1)]

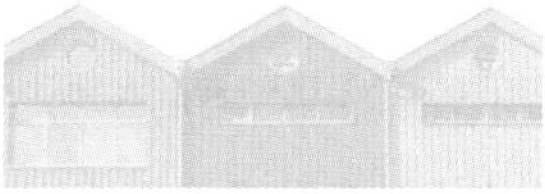

이 장에서는 자원봉사의 의미와 특성, 시민사회와 비영리 영역의 변화와 함께 변화하고 있는 자원봉사활동의 모습을 검토한다. 나아가 거시적 차원에서 자원봉사 영역의 과제와 조직적 차원에서 사회복지조직의 자원봉사관리 전략을 논의하고 학습한다.

주요학습내용

1. 자원봉사의 개념과 원칙
2. 우리나라 자원봉사활동의 현황과 추이
3. 거시적 관점에서의 자원봉사 영역의 과제
4. 사회복지조직의 자원봉사관리

1) 이 장의 구성 중 1절 '자원봉사의 개념과 원칙'과 2절 '우리나라 자원봉사활동의 현황과 추이'는 최상미 · 신경희 · 이혜림(2017)을 참고하여 정리함.

1. 자원봉사의 개념과 원칙

1) 자원봉사의 개념

자원봉사는 공공사회보장체계가 등장하기 이전인 1950년대 이래로 상호부조, 자선과 함께 순수 민간사회보장체계로서 존재해 왔다. 복지국가의 발전과 함께 사회서비스를 비롯한 공공사회보장체계가 자원봉사를 대체하면서 그 중요성이 약화되었으나, 신자유주의의 등장과 확대에 따라 그 중요성이 다시금 부각되고 있다(Bakker, 2003; Dollery & Wallis, 2003).

자원봉사(volunteering)의 개념은 많은 학자에 의해 다양하게 정의되었다. Beveridge(1949)가 자원봉사를 "공익적 목적을 가진 사적 활동"으로 정의한 이래, Gaskin과 Smith(1995)는 공익성, 자발성, 비대가성, 조직성을 자원봉사의 특징으로 규정하며 "특정한 목적 혹은 타인을 이롭게 하기 위한 목적으로 특정 조직에 대가없이 자유롭게 시간을 기부하는 것"으로 개념화하였다. 한편, Govaart 등(2001)은 무보수성, 자발성, 공식성을 강조하고 자원봉사를 임금노동, 의무적 활동 및 사적 도움과 구분하였다.

2) 자원봉사의 원칙

앞서 자원봉사의 개념에서 살펴보았듯이, 자원봉사활동을 다른 활동들과 구분 짓는 중요한 원칙은 자발성, 무보수성, 공익성, 조직성, 혜택의 원리 등이다. 각 원칙의 의미를 간단히 살펴보면 다음과 같다.

- **자발성의 원칙.** 강압이나 처벌, 혹은 법적 의무에 의한 강제적 활동이 아

니어야 함을 의미한다. 군복무나 사회봉사명령 등 처벌이나 법적의무에 따라 경제적 보상 없이 수행되는 공익적 활동과 자원봉사활동을 구분 짓는 기준이 된다.

- **무보수성의 원칙**. 활동에 대한 대가를 기대하지 않거나 경제적 보상이 활동의 주요한 목적이나 동기가 되지 않아야 함을 의미한다. 유급 · 임금노동과 자원봉사활동을 구분 짓는 기준이 된다.
- **공익성의 원칙**. 본인 혹은 가족 등 직접적 이해관계자의 혜택을 위한 활동이 아니라, 자원봉사자와 이해관계가 없는 대상, 지역사회, 국가 등의 이익을 위한 활동이어야 함을 의미한다. 개인의 취미 · 여가 활동과 자원봉사활동을 구분 짓는 기준이 된다.
- **조직성의 원칙**. 자원봉사가 조직적 활동을 통해 수행되어야 함을 의미한다. 개인이 이웃을 돕는 활동과 자원봉사활동을 구분 짓는 기준이 된다.
- **혜택의 원리**. 자원봉사활동의 수혜자와 자원봉사자 간의 이해관계가 없어야 한다는 원칙이다. 가족 돌봄 행위와 자원봉사활동을 구분 짓는 기준이 된다.

Van과 Meijs, Steenbergen(2004)은 EU 25개국을 대상으로 한 연구에서 대상 국가들의 자원봉사활동에 대한 분석 결과, 자원봉사는 최소한 자발성, 무보수성, 타인을 위한 혜택의 세 가지 공통 요소를 공유하고 있음을 발견하고, 이 세 가지 원칙을 자원봉사활동의 최소한의 기준으로 제안한 바 있다. 유사하게 Smith(2000)는 자원봉사에 대한 다양한 개념과 정의를 검토한 결과, 임금근로와 구분되는 무보수성, 법원에 의한 강압적 봉사명령과 구분되는 자발성, 개인의 여가활동과 구분되는 공익성을 자원봉사활동의 핵심요소로 제안하였다.

우리나라의 경우에도 「자원봉사활동기본법」 제3조 제1항에서 자원봉사활동을 "개인 또는 단체가 지역사회 · 국가 및 인류사회를 위하여 대가 없이 자발적으로 시간과 노력을 제공하는 행위"로 정의함으로써 자발성, 무보수성을 전제로 함과 동시에 "개인 또는 단체가 지역사회, 국가 및 인류사회를 위하여"라고 목적을 명시함으로써 공익성을 강조하고 있다. 반면, 영국의 연방자원봉사위원회(National Council for Voluntary Organization)에서는 자원봉사활동을 "환경이나 타인(개인이나 단체, 가까운 친지 개념도 포함될 수 있음)을 이롭게 할 목적으로, 개인의 자유의지에 의해 선택된, 보수를 받지 않고 시간을 투자하는 행위"로 정의함으로써 자발성과 무보수성, 공익성과 함께 "개인이나 단체, 가까운 친지 개념도 포함될 수 있음"이라는 조건을 두고 있다. 즉, 영국의 경우, 자원봉사 수혜자가 가까운 친지도 포함할 수 있다고 규정함으로써 혜택의 원리에 대해 관대한 기준을 적용하고 있다. 미국의 경우 「자원봉사자 보호법」(Volunteer Protection Act, 1997)에서는 자원봉사활동을 "합리적 범위의 또는 실비를 제외한 보상이나, 연간 500달러를 초과하는 대가를 받지 않고 비영리 조직이나 정부기관을 위해 서비스를 제공하는 행위"로 규정함으로써 공익성과 조직성을 명시하는 한편, 자발성을 명시하고 있지 않다. 무보수성에 대해서는 실비와 월 500달러 이하의 보상, 즉 시장가치 이하의 금전적 보상을 허용함으로써 자원봉사활동에 대한 대가를 일부 허용하고 있다.[2)]

국제기구 중 유럽연합(EU)은 자원봉사활동을 개인의 자유로운 의지, 선택 및 동기에 따라 금전적인 혜택을 추구하지 않는 모든 유형의 자발적인 활동으로 정의하며 자발성과 무보수성을 강조하고 있다. 유엔봉사단(The United Nations Volunteers: UNV, 2015) 또한 경제적 보상이 주된 동기가 아니라면 자원봉사로 볼 수 있다고 밝히며 무보수성을 관대하게 적용함으로써 실비 보

2) 미국의 경우 자원봉사자에 대한 경제적 보상을 제공함. Ameri Corps의 경우, 월평균 1,500달러의 급여와 자원봉사자 당사자 혹은 가족에 대한 장학금 혜택, 의료 혜택, 이주 수당, 자녀보육서비스, 연방정부 관련 직종 취업 시 인센티브와 같은 혜택을 제공함으로써 자원봉사활동을 독려함. 노인 자원봉사활동 프로그램인 Senior Corps 역시 식사, 교통비, 월평균 4시간의 교육 · 훈련, 상해 · 손해보험 외에 시간당 2.65달러의 시급 지급

표 10-1 국가 및 주요 국제기구의 자원봉사활동에 대한 개념 정의

구분	정의	자발성	무보수성	공익성	조직성	혜택의 원리
한국「자원봉사활동 기본법」(제3조 제1항)	개인 또는 단체가 지역사회 · 국가 및 인류사회를 위하여 대가 없이 자발적으로 시간과 노력을 제공하는 행위	○	○	○		
미국「자원봉사자 보호법」(Volunteer Protection Act, 1997)	합리적 범위의 또는 실비를 제외한 보상이나, 월 500달러를 초과하는 대가를 받지 않고 비영리조직이나 정부기관을 위해 서비스를 제공하는 행위[3)]		△	○	○	
영국 연방자원봉사 위원회(National Council for Voluntary organization)	환경이나 타인(개인이나 단체, 가까운 친지 개념도 포함될 수 있음)을 이롭게 할 목적으로, 개인의 자유의지에 의해 선택된 보수를 받지 않고 시간을 투자하는 행위[4)]	○	○	○		△
유럽연합(EU)	개인의 자유로운 의지, 선택 및 동기에 따라 금전적인 혜택을 추구하지 않는 모든 유형의 자발적인 활동	○	△			
유엔봉사단 (UNV, 2000, 2015)	자유의지에 의하여 공공의 이익을 위해 수행되는, 금전적 보상이 주된 동기가 아닌 행위[5)]	○	△	○		

주) ○ 해당원칙을 엄격하게 반영하는 경우, △ 해당원칙을 반영하나 유연한 적용인 경우
출처: 최상미 외(2017), p. 11에서 재구성.

3) 출처는 Volunteer Protection Act(42 U.S.C. 14501−05). 원문은 "The term "volunteer" means an individual performing services for a nonprofit organization or a governmental entity who does not receive? (A) compensation (other than reasonable reimbursement or allowance for expenses actually incurred); or (B) any other thing of value in lieu of compensation, in excess of $500 per year, and such term includes a volunteer serving as a director, officer, trustee, or direct service volunteer."

4) 출처는 NCVO 홈페이지. 원문은 "volunteering as any activity that involves spending time, unpaid, doing something that aims to benefit the environment or someone(individuals or groups) other than, or in addition to, close relatives."

5) 출처는 『State of the World's Volunteerism Report(UNV, 2015)』. UN(2000)의 정의를 재인용하고,

존, 소액의 비용지원, 풀타임 자원봉사자의 수당 지급을 허용한다. 앞에서 살펴본 주요 국가 및 국제기구의 자원봉사에 대한 정의와 원칙을 정리하면 〈표 10-1〉과 같다.

이처럼 자발성, 무보수성, 공익성, 혜택의 원리, 조직성 등은 자원봉사활동을 규정하는 중요한 특징이다. 그러나 최근 자발성, 무보수성, 혜택의 원리, 조직성 등의 원칙을 유연하게 적용하며 과거에는 자원봉사로 포함되지 않던 활동도 자원봉사로 넓게 인식하는 경향이 나타나고 있다.

먼저, 자발성의 경우 학생 자원봉사활동, 기업 자원봉사활동 등은 평가에 반영되는 등 사회적 압력이나 기대에 부응하여 자원봉사에 참여한 것으로 엄격한 의미에서 자발성의 원칙이 지켜지지 않았다고 볼 수 있으나, 일반적으로 자원봉사활동으로 받아들여지고 있다. 무보수성의 원칙과 관련하여서도 전통적으로는 경제적 보상이나 지원을 전혀 제공받지 않아야 한다는 엄격한 기준을 적용하였으나, 최근에는 자원봉사활동에 소요되는 교통·통신비, 식비 등의 실비를 제공하거나 시장임금에 비해 적은 보상을 받는 경우에도 자원봉사로 인정하는 모습이 발견된다. 그 외에도 친구나 친지 등을 대상으로 하는 활동도 자원봉사활동으로 포함하고, 조직에 속하지 않고 개인적으로 도움을 제공하는 형태도 자원봉사활동으로 포함하는 경향이 증가하고 있다.

해당 보고서에서도 같은 정의를 사용하고 있음. 원문은 "The terms volunteering, volunteerism and voluntary activities refer to a wide range of activities … undertaken of free will, for the general public good and where monetary reward is not the principal motivating factor."

2. 우리나라 자원봉사활동의 현황과 추이

1) 자원봉사활동의 현황과 추이

이 절에서는 우리나라 자원봉사활동 참여 추이를 살펴보고, 자원봉사 현장의 변화를 야기하는 요인들에 대한 검토를 통해 자원봉사활동에서의 변화를 논의한다. 우리나라의 자원봉사활동 참여율은 [그림 10−1]에서 볼 수 있듯이, 전반적으로 상승하다가 2009년 이래 정체, 감소하는 경향을 보이고 있다.

연령대별 자원봉사활동 참여율 추이는 〈표 10−2〉와 같다. 연령대별로 10대의 경우 77%가 자원봉사활동에 참여함으로써 가장 높은 참여율을 보였으나, 이는 중고교생 자원봉사활동 의무제에 기인한다. 이후 자원봉사활동 참여 의무가 부과되지 않는 20~30대가 되면 자원봉사활동 참여 비율이 가장 낮은 10~11%까지 급감한다. 주목할 것은 40대부터 자원봉사활동 참여율이 조금씩 증가하여 50대와 60대 이상의 자원봉사활동 참여율이 지속적으로 증가하는 모습이다. 이는 베이비부머 세대의 은퇴를 앞둔 시점에서 자원봉사자로서 예비노년층과 노년층의 잠재력을 보여 준다.

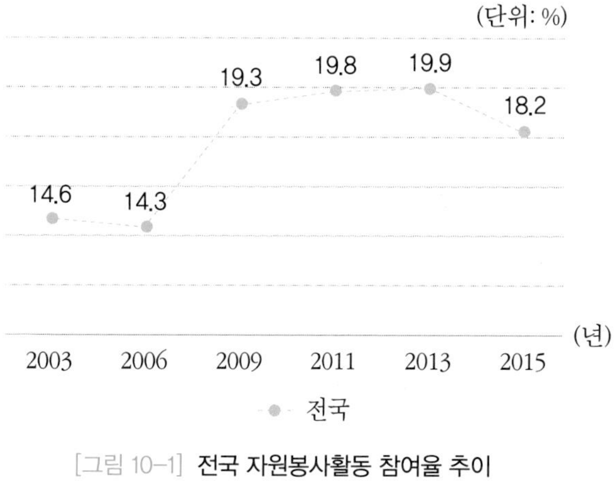

[그림 10−1] 전국 자원봉사활동 참여율 추이

표 10-2 연령대별 자원봉사 참여율 추이 (단위: %)

	2003년	2006년	2009년	2011년	2013년	2015년
계	14.6	14.3	19.3	19.8	19.9	18.2
(13)15~19세	52.4	59.5	79.8	77.7	80.1	76.6
20~29세	10.3	8.3	13.9	13.2	13.7	11.6
30~39세	11.6	10.2	13.6	11.2	11.2	10.6
40~49세	14.2	13.9	18.6	17	17.3	15.6
50~59세	12.2	12.4	15.5	14.6	14.5	14.6
60세 이상	6.7	6.5	7	7.2	7.8	7.8

* 주) 2011년부터 13세 이상 가구원 대상(2009년까지는 15세 이상 가구원 대상)으로 함.
출처: 통계청 사회조사 원자료 분석.

2011년 이래 자원봉사 유형별 활동 참여 경향을 살펴보면 자원봉사활동 참여율은 정체, 감소하는 반면 정기봉사와 전문봉사의 비율은 꾸준히 증가하고 있다(〈표 10-3〉 참조). 이는 자원봉사활동이 양적으로는 정체상태이나, 활동의 질과 전문성은 향상하고 있음을 의미한다.

자원봉사활동 참여율이 정체, 감소하는 것은 전 세계적 현상으로, Putnam (2000)은 그 원인으로 여성의 사회활동 증가 등에 따른 시간의 부족, 도시의

표 10-3 우리나라 자원봉사 유형별 활동 참여 추이 (단위: %)

구분	2011년	2013년	2015년
계	19.8	19.9	18.2
정기적 자원봉사	45.9	56.6	59.6
전문성을 활용한 자원봉사[6]	15.9	19	30.3

* 주) 전문성을 활용한 자원봉사활동 응답은 19세 이상 인구를 대상으로 함.
출처: 통계청 사회조사 원자료 분석.

6) 전문성을 활용한 자원봉사활동 영역은 '이 · 미용' '요리' '의료' '아동학습 지도' '통역 및 번역' '공연' '평생학습 관리' '전문상담' '운전' '주택수리' 등과 기타를 포함함.

교외화로 인한 출퇴근 시간의 증가, TV · 인터넷 등 전자기기를 사용한 여가 활용 시간의 증대, 시민사회에 덜 헌신적인 세대로의 세대교체 등을 제시하였다. 한편, van den Bos(2014)는 자원봉사활동 참여율의 감소를 세대 전환에 따른 자원봉사자들이 선호하는 자원봉사활동 유형의 변화로 해석하였다. 즉, 개인주의와 도시화의 확대가 돌봄서비스 제공 형태의 전통적인 자원봉사활동의 감소를 이끈 반면, 개인적 관심과 욕구를 투영하는 새로운 형태의 자원봉사활동을 증가시키고 있다고 보았다(최상미 외, 2017에서 재인용).

최상미 등(2017)은 기존 문헌들에 대한 검토와 우리나라에서의 자원봉사활동 변화 추이에 대한 검토를 통해 우리나라에서 2000년대 후반 이래 전통적 자원봉사활동이 감소해 온 것은 '자원봉사활동에 대한 공급과 수요가 모두 감소'한 데 기인한다고 보았다. 즉, 자원봉사활동의 감소는 2000년대 후반 이래 장기화되고 있는 경기 침체와 실업률의 증가로 자원봉사활동에 대한 경제적 · 심리적 여유의 감소[7], 도시화와 개인주의로 인해 조직에 대한 헌신에 기반을 둔 시설 중심의 전통적 자원봉사활동에의 참여 감소, 시민주도 중심의 새로운 형태의 자원봉사활동에의 참여 증가(van den Bos, 2014; Hustinx & Lammertyn,

표 10-4 전통적 자원봉사활동에의 참여율 감소 원인

구분	원인
공급의 감소	• 경기침체 장기화, 실업률의 증가로 경제적 · 심리적 여유의 감소 • 도시화, 개인주의화(Putnam, 2000; van den Bos, 2014) • 새로운 형태의 자원봉사활동에의 참여
수요의 감소	• 돌봄서비스 일자리 사업의 자원봉사 대체로 인한 전통적 자원봉사 수요처 감소 –사회서비스 바우처 기관의 증가 –사회서비스 제공 사회적경제 조직의 증가

출처: 최상미 외(2017), p. 30에서 재구성.

7) 실제로 실업률과 자원봉사활동 참여율은 역으로 움직이는 경향을 보인다.

2003) 등으로 인한 공급의 감소와 함께 2000년대 후반 이래 실업률 감소에 대한 대안으로 실시해 온 공공 일자리 사업이 자원봉사를 대체하면서 수요 또한 감소한 데서 기인한다는 것이다(〈표 10-4〉 참조).

2) 자원봉사 패러다임의 변화

개인주의의 확산, 인터넷 등 정보통신기술의 일상화, 고령화 사회로의 진입, 높은 실업률과 같은 사회적 환경의 변화, 사회적경제 조직, 모금 단체를 포함한 민간 비영리 영역의 확대, 사회서비스 요구의 다양화와 확대, 「사회보장기본법」의 개정과 같은 제도적 변화 등 자원봉사를 둘러싼 환경의 변화는 자원봉사활동의 다원화, 범위와 영역의 변화를 야기하며 자원봉사 패러다임의 전환을 야기하고 있다.

최상미 등(2017)은 자원봉사 패러다임의 변화 모습을 다음 [그림 10-2]와 같이 제안하였다. 먼저 인터넷 사용의 일상화와 같은 정보통신기술, 의사소통 기술상의 혁신은 온라인 봉사 영역을 등장・확대시키고, 국제적 이슈에의 소통과 조직화, 참여를 가능하게 함으로써 해외 봉사의 증가에 기여해 왔다. 또한 전통적 사회복지시설에서의 돌봄서비스 제공 중심으로 이루어져 온 자원봉사가 안전, 환경, 해외 봉사, 문화, 재능기부 등 다양한 영역과 의제로 확대되면서 봉사자가 주도적으로 전문성을 발휘할 수 있는 형태로 변화하고 있다. 활동기반 역시 시설 중심에서 지역사회 중심으로 변화하면서, 온오프라인상에 속해 있는 지역사회의 문제 해결을 위한 활동, 이웃과 함께하는 활동의 모습이 증가하고 있다. 자원봉사자가 타인의 이익과 함께 자신의 관심사와 흥미를 충족시키고자 하는 욕구가 강해지면서, 봉사자와 수혜자를 엄격히 분리했던 전통적 자원봉사와 달리 혜택의 원리가 보다 유연하게 적용되며 개인적 관심, 욕구에 기반을 둔 개인적・비공식적 자원봉사에의 참여가 증가하는 경향 또한 나타나고 있다.

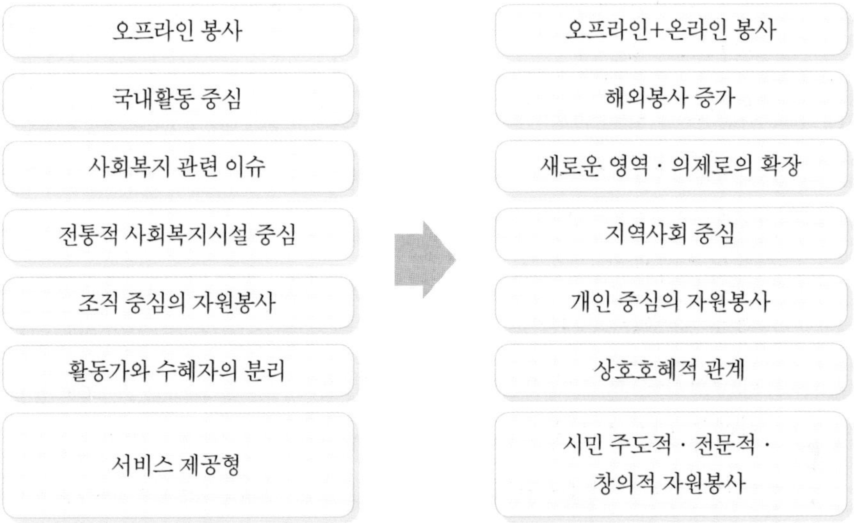

[그림 10-2] **자원봉사 패러다임의 변화**

출처: 최상미 외(2017), p. 46.

즉, 전반적으로 개인의 관심과 욕구에 기반을 둔 자원봉사자가 적극적으로 참여하고 주도하는 자원봉사활동은 증가하는 반면, 기관을 중심으로 돌봄서비스를 제공하는 것이 주를 이루던 전통적 자원봉사에의 수요와 공급은 감소하는 자원봉사 패러다임의 변화가 발견된다.

3. 거시적 관점에서의 자원봉사 영역의 과제

앞서 논의하였듯이, 자원봉사 영역은 비영리 및 시민사회 영역의 변화와 함께 패러다임의 전환을 경험하고 있다. 단순노력봉사, 서비스 제공형 봉사의 상당 부분이 사회적 일자리, 바우처 사업 등으로 대체되면서 전통적인 자원봉사활동에 대한 수요는 감소하는 한편, 자원봉사자들이 선호하는 자원봉사활동의 형태가 변화하면서 새로운 형태의 시민주도적 · 전문적 · 창의적 ·

개인중심적 자원봉사 형태는 증가하고 있다. 이에 자원봉사 프로그램 또한 변화하는 욕구에 대응하여 새로운 수요를 충족시켜 나갈 필요가 있다. 이 절에서는 이를 위한 자원봉사 영역의 과제를 다음과 같이 제안한다.

첫째, **의제의 다양화**. 자원봉사 프로그램은 대체로 취약계층을 대상으로 한 '삶의 질 향상' '보호서비스 제공' '사회통합' 등의 의제를 다루어 왔다. 최근 사회복지서비스가 사회서비스로 확대되면서 안전, 환경, 해외구호, 공정무역 등 다양한 의제가 관심을 받고 있다. 자원봉사 프로그램 역시 사회서비스 확대와 자원봉사자 욕구 다원화와 더불어 돌봄에서 나아가 새로운 의제를 포함하는 자원봉사의 프로그램의 다원화를 모색해야 할 것이다.

둘째, **참여 방식의 다원화**. 의제의 다양화와 함께 자원봉사활동 참여방식의 변화 또한 요구된다. 사회복지시설을 중심으로 이루어져 온 자원봉사활동은 정체하고 있는 반면, 시민이 주도하여 지역사회 문제를 해결하고 지역사회의 역량을 강화하는 시민(주민) 주도형 사회참여활동은 증가하고 있다. 또한 개인의 관심과 재능, 역량에 기반을 둔 개인 중심, 재능기부 형태의 자원봉사활동과 일상에서 간편하게 참여할 수 있는 온라인 봉사 등에 대한 참여가 증가하고 있다. 변화하는 환경과 수요에 따라 자원봉사 영역 또한 지역사회 기반의 시민주도형, 개인 중심형, 온라인 참여형 봉사에 대한 선호에 대응할 수 있는 새로운 프로그램을 개발하여 제안할 필요가 있다.

셋째, **영역의 다양화와 연계 · 협력의 강화**. 최근 자원봉사 영역과 비영리 영역의 경계가 모호해지면서 새로운 수요처의 발굴과 연계 · 협력의 필요성이 대두된다. 앞서 논의했듯이 사회복지서비스가 교육, 주거, 보건 · 의료, 문화, 환경 등을 포괄하는 사회서비스 영역으로 확대되면서, 사회서비스 제공 주체 또한 사회복지시설 · 기관에서 나아가 요양기관, 사회서비스 바우처 기관, 사회적경제 조직 등으로 다원화되고 있다. 이는 자원봉사 영역이 협력해야 할 관련 기관이 전통적 사회복지시설에서 다양한 민간 시설로 확대되고 있음을 의미한다. 이에 사회복지시설을 넘어서 사회적기업, 사회적협동조합, 마을공동체,

마을기업, 자활기업과 같은 사회적경제 조직, 사회혁신센터, 시민단체, 자선재단, 사회서비스 바우처 기관 및 장기요양서비스 제공기관 등과의 협력과 다양한 조직 유형을 대표·지원하는 중간지원조직들과의 연계·협력이 요구된다.

넷째. **민간 주도의 자원봉사체계 구축**. 우리나라의 자원봉사 영역은 2006년 「자원봉사활동 기본법」의 시행 이래로 정부 주도로 활성화되어 왔다. 정부는 자원봉사활동 진흥을 위해 「자원봉사활동 기본법」 제19조에 의거하여 전국의 지방자치단체에 자원봉사센터를 설립하였으며, 자원봉사센터는 현재 전국에 246개소가 설치되어 자원봉사 영역을 매개하고 지원하는 허브 역할을 수행하고 있다. 그러나 「자원봉사활동 기본법」 제19조 제1항은 자원봉사센터의 운영을 법인 혹은 비영리법인에 위탁하여 운영해야 한다고 규정하고 있으나, 제2항은 필요에 따라 국가기관 및 지방자치단체 역시 자원봉사센터를 운영할 수 있음을 밝히고 있다. 이는 자원봉사센터의 운영을 지방자치단체가 직영하는 것을 허용하는 조항으로, 실제로 상당수의 자치구가 자원봉사센터를 직접 운영하고 있다. 이에 자원봉사자들이 지역 행사에 동원되거나 지방자치단체장의 정치 수단으로 이용되기도 하고, 일부 자원봉사센터의 경우 관변 단체화된 모습을 보이기도 한다. 또한 자치단체장이 바뀔 때마다 자원봉사센터장이 함께 바뀌거나 전문성 없는 인력이 배치되는 경우가 있어 센터 운영의 연속성·전문성을 저해하는 요인이 되고 있다. 따라서 민간 자원인 자원봉사 영역을 시민사회의 역량 강화를 주도하고 촉진하는 방향으로 장기적 발전을 모색하기 위해서는 현 공공 주도의 자원봉사 지원체계를 민간 위탁 의무화 방식으로 변경함으로써 민간 주도로 전환해 나가야 할 것이다.

4. 사회복지조직의 자원봉사관리

앞의 3절에서는 거시적 관점에서 자원봉사 영역의 과제를 제시하였다면,

이 절에서는 앞서 검토한 자원봉사에 대한 이해를 바탕으로 개별 조직에서의 자원봉사관리 전략을 검토한다. 먼저 자원봉사자의 유형과 동기를 검토하고, 사회복지조직에서 자원봉사자 관리 전략과 방법을 학습한다.

1) 자원봉사자 유형

자원봉사자 관리를 위해서는 자원봉사자의 유형과 유형별 동기에 대한 이해가 필수적이다. 자원봉사자의 유형을 어떻게 구분하고 정의할지에 대한 합의는 없으나, 자원봉사자 유형은 참여 및 헌신 정도, 동기에 따라 **일회성 자원봉사자**, **간헐적 자원봉사자**, **정기 자원봉사자**의 세 유형으로 구분할 수 있다(Powers, 1998; Shin & Kleiner, 2003). **일회성 자원봉사자**는 일회성으로 자원봉사활동에 참여하는 유형으로 자원봉사활동 및 조직에의 헌신 정도가 낮다. **간헐적 자원봉사자**는 연말이나 방학 동안 등 일정 기간 동안 한 번 이상의 자원봉사활동에 참여하는 자원봉사자 유형으로 일회성 자원봉사자에 비해 높은 헌신 정도를 가지며 활동을 통해 성취와 감사함을 느낀다. **정기 자원봉사자**는 높은 헌신과 책임감을 가지고 장기간에 걸쳐 정기적으로 자원봉사활동에 참여하는 자원봉사자 유형으로, 조직의 직무분석에 근거하여 전문적 지식과 기술이 필요한 역할을 담당하기도 한다.

2) 자원봉사참여 동기

자원봉사는 사회문제 해결을 위한 인적·물적 자원 총량의 확대, 시민들의 책임의식과 연대의식에 기반한 사회적 책임의 실현과 사회적 자본의 확대, 여가선용 및 자아실현, 교육과 성장의 기회 제공 등의 측면에서 자원봉사에 참여하는 당사자와 그 사회에 의미를 가진다. 개인적 차원뿐 아니라 사회적으로 의미를 가지는 자원봉사는 자발성에 기반함으로써 자원봉사 참여에 대한 동

표 10-5 자원봉사참여 동기 유형

이타적 동기	조직의 미션에 공감하여 헌신하고 싶은 열망 조직이 추구하는 대의에 동참하고 싶은 열망 내가 사회로부터 받은 혜택을 돌려주고 싶은 열망
이기적 동기	정서적 만족감을 가지기 위해 직업과 관련된 기술을 개발하기 위해 경력을 쌓기 위해 사회적 관계를 형성하기 위해

기부여는 자원봉사의 출발이다. 자원봉사자들에 대한 동기부여는 '처음으로 자원봉사에 참여하게 만드는 동기'와 '더 나아가서 자원봉사를 지속하거나 더 헌신적으로 참여하도록 하는 동기'의 두 가지 측면에서 고려되어야 한다.

자원봉사자들이 자원봉사에 참여하는 동기에 대해서는 〈표 10-5〉에서 볼 수 있듯이 일부 학자들은 이타적 동기(Handy & Mook, 2011)를, 또 다른 학자들은 이타적 · 이기적 요인이 복합적으로 작동하는 복잡하고 다면적인 동기(Hustinx et al., 2010)를 제안하고 있다. 이타적 동기로는 조직의 미션에 공감하여 헌신하고 싶은 열망, 조직이 추구하는 대의에 동참하고 싶은 열망, 내가 사회로부터 받은 혜택을 돌려주고 싶은 열망 등에 의한 동기부여 등이다. 반면, 정서적 만족감을 가지기 위해 혹은 직업과 관련된 기술을 개발하거나, 이력, 사회적 관계를 형성하기 위해 자원봉사에 참여하는 경우는 이기적 동기로 볼 수 있다. 그러나 많은 경우 하나의 동기가 아닌 다양한 동기가 복합적으로 작용해 자원봉사활동에의 참여를 결정 혹은 증가시킨다.

3) 자원봉사자 관리

1365 자원봉사포털(www.1365.go.kr)에 따르면, 2017년 현재 우리나라 자원봉사자 등록인원 약 1,200만 명, 활동인원 약 487만 명으로, 등록인원은

인구 대비 23.2%(12,016,428/51,778,544×100), 활동인원은 인구 대비 9.4%(4,876,669/51,778,544×100)인 것으로 나타났다. 자원봉사자는 자원부족이라는 내재적 한계를 가지는 사회복지조직을 포함한 비영리조직의 중요한 인적자원으로서 이에 대한 효과적 관리는 사회복지조직 인적자원관리의 중요한 요소이다. 이 절에서는 자원봉사관리 요소를 시간 순서로 검토한다.

(1) 자원봉사자 직무기술서 개발

사회복지조직을 포함한 비영리조직의 자원봉사자 관리에 있어서 첫 번째로 수행해야 할 과업은 자원봉사자의 직무를 결정·분석하여 직무기술서를 개발하는 것이다. 자원봉사자 직무기술서에는 다음 〈표 10-6〉의 예시에서 볼 수 있듯이, 슈퍼바이저가 누구인지, 자원봉사자 업무의 목적, 자원봉사자의 업무와 그 범위, 업무수행을 위해 필요한 책무, 자격 요건, 활동 기간과 시간, 교육과 오리엔테이션 제공, 활동 장소, 자원봉사자가 자원봉사활동을 통해 가질 수 있는 혜택 등이 명시되어야 한다.

표 10-6 자원봉사자 직무기술서 예시

공공도서관의 기록 보관소 보조 자원봉사자에 대한 직무기술서
• 슈퍼바이저: 기록 보관소 직원 • 목적: 문서 처리, 보존 등과 같은 기본 보관 기능과 관련하여 보관소 직원을 돕는 것 • 필요한 책무: 1. 문서 복사, 2. 문서 제출, 3. 문서 보호, 4. 데이터 입력 • 봉사기간: 최소 3달 동안 1주 4~5시간, 월~금 9:00~16:30 • 필요자격: 1. 16세 이상, 2. 기본적인 컴퓨터 활용 능력, 3. 필기능력, 4. 상황대처능력, 5. 책임성 • 교육 및 오리엔테이션 제공: 실무교육은 기록 보관소 직원이 진행하며 설명 자료와 책 제공 • 위치: 공공도서관 주소 • 혜택: 도서관 프로그램 및 함께 운영하는 박물관 무료 참여와 관람, 박물관 기념품점 가격 할인, 특별 이벤트 초대, 상시 주차 무료 등

호주 자원봉사 연방기구(Commonwealth of Australia, 2007)는 자원봉사활동에 요구되는 책임, 소요되는 시간과 기술을 명확히 하고, 과업을 문서화함으로써 공식적 지위를 부여하고, 업무의 범위를 명료히 하며, 자원봉사를 통해 얻을 수 있는 이점을 명시함으로써 동기를 부여할 수 있다는 점에서 자원봉사 직무기술서가 명료하게 기술되어야 한다고 제안하였다.

다른 한편으로 조직의 측면에서 자원봉사자의 직무를 명료하게 기술한 직무기술서는, 첫째, 자원봉사자의 역할을 명확히 정의함으로써 특정 과업을 수행할 자원봉사자를 모집, 선발하고, 선발된 자원봉사자에게 수행할 역할을 설명하는 근거가 될 수 있다. 다음으로는, 직원과 자원봉사자 각각의 책임에 대한 혼란을 최소화함으로써 직원과 자원봉사자 간의 관계를 다루는 데 도움이 되며, 자원봉사자의 과업과 역할을 공식적으로 기술함으로써 자원봉사자가 직원에 대한 지원, 서비스 이용자의 욕구 충족, 그리고 전반적 미션 성취를 위해 존재할 수 있도록 자원봉사자의 역할을 조정해 나갈 수 있다. 또한 특정 과업을 수행하기 위해 자원봉사자가 가져야 하는 기술, 역량, 자질을 명료히 함으로써 가장 적합한 자원봉사자를 선발하고, 선발된 자원봉사자들이 직무 성과를 향상하고 더 오래 유지할 수 있도록 돕는다. 더하여 자원봉사자들의 요청이나 불평에 대응하거나, 부여된 과업에 상응하는 활동을 수행하지 않는 자원봉사자들을 해고하는 데 있어서의 근거가 되고, 조직 내에서 자원봉사 관리자가 변경될 때 원활한 업무 인계를 돕는다. 마지막으로, 자원봉사자에게 조직이 자원봉사자를 조직의 필수적인 자원으로 여기고 진지하게 관리하고 있다는 인상을 줄 수 있다는 측면에서 직무기술서는 반드시 명료하게 기술되고 자원봉사자에게 제시되어야 한다.

또한 호주 자원봉사 연방기구(Commonwealth of Australia, 2007)는 자원봉사자 직무기술서는 자원봉사자의 직무로서 적절한지, 그리고 자원봉사자 직무기술서상의 자원봉사자의 직무와 역할이 적절하게 기술되어 있는지를 〈표 10-7〉과 같은 체크리스트를 활용하여 점검해야 한다고 제안했다.

표 10-7 자원봉사자 직무기술서 체크리스트

No.	문 항	답 변	
Q.1	이 역할은 보수가 지급되는가 혹은 지급되어야만 하는가?	예	아니요
1-1	이 역할은 대체로 조직의 성공적인 운영에 있어서 중요한가?		
1-2	이 역할은 한 사람이 전임으로 하여 완벽하게 수행될 수 있는가?		
1-3	이 역할은 임금근로자에 의해 수행되어야만 하는가?		
1-4	이 역할의 비효과적인 성과는 기관에 어떠한 법적인 영향을 끼치는가?		
1-5	이 역할의 비효과적인 성과는 다른 직원의 업무에 부정적인 영향을 끼치는가?		
1-6	이 직책은 자원 조달과 관련되는가?		
1-7	이 역할은 임금근로자에 의해 수행된 적이 있는가?		
1-8	이 역할은 통상적으로 다른 비영리 단체에서 유급직에 해당하는가?		
1-9	이 업무에 대한 합리적인 보수를 기대할 수 있는가?		
Q.2	이 역할은 자원봉사자에게 적합한가?	예	아니요
2-1	이 역할은 업무를 수행하는 데 필요한 동기, 수당 및 숙련의 정도를 고려하였을 때, 자원봉사자와 기관에게 내재가치가 있는가?		
2-2	이 역할에 대하여 적절하고 효과적인 운영관리지원이 제공되고 있는가?		
2-3	기관의 직원과 위원회 그리고 고객들이 이를 자원봉사자의 역할로 받아들이고 있는가?		
2-4	기관의 직원과 위원회 그리고 고객들이 직책을 결정하는 역할을 했는가?		
2-5	이 역할은 직원의 업무를 대체하지 않고 가치를 더하는가?		
2-6	기관은 이 역할을 수행하는 자원봉사자에게 적절한 보상을 할 수 있는가?		
2-7	이 역할은 전체적으로 일주일에 16시간 이내에 수행될 수 있는가?		
2-8	이 역할은 임금근로자의 역할과 유의미한 차이가 있는가?		
2-9	고객, 기관 및 자원봉사자가 그 역할로 인하여 이익을 얻을 것인가?		

출처: Commonwealth of Australia (2007), p.11.

(2) 자원봉사 관련 정책 · 규정 개발

자원봉사자는 보수를 받지 않지만 조직 내에서 직원처럼 업무를 수행한다. 따라서 자원봉사와 관련하여 조직 내에 공식적 규정이나 기준을 가지고 있지 않으면 자원봉사자와 직원 간의 갈등 혹은 법적 문제가 발생하였을 시 대처하기가 어렵다. 따라서 조직의 자원봉사자에 대한 책임, 자원봉사자의 책임, 자원봉사자 보험을 포함한 안전 보장 및 위기관리 방안, 자원봉사자의 서비스 이용자 정보에의 접근 가능 정도, 자원봉사자의 역할 범위, 자원봉사자에 대한 혜택, 자원봉사자 관리 과정 등에 대한 조직의 규정을 개발, 명시함으로써 자원봉사 관련 업무의 지침으로 활용해야 한다(〈표 10-8〉 참조).

표 10-8 사회복지조직의 자원봉사 관리방침에 포함되어야 할 내용

- 자원봉사자와 우리 조직, 수혜자, 지역사회에 돌아가는 혜택과 의의
- 자원봉사자 참여 목적, 왜 자원봉사자들을 활용하고자 하는가?
- 기관의 자원봉사 관련 기본 원칙 등
- 자원봉사자의 정의: 자원봉사자에 대한 개념과 역할
- 자원봉사관리자 및 유급직원의 역할과 책임
- 기관의 책임: 교육의 제공, 직무설계의 의무 등
- 자원봉사자의 책임: 기관의 관리정책 준수 등
- 동등한 기회의 원칙: 계층, 성별, 연령 등에 의한 차별금지
- 자원봉사자에 대한 오리엔테이션과 적절한 교육 · 훈련 기회 제공
- 자원봉사 관리비용(교육, 관리, 인정과 보상 등)
- 자원봉사 보험을 포함한 위기관리 방안
- 자원봉사자 관리 과정: 출석요구, 장기결석처리, 결석 시 통보절차, 사임절차, 종결절차 등
- 자원봉사 인정과 보상(자원봉사자에 대한 혜택)
- 자원봉사자의 활동분야(일하거나 하지 않을 분야)
- 자원봉사자의 의견 수렴 및 피드백 제공
- 문제발생 시 해결방법 및 절차 등

출처: 한국자원봉사관리협회(2008), pp. 39-40.

(3) 자원봉사자 모집, 홍보, 선발 및 배치

자원봉사자 모집과 홍보는 시행하고자 하는 자원봉사 프로그램과 업무에 적합한 자원봉사자를 모집하기 위한 최선의 장소와 시기를 선택하고, 자발적 참여를 동기부여할 수 있는 메시지를 준비하여 가장 효율적 방법으로 잠재적 자원봉사자들에게 알리는 과정이다. 자원봉사자를 모집할 때에는 직원을 채용하는 것만큼 신중해야 하며, 자원봉사자의 직무에 따라 적합한 직원을 모집, 선발하기 위해 특정 기술이나 연령 등을 가진 표적집단을 설정하여 접근해야 한다.

모집된 자원봉사자들은 면접을 통해 최종적으로 선발되고 자원봉사자로 활동하게 되는데, 면접은 조직과 예비 자원봉사자가 서로의 욕구를 파악하는 과정이다. 면접을 통해 자원봉사자와 기관의 욕구가 맞을 경우에는 업무에의 배치가 이루어진다. 배치란 자원봉사자의 흥미, 기술 등 개인적인 특성과 욕구 등을 고려하여 세부 활동 분야와 연결하는 과정으로, 이때 가장 중요한 것은 자원봉사자의 욕구, 의사, 적성, 자격, 능력을 고려하는 일이다. 배치는 자원봉사활동을 시작할 때뿐 아니라 자원봉사 활동처를 옮기거나, 업무를 변경할 때 이루어진다.

(4) 자원봉사자 오리엔테이션, 교육 및 훈련

자원봉사자들에게 반드시 오리엔테이션을 실시해야 하며, 오리엔테이션 시에는 조직의 운영 현황, 미션, 가치, 문화 등 조직에 대한 소개가 반드시 이루어져야 한다. 또한 자원봉사자의 기대와 조직의 기대, 조직이 자원봉사자에게 제공하는 자원과 부여하는 책임과 권한, 직원과 자원봉사자의 관계에 대한 조정이 다루어져야 한다.

자원봉사자 대상의 교육은 자원봉사자가 활동상 필요한 지식과 기술을 습득하고, 자원봉사자들의 가치관과 태도를 가지고 직무를 수행할 지식과 기술, 능력을 함양할 수 있도록 하는 일련의 계획된 과정으로, 오리엔테이션 외에도 자원봉사활동에의 책임감 부여, 서비스 질 향상, 자원봉사에 대한 인식 전환과 홍보의 수단, 동기부여, 자원봉사자와 조직 간의 신뢰 형성 등을 위해 자원봉사자를 대상으로 정기적으로 교육이 이루어져야 한다.

(5) 자원봉사활동 관리 감독: 슈퍼비전

자원봉사활동 관리의 핵심은 자원봉사자들이 자원봉사활동을 제대로 수행할 수 있도록 정보와 피드백 및 필요한 도움을 제공하는 것, 즉 목표한 성과를 내는 봉사활동을 할 수 있도록 지원하는 것이다. 다시 말해서, 자원봉사활동의 질적 관리라고 할 수 있다.

자원봉사자와 함께 일하는 기관은 자원봉사자들의 봉사활동 수행과 관련하여 적절한 기획과 감독, 평가를 위해 적절한 과정과 절차를 마련할 필요가 있다. 또한 이와 같은 내용이 시스템화되어 지속적으로 유지될 수 있도록 하는 것이 중요하다. 효과적인 자원봉사활동 관리 및 감독을 통해 자원봉사자의 개인적인 의미와 가치를 실현하고 사회적 · 정서적 성장을 가져온다.

(6) 자원봉사자의 활동에 대한 인정과 보상

자원봉사자의 활동에 대해 인정과 보상(recognition and reward)을 제공하는 것은 자원봉사활동에 대해 가치를 부여하고 감사를 표현하는 방법으로 자원봉사자에게 동기를 부여하고 조직에 대한 소속감을 높여 활동의 지속성, 생산성과 책임감을 증대시키는 수단일 뿐 아니라 새로운 자원봉사자를 모집, 유지, 개발하는 수단으로 유용하다. 이를 위해 다음 〈표 10-9〉에 제시된 것과 같은 인정과 보상 유형이 활용될 수 있다.

표 10-9 자원봉사활동에 대한 인정과 보상의 유형

유형	제공 대상 및 기준	인정과 보상의 예
정서적 · 심리적 보상	모든 자원봉사자, 일률적 제공	• 감사편지, 연하장, 축하카드(생일, 성년 등) • 자원봉사자 명함 제작 • 이달의 자원봉사자 선정
기회 제공 (교육, 행사 참여 등)	기회의 내용과 목적에 가장 적합한 자원봉사자 봉사시간과 자원봉사자 특성을 고려하여 공정하게 제공	• 자원봉사 교육, 워크숍 참석 등 • 해외연수, 선진지 견학 등 • 자기개발연구, 전문 심화교육 참가 등
현물 제공	기념일, 기준 봉사활동 시간 적용	• 기념품, 활동조끼, 배지 등 제공
간접적 · 경제적 보상	기준 봉사활동 시간 적용	• 주차권, 교통카드, 공공시설 이용료 등 할인 • 가맹점 할인 등
현금 지원	실비 제공 기준 적용	• 교통비 및 식비 • 재료비 등 활동 소요 경비
사회적 인정	기준 봉사활동 시간 적용 자원봉사 공헌, 정부 포상 기준 봉사활동 기간 적용	• 인증서 및 자원봉사증 발급 • 표창 • 언론매체 홍보 • 직원 채용 시 가산점 부여 등 • 보험 가입

출처: 한국자원봉사관리협회(2008), p. 142.

생각해 보기

1. 전통적 자원봉사활동에의 참여율이 정체, 감소하고 있는 이유는 무엇일까?
2. 새롭게 등장 · 확대되고 있는 자원봉사활동의 모습과 사례는 어떤 것들이 있을까?
3. 자원봉사자의 자원봉사활동 참여 동기를 부여하고 헌신을 높일 수 있는 방법은 무엇일까?
4. 자원봉사자와 직원의 차별성은 무엇일까?

참고문헌

최상미 · 신경희 · 이혜림(2017). 서울시 자원봉사 활성화 방안 연구. 서울: 서울연구원.

Bakker, K. J. (2003). *An uncooperative commodity: Privatizing water in England and Wales*. Oxford Geographical and Enviro.

Beveridge, W. H. (1949). Beveridge Report on Voluntary Action. *Monthly Labor Review, 68*(4), 427-429.

Commonwealth of Australia (2007). Tool kit: designing volunteer roles and position descriptions. National Volunteer Skils Centre(NVSC) · Volunteering Australia.

Dollery, B. E., & Wallis, J. L. (2003). *The political economy of the voluntary sector*. Edward Elgar.

Gaskin, K., Smith, J. D. (1995). A new civic Europe? The Volunteer Centre UK, London.

Govaart, M., van Daal, H. J., Münz, A., & Keesom, J. (eds.) (2001). Volunteering worldwide. Utrecht (NL): NIZW.

Handy, F., & Mook, L. (2011). Volunteering and volunteers: Benefit-cost analyses. *Research on Social Work Practice, 21*(4), 412-420.

Hustinx, L, Lammertyn, F. (2003). Collective and Reflexive Styles of Volunteering: A Sociological Modernization Perspective. *Voluntas, 14*(2), 167-184.

Hustinx, L., Handy, F., Cnaan, R. A., Brudney, J. L., Pessi, A. B., & Yamauchi, N. (2010). Social and cultural origins of motivations to volunteer: A comparison of university students in six countries. *International Sociology, 25*(3), 349-382.

Powers, M. (1998). Life cycles and volunteering. *Human Ecology, 26*(3), 3-9.

Putnam, R. (2000). Bowling alone. *The Collapse and Revival of American Community*. New York: Simon & Schuster.

Shin, S., & Kleiner, B. H. (2003). How to manage unpaid volunteers in organizations. *Management Research News, 26*(2/3/4), 63-71.

Smith, J. D. (2000). Volunteering and social development. *Voluntary Action, 3*(1),

9-23.

UNV (2015). State of the World's Volunteerism Report.

van den Bos, C. (2014). *Using volunteering infrastructure to build civil society*. Erasmus University Rotterdam.

van Hal, T., Meijs, L., & Steenbergen, M. (2004). Volunteering and Participation on the Agenda. Survey on volunteering policies and partnerships in the European Union. CIVIQ, Utrecht.

Worth, M. J. (2014). *Nonprofit Management Priciple and Practice* (3rd ed.). CA: SAGE Publications.

1365자원봉사포털. https://www.1365.go.kr

NCVO. https://www.ncvo.org.uk/

통계청 사회조사 각 연도.

제11장

사회복지조직의 재정관리

사회복지조직의 책임성에 대한 요구는 날로 증대되고 있다. 책임성의 지표로 재정관리의 투명성과 효율성이 주로 활용되는데, 사회복지조직이 재정관리의 투명성과 효율성을 증명해 내지 못할 때 국가보조금 및 민간 후원금의 획득은 어려워질 것이며, 조직의 신뢰도 하락으로 서비스 이용자 모집도 어려워질 것이다. 이에 사회복지조직은 투명하고 효율적인 재정관리가 요구된다. 이 장에서는 사회복지조직에서 재정관리가 왜 중요한지, 어떠한 특성을 가지는지, 어떠한 과정으로 관리되는지를 살펴본다. 또한 사회복지조직이 적용해야 하는 사회복지법인 및 시설의 재무 · 회계 규칙을 검토하고, 사회복지조직의 재원별 특성 및 관리 방법을 제시한다.

주요학습내용

1. 사회복지조직 재정관리의 중요성
2. 사회복지조직 재정관리의 특성
3. 사회복지조직의 재정관리에 대한 이해
4. 사회복지법인 및 사회복지시설의 재무 · 회계 규칙
5. 사회복지조직의 재원별 특성 및 관리

1. 사회복지조직 재정관리의 중요성

사회복지조직에서 재정관리는 매우 중요하다. 사회복지법인을 포함한 사회복지조직이 재정관리를 효율적으로 하고, 그 정보를 외부에 투명하게 공개해야 하는 이유는 다음과 같다. 첫째, 사회복지조직은 사회적 공익 달성이라는 조직의 목적과 이를 충당하기 위한 재원조달의 외부 의존성으로 인해 다양한 이해관계자(기부자, 정부, 수혜자 등)에게 높은 품질의 재무정보를 제공해야 할 공적 책무가 존재한다. 둘째, 이해관계자를 포함한 사회 일반은 사회복지조직의 재무에 대해 영리조직과는 차원이 다른 매우 높은 수준의 도덕성과 윤리의식을 기대하고 요구한다. 셋째, 유용, 횡령, 장부조작, 허위회계처리 등 회계부정 발생 시 민간재원(기부금, 후원금)과 정부보조금이 급감하여 사업 수행이 어려워질 뿐만 아니라 법적 제재에 따라 조직이 강제적으로 해산되거나 관련자가 형사처벌을 받는 극단적인 상황이 초래될 수 있다(고영일, 2015).

그런데 재정관리는 자신의 전문분야가 아니므로 재정관리 역량을 갖출 필요가 없다고 생각하거나, 적성에 맞지 않으니 재정관리 역량을 갖추려는 노력을 하지 않겠다는 사회복지 종사자들이 종종 있다. 그러나 이는 잘못된 생각이다. 사회서비스를 제공하는 사회복지 종사자는 재정관리 역량을 반드시 갖추어야 하는데, 그 이유는 다음과 같다. 첫째, 일선종사자로서 프로그램 및 서비스 예산을 효율적/효과적으로 편성하여 사용함으로써 조직의 회계투명성 확보에 기여하고, 외부재원 확보(프로포절 선정) 가능성을 높일 수 있다. 둘째, 조직의 비전과 미션, 사회서비스 철학과 가치를 예산에 반영 가능하며, 동료로서 재정관리에 대한 지도감독을 시행하여 조직의 회계투명성 확보에 기여할 수 있다. 셋째, 일반적으로 최고 또는 중간 관리자는 조직 및 팀 단위의 예산을 편성하고 회계 지도감독을 통한 조직관리를 해야 하지만 소규모

조직의 경우, 사회서비스 전문가가 재정관리 업무도 수행할 수 있다.

사회서비스 조직의 재정관리와 관련하여 다양한 이슈가 존재하는데, 그중 첫 번째는 사회서비스 조직의 회계기준 부족이다. 영리조직의 경우, 구체적으로 재무보고 기준이 정립되어 운영되고 있다. 그러나 비영리조직이 대부분인 사회서비스 조직의 경우에는 회계 투명성에 대한 사회적 관심과 요구가 많아짐에 따라 회계투명성이 높아지고 있으나, 그 기준은 아직 충분치 않다.

사회서비스 관련 회계 규정

- 사회복지법인 및 사회복지시설 재무회계규칙
- 의료기관 회계기준규칙
- 사학기관 재무 · 회계규칙, 사학기관 재무 · 회계규칙에 대한 특례규칙(올해부터 사립유치원도 준수 대상)
- 공익법인 회계기준(2017. 10. 제정, 2018. 1. 시행)

위와 같은 기존의 사회서비스 회계 규정들은 회계 구분, 재무제표 종류, 재무제표 작성방법, 재무제표 및 부속명세서 양식, 자산 · 부채의 평가 등 포괄적이고 단순한 기본 원칙만을 제시하고 있는 등 내용이 빈약하여 실제 적용과정에서 적지 않은 혼란과 어려움이 따르고 있다.

사회복지조직의 재정관리 이슈 중 두 번째는 사회복지조직의 재정관리 중요성에 대한 낮은 인식과 재정관리 역량이다. 대부분의 사회복지조직은 사회서비스 제공 결과(이용자의 변화 등)를 더 중시하고, 재정관리는 부수적이고 행정적인 일로 인식하고 있다. 재정관리의 중요성 강조 시, 자신에 대한 회계부정을 의심한다거나 예산이 워낙 열악한데 회계를 운운할 수준이 되는지, 조직의 재량권 제한으로 교육프로그램의 획일화를 초래하는 건 아닌지 등의 반응을 보이는 경우가 많다. 또한 재정관리 관련 의무사항 준수만을 회계 관리의 전부로 인식하고 있어 합리적인 경제적 의사결정을 위한 유용한 재무정보의 제공이라는 재정관리의 본질적 의미를 제대로 이해하지 못하고 있다. 게다가 종사자의 재정관리 역량 함양 기회가 부족하고, 인력 부족으로 사회복지전문가가 타 업무와 겸하고 있는 경우가 많아 회계업무의 전문성 확보에 어려움이 있다(고영일, 2015).

2. 사회복지조직 재정관리의 특성

비영리조직 중에서도 사회복지조직은 외부재원의 영향을 특히 많이 받는다. Hasenfeld(1992)는 사회복지조직과 재원의 관계에 관한 주요 특징을 다음과 같이 제시하고 있다.

첫째, 사회복지조직은 일반적으로 재원의 지속적인 조달을 직접적으로 통제할 수 없으며, 통제하려 하지도 않는다. 사회복지조직은 법적으로 위임된 서비스라 할지라도 재정 할당 정도를 스스로 정할 수 없고 입법기관에서 설정한다. 이는 사회복지조직이 예산과 관련된 정책결정과정에 참여할 수 있는 권한을 제한당하는 것을 의미한다. 또한 영리부문과 비교할 때 사회복지조직은 그들이 제공하는 서비스의 전체 비용을 기꺼이 지불하거나 지불할 수 있는 소비자에게 접근할 준비가 미흡하다. 즉, 수입을 늘릴 수 있는 홍보, 마케팅, 기타 시도를 충분히 하지 않고 있다. 한편 사회복지조직이 이러한 시도를 적극적으로 하게 되면, 영리조직으로부터 '부당한 경쟁'이라고 비난받을 수도 있다.

둘째, 사회복지조직은 매우 다양한 재원을 갖는다. 예를 들어, ① 정부로부터 직접적으로 받거나 계약의 형태로 지원받는 정부보조금, ② 재단지원금, 협찬후원금, 직접적인 개별 기부, 유증, 종교기관 기부 등의 형태로서의 기부금, ③ 서비스 요금 대여, 상품판매 등의 수익사업에 의한 이용료, ④ 기타 특별행사나 기증, 투자 등의 수입 등 다양하며, 이러한 각각의 유형은 사회복지 조직 특성에 따라 비중이 달라진다. 미국 시카고 지역에서 사회복지조직을 분석한 결과에 의하면, 전체 사회복지조직 중 2/3는 정부보조금과 서비스 요금, 직접적인 개인기부를 동시에 받고 있는 조직이었으며, 2/5는 재단지원금이나 협찬후원금을 갖고 있었고, 1/4은 공동모금회, 기증 또는 다른 투자, 판매에 중점을 두었으며, 1/5은 종교단체나 다른 연방기금의 자원을 주요재원으로 하고 있었다(Gronbjerg, Kimmich, & Salamon, 1985).

셋째, 다양한 원천으로부터 재원을 확보하기 위해 사회복지조직은 특별한 업무를 수행해야 한다. 즉, 재단에 사업제안서(proposal)를 쓰거나, 정부와 계약관계를 맺고, 기부자에게 후원금을 요청하거나, 공동모금회 회원단체들과 연대하여 모금행사에 참여하고, 서비스 이용자에게 이용료를 지불하도록 요청하고, 마케팅 전략을 통해 기부금품을 모집하거나 접수받고, 특별행사를 조직화하는 등의 다양한 재원확보전략을 추진해야 한다.

대부분의 자원 제공자는 수혜기관과 직간접적으로 연관되어 있기 때문에 사회복지조직 입장에서는 재원을 확보하기 위해 의도적인 연계노력이 필요하다. 따라서 사회복지조직의 운영자들은 조직의 기능을 잘 유지하기 위해서 조직들 간에 어떻게 결합되고 상호작용하는지에 대해 이해하고, 전략적으로 관리할 수 있어야 하기에 여기서는 사회복지조직에서 예산에 대한 기본적 이해와 필요한 예산편성과 재원개발전략에 관해 논하고자 한다.

3. 사회복지조직의 재정관리에 대한 이해

사회복지조직의 재정관리는 필요한 재정적 자원을 합리적이고 계획적으로 동원하고, 예산을 수립하여 효율적으로 집행하는 과정이다. 또한 기관의 목표 달성을 촉진하고, 재원과 기타 관련 자원을 법적 및 윤리성에 근거하여 통제하고, 계획적으로 사용하는 것으로, 재정획득, 예산수립, 예산의 집행 및 회계, 재정평가 등이 포함된다. 재정관리를 위해 필수적으로 이해해야 하는 예산에 대해 먼저 이해해 보자.

1) 예산의 개념과 기능

예산은 일정 기간(회계연도)에 걸친 조직의 수입 및 지출에 관한 예정액 혹은 계획안이다. 사회복지조직의 예산은 법인(시설)이 일정한 규칙과 형식에 의하여 편성하고, 이사회 또는 예산(안)에 대한 심의·의결 기구의 심의·의결을 거쳐 확정된 1회계연도 기간(1/1~ 12/31) 동안의 재정계획을 말한다. 1회계연도에 속하는 법인 및 시설의 세입·세출의 출납에 관한 사무는 다음 연도 2월 말일까지 완결해야 한다.

- 세입예산: 세출예산의 재원으로서의 예정 수입
- 세출예산: 1회계연도 내에 지출할 수 있는 최고액 한도. 초과 불가능

예산은 본예산, 추가경정예산, 준예산으로 나뉜다. 본예산은 시설장 또는 법인 대표이사가 매회계연도에 시설운영을 위해 편성하는 예산이다. 추가경정예산은 시설의 예산이 성립되고 회계연도가 개시된 후에 새로이 발생한 사유로 이미 성립된 예산에 변경을 가할 필요가 있을 때, 시설장이 법인 이사회에 추가로 예산을 편성하여 제출하는 예산을 말한다. 준예산은 회계연도 개시 전까지 법인의 예산이 성립되지 아니한 때에 법인의 대표이사 및 시설의 장이 시군구의 장에게 그 사유를 보고하고 예산이 성립될 때까지 시설운영에 필수적으로 필요한 경비, 법령상 지급의무가 있는 경비를 전년도 예산에 준하여 집행하는 예산이다.

예산의 기능에는 네 가지가 있다. 첫째는 조직운영 기능이다. 집행부 통제기능, 이해관계 조직기능, 정책형성의 기능이 해당된다. 둘째는 법적 기능이다. 사회복지시설 운영자에 대하여 예산의 집행권한을 부여하는 기능을 말한다. 셋째는 재정적 기능이다. 사회복지조직에서 세입은 법인(시설)이 보유중인 자원의 일부를 목적사업추진 재정으로 전환하는 것이며, 세출은 전환된 재정을 운용 · 관리하는 것을 의미한다. 네 번째는 행정적 기능이다. 예산이 사회복지조직사업 전반을 관리할 수 있는 도구가 되는 것을 말한다.

2) 예산의 원칙

예산원칙이란 예산의 편성 · 집행에 있어서 준수되어야 할 원칙을 말하며, 구체적으로는 다음과 같다(서울특별시, 2018). 첫째, 예산 총계주의의 원칙이다. 한 회계연도의 모든 수입은 세입으로 하고, 모든 지출은 세출로 하며, 세입과 세출은 모두 예산에 편성되어야 하고, 편성된 모든 수입은 각각의 목적과 용도에 부합되게 지출되어야 함을 말한다. 둘째, 정부 및 지방자치단체의 보조금, 사회복지공동모금회, 민간복지재단 등에서 주관하는 각종 공모사업 수행 후원금, 각종 단체 및 개인의 기부금, 후원금, 불용품 매각대금, 예금 이자 등의 잡수입에 이르기까지 모든 수입은 세입 예산에 편성된다는 것이다. 셋째, 회계연도 독립의 원칙이다. 각 회계연도에 있어서 지출되어야 할 경비의 재원은 그 연도의 수입으로 조달되고 당해 연도에 지출하여야 한다. 넷째, 수입금 직접사용금지의 원칙이다. 다른 법률에 특별한 규정이 있는 경우를 제외하고는 그 소관에 속하는 수입으로 납부하여야 하며, 이를 직접 사용하지 못한다. 또한 공모사업 수입금을 세입에 계상하지 않고 직접 집행하면 안 된다. 다섯째, 목적 외 사용금지의 원칙이다. 수탁기관의 예산은 세출예산이 정한 목적 외에 이를 사용하지 못한다.

3) 예산의 편성

예산편성은 조직의 특정 목표를 달성하기 위해 필요한 비용을 추정하는 과정으로, 정치적 과정, 프로그램 기획 및 관리과정, 궁극적으로 조직을 변화시키는 매우 광범위하고 포괄적이며 미래지향적인 과정을 포함한다. 예산편성은 세입예산안 작성과 세출예산안 작성으로 구분한다. 세입예산은 재원별, 성질별로 관항목으로 구분하여 편성된다.

- 관: 기능별 · 조직별 · 사업목적별 분류
- 항: 경산예산별, 사업예산별, 채무상환, 예비비 등
- 목: 사업의 성질별 및 사업내용별 구분

주요 세입재원은 정부 및 지방자치단체의 보조금, 법인전입금, 후원금, 이용자부담금수입, 이월금, 잡수입으로 구성된다. 정부 및 지방자치단체의 보조금 수입은 각 보조사업별로 명확히 구분하며, 법인전입금, 공모사업 후원금, 기부금, 이용료 수입, 불용재산 매각수입 등 모든 수입을 누락 없이 편성해야 한다. 세출예산도 재원별, 성질별로 관항목으로 구분하여 편성한다. 지출단가에 대한 정부 및 지방자치단체, 민간위탁 주관부서의 지침이 있는 경우에는 이를 적용시킨다. 보조금 및 민간위탁금 이외에 수탁기관이 자율적으로 부담하는 인건비성 경비 등은 법인전입금 항목에 편성한 후 집행함으로써 보조금 및 민간위탁금과 법인전입금의 구분을 명확히 해야 한다. 지출단가에 대한 지침이 없는 경우, 조달청 가격 또는 한국물가정보에서 발행하는 월간 종합물가정보지를 참조하거나 시장 조사를 통해 결정할 수 있다.

예산편성은 ① 예산편성기준 확정, ② 팀별 예산요구서 및 사업계획 취합, ③ 예산 및 사업계획 검토, ④ 예산 및 사업계획 조정, ⑤ 예산안 제출 및 심의/조정, ⑥ 이사회 심의/의결, ⑦ 예산 및 사업계획 승인/확정 공포의 절차

로 진행된다. 예산은 회계연도 개시 전에 확정되어야 하며, 회계연도 개시 후 사업에 지장이 없도록 편성되어야 한다.

예산편성 모형으로는 대표적으로 품목별 예산, 성과주의 예산, 계획 예산, 영기준 예산이 있으며, 실제로 예산체계는 두 가지 이상의 모형이 결합되어 적용되는 경우가 많다.

(1) 품목별 예산

품목별 예산(line-item budgeting: LIB)은 기관의 총 영역과 돈의 액수를 단순하게 목록화한 것으로 가장 기본적이고 널리 사용되는 예산체계이다. 전년도 예산을 근거로 하여 일정한 양만큼 증가시켜 나가는 것으로 점진주의적 특성을 가지고 있다. 장점으로는 간편하고 비용 조절이 가능하며, 지출 감시가 용이한 점이 있고, 단점으로는 프로그램 비용과 행정비용을 비교할 근거를 제공하지 못해 효과성 측정이 곤란하다는 점이 있다.

표 11-1 품목별 예산 예시

비목	2014년	2015년	비고
인건비	6,800만 원	7,200만 원	
회의비	200만 원	250만 원	
자재비	480만 원	600만 원	
총계	7,480만 원	8,050만 원	

(2) 성과주의 예산

성과주의 예산(performance budgeting: PB)은 수행하는 업무에 중점을 두는 관리지향의 예산제도이다. 사업계획을 세부사업으로 분류하고 각 세부사업을 단위원가×업무량=예산액으로 표시하여 편성한다. 장점으로는 사업과 목적 이해에 도움, 계획과 통제 용이, 실적 분석 용이, 자금배정을 합리화, 장

표 11-2 성과주의 예산 예시

• 상담
단위: Ct, 상담 시간 / 단위비용: 서비스 이용자당 20만 원, 시간당 2만 원
연간목표: Ct 400명, 상담시간 4000시간
예산액: 20만 원×400명=8,000만 원

비목	2018년			2019년		
	단위	목표	예산	단위	목표	예산
상담	21만 원/1명	340명	7,140만 원	20만 원/1명	400명	8,000만 원

기계획의 수립 및 실시에 도움, 예산집행에 신축성이 부여되는 점이 있다. 단점으로는 회계책임이 불명확, 충분한 공금관리 확보 곤란, 엄격한 통제 어려움, 실제 운영에 많은 난점, 업무측정단위와 단위 원가를 산출해 내기 곤란하다는 점이 있다.

(3) 계획 예산

계획 예산(planning-programming-budgeting system: PPBS)은 계획지향, 기획지향적 입장에서 장기적인 계획수립과 단기적인 예산편성을 프로그램 작성을 통하여 유기적으로 결합시킴으로써 자원배분에 관한 의사결정을 하는 것이다. 계획 예산은 '문제상황 → 계획책정 → 계획 → 프로그램 작성→ 사업계획서 → 예산편성 → 예산'의 과정을 가진다. 계획 예산 제도의 기본원리는 절약과 능률, 효과성, 과학적 합리성, 과학적 객관성, 조정으로 구성된다. 장점으로는 조직목표의 정확한 파악, 합리적 의사결정 가능, 가장 긴급한 목표 선택 가능, 조직의 통합적 운영 편리, 목표 달성을 위한 효율적 수단 분석 가능, 장기적 사업계획에 대한 신뢰도가 높다는 점이 있다. 단점으로는 목표설정의 어려움, 중앙집권화의 초래, 정량화 및 계량화의 어려움 및 결과에 치

표 11-3 계획 예산 예시

항목	2018년	2019년
노인급식프로그램 7,200만 원으로 500명의 노인에게 식사를 제공하여 영양을 유지하거나 개선하는 것	6,800만 원	7,200만 원
노인여가프로그램 5,000만 원의 총비용으로 1,000명의 노인에게 여가프로그램을 제공하여 소외감을 줄이고, 삶의 만족도를 향상시키는 것	5,000만 원	5,000만 원
총계	…	…

중하여 과정이 무시될 수 있다는 점이 있다.

(4) 영기준 예산

영기준 예산(zero-based budgeting: ZBB)은 전년도 예산을 고려하지 않고 영기준을 적용하여 사업목표와 수행능력에 따른 체계적인 분석을 통해 사업의 우선순위를 결정하고, 예산을 편성하는 제도이다. 소비자에게 유리한 제도로 모든 사업이 동등한 기회를 가지고, 의사결정 기능이 강하다. 장점으로는 재정운영, 자금배정의 탄력성 유지, 자원배분의 합리화, 관리자의 참여 확대 및 관리자에게 관리수단을 제공, 하의상달(bottom-up) 촉진으로 사업의 효과성 향상 등이 있다. 단점으로는 사업의 축소 및 폐지 곤란, 목표 설정 기능/계획 기능 위축, 심리적 · 정치적 요인 무시, 업무 부담의 과중 및 분석기법 적용에 한계가 있다는 점이 있다.

4. 사회복지법인 및 사회복지시설의 재무 · 회계 규칙[1)]

1) 사회복지법인 및 시설의 재무 · 회계 규칙의 법적 근거와 적용 범위

모든 사회복지법인 및 시설은 '사회복지법인 및 사회복지시설 재무 · 회계 규칙'을 따라야 한다. 이 재무회계규칙은 실무적인 차원에서 회계업무를 기술한 것이 아니라 사회복지시설의 예산, 결산, 수입과 지출에 있어서 원칙과 절차를 설명하고 있다. 사회복지법인 및 사회복지시설 재무 · 회계 규칙의 법적 근거는 다음과 같다.

- 「사회복지사업법」 제23조 제4항
  제1항(법인은 사회복지사업의 운영에 필요한 재산을 소유하여야 한다)에 따른 재산과 그 회계에 대한 필요한 사항은 보건복지부령으로 정한다.
- 「사회복지사업법」 제34조 제4항
  시설을 설치 · 운영하는 자는 보건복지부령으로 정하는 재무 · 회계에 관한 기준에 따라 시설을 투명하게 운영해야 한다.
- 「사회복지사업법」 제45조 제2항
  후원금에 관한 영수증 발급, 수입 및 사용결과 보고, 그 밖에 후원금 관리 및 공개 절차 등 구체적인 사항은 보건복지부령*으로 정한다.

* 보건복지부령 = 사회복지법인 및 사회복지시설 재무회계규칙

「사회복지사업법」 제2조에 의해 설치되어 운영되는 시설들은 모두 사회복지법인 및 사회복지시설 재무 · 회계 규칙의 적용을 받는다. 예를 들면, 어린

1) 사회복지법인 및 사회복지시설의 재무 · 회계 규칙의 전문은 부록을 참고하기 바람.

이집, 아동상담소, 종합사회복지관, 정신질환자 사회복귀시설, 노인장기요양시설 등이 해당된다. 「사회복지사업법」 제2조에 의해 설치되지 않은 기관일지라도 사회복지와 관련이 있고 자체적으로 특별한 회계기준이 없는 경우, 사회복지법인 및 사회복지시설 재무 · 회계 규칙을 준용하도록 하고 있으며, 건강가정지원센터 등이 이에 해당된다. 그 외에도 사회복지 종사자가 알아야 할 관련 법령 및 지침은 다음 〈표 11-4〉와 같다.

표 11-4 사회복지조직 종사자가 기본적으로 알아야 할 법령 및 지침들

- 「사회복지사업법」「사회복지사업법 시행령」「사회복지사업법 시행규칙」 중 회계 관련 사항
- 연도별 사회복지시설 관리 안내(보건복지부 발행)
- 연도별 사업 안내(분야별로 보건복지부에서 발행)
- 보조금 및 후원금 주체가 정한 각종 회계지침(사회단체 보조금 지원 기준, 공동모금회 배분사업 기준 등)
- 지방자치단체의 사회복지시설 관련 조례 등
- 「보조금 관리에 관한 법률」
  보조금 예산의 편성, 교부 신청, 교부 결정 및 사용 등에 관하여 기본적인 사항을 규정함으로써 효율적인 보조금 예산의 편성 및 집행 등 보조금 예산의 적정한 관리를 도모함을 목적으로 하는 법
- 「근로기준법」
  시설 종사자에게 적용되는 법으로, 헌법에 따라 근로기준을 정함으로써 근로자의 기본적 생활을 보장 및 향상시키며 균형 있는 국민경제의 발전을 꾀하는 것을 목적으로 함.
- 「기부금품의 모집 및 사용에 관한 법률」
  기부금품의 모집절차 및 사용방법 등에 관하여 필요한 사항을 규정함으로써 성숙한 기부문화를 조성하고 건전한 기부금품 모집제도를 정착시키며, 모집된 기부금품이 적정하게 사용될 수 있게 함을 목적으로 함.
- 해당 사회복지시설의 설치 근거가 된 법률(예: 「아동복지법」)
- 공익법인 회계기준
- 사회보험 관련 법
- 「법인세법」「소득세법」의 일부 등

2) 사회복지법인 및 사회복지시설 재무 · 회계 규칙의 내용

(1) 총칙

사회복지시설의 회계연도는 1월 1일~12월 31일이다. 회계연도는 사실이 발생한 날을 기준으로 구분한다. 예를 들어, 2018년 10월 17일에 3천만 원이 입금되었다면, 2018년 예산에 포함하고, 2018년도 추가경정예산을 편성해 주어야 한다. 세입세출의 출납 사무는 다음 연도 2월 말까지 완결해야 한다. 법인의 회계는 법인회계, 시설회계, 수익사업회계로 구분되는데, 각각의 독립적인 회계로 명확히 구분되어야 한다. 세 회계의 구분과 그 흐름을 명확히 이해하는 데 있어서 주의해야 할 자금의 흐름은 다음과 같다. 법인회계와 수익사업 회계는 자금의 전입과 전출이 가능하다. 같은 법인 산하의 시설 간에는 자금의 전입과 전출이 불가능하다. 법인과 산하시설은 자금의 전입과 전출이 부분적으로 가능하다. 또한 정보화가 진행됨에 따라 정보통신매체에 의한 재무 및 회계 처리도 규정되어 있는데, 사회복지시설은 사회복지시설 정보시스템을 사용하게 되어 있고, 민간의 프로그램을 사용하는 경우에는 보건복지부장관이 검증한 표준연계모듈이 적용된 정보시스템을 사용해야 한다.

(2) 예산

사회복지시설 회계의 예산은 본예산, 추가경정예산, 준예산이 있다. 시군구청장은 회계연도 2개월 전까지 필요하다고 인정되는 사항에 관해 예산편성 요령을 법인 및 시설에 통보할 수 있다. 법인 대표이사는 회계연도 1개월 전까지 법인 및 시설의 예산편성 지침을 정하여야 한다. 예산안에 대해 시설운영위원회 보고 후 이사회의 의결을 거쳐야 하며, 의결된 예산안을 시군구청장에게 제출해야 한다.

사회복지시설의 회계는 예산의 범위 내에서 이루어져야 하고, 변경될 경우에는 추가경정예산 및 전용의 방법으로 예산을 변경해야 한다. 관항 간의 예산 전용 시에는 법인 이사회의 의결이 필요하다. 목 간의 예산 전용 시에는 법인 대표이사 및 시설장이 전용가능하다. 예산서는 세입세출 예산과목기준표에 작성해야 하고, 기준표에 없는 항목을 신설하는 경우에는 지방자치단체의 승인을 받아야 한다.

(3) 결산

결산이란 사회복지시설이 한 해 동안 계획한 예산에 따라 예산을 잘 집행하였는지를 내부 및 외부에 보고하는 것이다. 시설이 주어진 예산의 범위 내에서 재무활동을 적절히 수행하였는지를 확인하고, 결산을 통해 얻은 자료를 향후 예산과정에 효율적으로 반영하였는지 확인한다. 시설운영위원회 보고를 거친 후 법인 이사회의 의결(개인시설은 시설운영위원회 보고만 함)을 한다. 결산은 한 해 동안의 예산 집행을 마감하는 것으로, 다음 해 3월 31일까지 결산 보고서를 제출한다. 법인과 시설의 결산보고서 중 세입 · 세출 결산서를 시군구, 법인, 시설의 게시판과 인터넷에 20일 이상 공고해야 한다. 법인감사 및 지방자치단체 지도감독에 관한 내용은 다음과 같다. 사회복지시설 회계는 매년 1회 이상 법인의 감사(제42조), 지방자치단체의 지도감독(「사회복지사업법」 제51조)을 받게 되어 있고, 이에 성실히 임해야 한다. 불이행, 거짓보고, 자료미제출, 질문을 거부, 방해 또는 기피한 자는 1년 이하의 징역 또는 1천만 원 이하의 벌금에 처한다.

(4) 회계

기관의 예산을 집행하는 수입원과 지출원은 대표이사나 시설장이 임명과 해임을 한다. 또한 재정보증이 설정되어 있어야 한다. 사회복지시설 회계에서 수입 재원은 크게 보조금과 자부담으로 구분된다. 보조금은 경상보조금, 기타보조금 등 보조금교부신청서를 통해 받은 보조금이고, 자부담에는 사업수입, 후원금, 법인전입금이 포함된다. 수입 재원에 따라 그 사용 용도가 각

각 다르기 때문에 해당 기준을 명확히 이해하고 집행해야 한다. 지출 시 지출원은 어떤 재원에서 지출할 것인지 알고 있어야 한다. 지출은 예산범위 내에서 실시해야 하며, 지출을 위해서는 다음의 세 가지 조건을 충족시켜야 한다. 관리자의 지출명령이 있어야 하며, 지출원이 지출해야 하고, 적법 지출증명을 수취해야 한다. 그리고 장부 및 증빙서류의 보존기간은 5년이다.

(5) 물품 및 후원금

물품 구입의 재원은 국민의 세금과 후원금이라는 점에서 철저한 관리가 필요하다. 법인 대표이사와 시설장은 그 소관에 속하는 물품 관리에 관한 사무를 소속직원에게 위임할 수 있다.

법인 대표이사와 시설장은 물품의 출납 보관을 위하여 소속직원 중 물품출납원을 지정하여야 한다. 물품관리자는 물품을 출납하게 하고자 할 때에는 물품출납원에게 출납하여야 할 물품의 분류를 명백히 하여 그 출납을 명령하여야 하고, 물품출납원은 물품관리자의 명령이 없이는 물품을 출납할 수 없다. 연 1회 법인 및 시설에 대한 정기재물조사를 의무적으로 실시해야 하며, 필요시에는 대표이사 및 시설장 재량에 따라 수시로 재물조사가 가능하다. 불용품의 처리 시에는 명확한 기준에 따라 내부 승인을 받고 처리하여야 한다. 사용이 불가능하거나 수리하여 재사용이 불가능한 물품에 대해 불용 결정을 하고, 불용품 매각 시 그 대금은 당해 법인 및 시설의 세입예산에 편입해야 한다. 불용품은 관리전환, 매각, 무상양도, 폐기 등이 가능하다.

5. 사회복지조직의 재원별 특성 및 관리

1) 정부보조금

민간 사회복지조직의 대부분은 정부보조금이 주요 재원이다. 2016년 기준 사회복지시설정보시스템에 등록된 2,713개소의 정부보조금 비율은 평균 75.7%이다. 모든 사회복지시설 유형의 정부보조금 비율은 평균 60% 이상이다(주은수 · 윤민화, 2017).

그런데 보조금은 다른 재원과는 상이한 규칙을 갖고 있기 때문에 「보조금

표 11-5 사회복지시설의 재정수입과 보조금 비율

	시설 유형	총수입액 (원)	비중(%)					
			자체수입	보조금	후원금	전입금	잡수입	기타
생활	아동공동생활가정	23,616,500,871	0.3	63.1	16.9	3.0	1.2	15.4
	아동양육시설	163,961,291,047	0.1	86.6	8.3	3.8	1.2	0.0
	장애인공동생활가정	6,985,187,609	1.1	67.5	6.1	4.2	2.3	18.9
	장애인거주시설	7,604,784,003	0.6	72.0	6.3	3.3	2.4	15.4
	노인양로시설	48,606,250,388	1.7	67.2	6.6	4.7	1.7	18.2
	노숙인요양시설	21,302,617,061	0.0	87.5	4.3	3.8	3.9	0.4
	정신요양시설	87,379,461,413	2.9	90.0	2.4	0.5	0.9	3.3
이용	지역아동센터	232,005,303,081	2.1	81.4	13.6	2.2	0.7	0.0
	지역자활센터	114,532,667,291	31.8	65.9	0.6	0.2	0.4	1.1
	사회복지관	327,989,752,269	13.5	67.5	13.7	4.3	0.9	0.0
전체		1,032,756,837,645	8.7	75.7	9.9	2.9	1.0	1.8

자료: 사회보장정보원 사회복지시설정보시스템의 11개 사회복지시설 유형 중 2,713개소
출처: 이철선 외(2016).

관리에 관한 법률」에 따라 별도로 관리해 주어야 한다.

이 법은 보조금 예산편성, 교부 신청, 교부 결정 및 사용 등에 관하여 기본적인 사항들을 규정함으로써 보조금 예산의 적정한 관리를 도모하고자 만들어진 법이다. 이 법률에 의하면 보조금이란 국가 외의 자가 수행하는 사무 또는 사업에 대하여 국가가 이를 조성하거나 재정상의 원조를 하기 위하여 교부하는 것을 말한다. 국가 및 지방자치단체는 사회복지시설의 설치 또는 운영에 필요한 비용 중 일부를 예산의 범위 안에서 보조하게 되어 있다. 보조금의 지급대상은 사회복지 및 비영리 법인, 사회복지사업을 수행하는 비영리 법인, 사회복지조직을 설치 · 운영하는 개인이다.

이 법의 시행령에는 보조사업별로 적용하는 기준이 되는 기준보조율을 정하고 있다. 필요하다고 인정되는 보조사업에 대하여는 기준보조율에서 일정 비율을 더하거나 빼는 차등보조율 적용이 가능하다. 사회복지시설은 보조사업의 목적과 내용, 경비, 그 밖에 필요한 사항을 적은 신청서를 중앙관서의 장에게 지정한 기일 내에 제출해야 한다. 중앙관서는 보조금 신청 내용이 법령 및 예산의 목적에 적합한지, 보조사업 내용이 적정한지, 금액 산정의 착오는 없는지, 자기자금 부담능력이 있는지 등의 기준을 고려하여 보조사업자선정심의위원회를 거쳐 교부를 결정한다. 보조금 교부 결정 후에는 지체 없이 신청자에게 통지해야 한다.

보조금을 지원받은 사회복지시설은 선량한 관리자의 주의에 따라 보조사업을 수행해야 한다. 보조금은 그 목적 이외에는 사용 불가하며, 보조금 관리 정보는 5년간 보유할 의무가 있고 이후 파기해야 한다. 보조금도 정보시스템을 통해 관리되는데, 보조금통합관리망의 명칭은 'e나라도움'이다. 'e나라도움'은 사회보장정보시스템, 사회서비스 전자바우처 관리체계 등과 필요한 범위 내에서 연계할 수 있다. 보조금 관 · 항 간의 전용은 이사회의 의결과 운영위 보고를 거쳐야 가능하고, 목 간의 전용은 시설장 재량에 따라 가능하다. 보조금은 사회복지 증진에 대한 국가책임을 민간법인에 대한 보조금의 형태로 지급하는 성격을 가지며 보조금의 수준은 운영비 수준이다.

2) 후원금

후원금은 아무런 대가 없이 무상으로 받은 금품 및 기타의 자산이다. 후원금 계좌는 법인 명의 또는 시설 명칭이 부기된 시설장 명의 후원금 전용 계좌를 사용해야 한다. 후원금 접수 시에는 영수증을 발급하는 것이 원칙이나, 온라인 계좌를 통해 접수하는 경우에는 영수증 발급을 생략할 수 있다. 법인과 시설은 후원금 전용계좌를 구분해야 한다. 모든 후원금의 수입과 지출은 후원금 전용계좌 등을 통해 처리해야 하지만 물품 형태의 후원금은 예외 적용이 가능하다. 법인 및 시설의 후원금 전용계좌는 반드시 각각 구분하여 사용하고, 구분된 사실을 후원자에게 반드시 사전에 안내해야 한다. 또한 후원금 영수증, 발급내역 등을 시설에 비치해 놓아야 한다.

법인의 대표이사와 시설장은 시군구청장에게 결산보고서 제출 시 후원금 수입 및 사용결과보고서를 함께 제출해야 하며, 시군구청장은 보고서를 제출받은 날로부터 20일 이내에 인터넷 등을 통하여 3개월간 공개해야 한다. 같은 기간 동안 법인 및 대표이사와 시설장도 후원금 수입 및 사용결과 보고서를 법인 및 시설의 게시판과 인터넷 홈페이지에 공개해야 한다. 이때 후원자 성명(법인의 경우 그 명칭)은 공개하지 않는 것을 원칙으로 한다.

후원금은 지정후원금과 비지정후원금으로 구분되며, 후원금의 유형에 따라 사용 용도가 다르다. 지정후원금은 후원자가 지정한 사용 용도 외의 용도로 사용하지 못하지만, 15% 이내에서 모금 홍보 및 사후 관리비용으로 사용 가능하다. 비지정후원금은 후원자가 사용 용도를 지정하지 않은 후원금으로, 간접비(예: 법인 운영비, 시설 운영비) 사용비율은 50%를 초과하지 못한다. 이때 간접비 사용 비율은 당해 연도 후원금 수입금액이 아닌 지출금액을 기준으로 한다. 하지만 간접비 중에서도 업무추진비, 법인회계전출금, 부채상황금, 잡지출, 예비비로는 사용이 불가하다. 자산취득비로 사용하는 것 역시 원칙적으로 금지하나, 토지, 건물을 제외하고 시설 운영에 필요한 집기, 장비 등은 구입이 가능하다. 또한 「근로기준법」과 지방자치단체에서 별도로 정하고 있는 수당에 한하여 인건비로도 사용 가능하다. 후원금은 가급적 적립하거나 이월하지 않고 회계연도 내에서 집행할 수 있도록 노력해야 하며, 이월하거나 전출하는 경우 그 세입이 후원금이라는 것을 반드시 명시하고, 이월 · 전출된 후원금은 후원금 관리 기준에 따라 사용하여야 한다. 후원금 수입 및 사용내용은 결산서를 제출할 때 시군구에 함께 제출하고, 연 1회 이상 후원자에게 통보해야 한다. 이때에는 자체 홍보지를 통한 통보도 가능하다.

3) 이용료

이용료는 이용자의 비용지불능력, 서비스 원가 등을 고려하여 결정해야 한다. 이용료 수입은 사업수입금으로 분류되며, 사업수입금은 근거자료로 영수증을 정리 · 보관해야 하며, 국민기초생활보장수급권자 본인에 대해서는 그 비용을 징수하지 않는다. 수입금의 영수증 발급과 관련하여 납부자에게 1부 발급한 후 1부는 기관이 보관해야 하고, 영수증에는 일련번호를 부여하여 관리해야 한다.

생각해 보기

1. 사회복지조직의 재정관리 수준은 조직의 운영에 어느 정도 영향을 미치는가?
2. 사회복지 종사자의 체계적 재정관리는 전문성 강화에 어느 정도 영향을 미치는가?
3. 민간 사회복지조직의 공공 재정 비중은 어느 수준이 적절할까?

활동하기

• 사회복지조직 2곳을 선택하여 다음의 사항에 대한 정보를 찾아 적고, 두 조직의 재정 관리 현황에 관한 생각, 문제점, 개선방안에 대하여 토의해 보자.

시설명		
예산 관련 자료가 공개되어 있는가? 있다면, 어떠한 방식으로 공개되어 있는가?		
이용료를 내는 프로그램이 있는가? 있다면, 이용대상과 이용료는 얼마인가?		
후원금 관리는 어떻게 하고 있는가?		
세입세출결산보고서 또는 재무제표 참고 – 예산모형 중 어떠한 모형을 적용하고 있는가? – 세입예산 구성은 어떻게 되어 있는가? (총액, 관 항목 중 관 단위에서만 분석)		
주요 의견/문제점/개선방안		

참고문헌

고영일(2015). **사회복지전문 Go회계사의 알기 쉬운 사회복지 회계 · 세무 실무**. 서울: 제이엘북스.

김성국 · 김정미(2013). **사회복지시설 회계실무**. 경기: 공동체.

김형용(2018). 사회복지 노동과 임금: 가격결정의 문제들. **한국사회복지행정학**, 20(1), 151-179.

서울특별시(2018). 서울특별시 민간위탁사무 예산 · 회계 및 인사 · 노무 운영 매뉴얼.

이철선(2016). 사회복지분야 종사자의 시설별, 직무별 적정임금 산정을 위한 연구. 보건복지부 · 한국보건사회연구원.

주은수 · 윤민화(2017). 사회복지노동자의 임금 결정요인: 사회복지현장 내부의 임금편차와 영향요인을 중심으로. 사회복지 노동과 임금: 열정을 가로막는 보상체계.

한 국사회복지행정학회 2017 추계학술대회.
지은구(2012). **비영리조직 성과관리(비영리조직 성과측정 매뉴얼)**. 서울: 나눔의집.
황성철 · 정무성 · 강철희 · 최재성(2014). **사회복지행정론**(제3판). 경기: 정민사.

Gronbjerg, K. A., Kimmich, M. H., & Salamon, L. M. (1985). *The Chicago nonprofit sector in a time of government retrenchment*. Urban Institute Press.
Hasenfeld, Y. (1992). *The Nature of Human Service Organizations*. In Y. Hansenfeld (Ed), Human Services as Complex Organizations, pp. 3-23. Newbury Park, CA: Sage.

국가법령정보센터(2019). 사회복지법인 및 사회복지시설 재무 · 회계 규칙. www.law.go.kr

제12장

사회복지조직의 모금관리

최근 사회복지조직에 대한 정부 자원 제공의 감축, 비영리조직의 증가에 따른 자원 확보의 경쟁 심화 등으로 사회복지조직에서는 자원 확보를 위한 방안의 하나로 모금의 중요성이 확대되고 있다. 이 장에서는 사회복지조직을 둘러싼 환경의 변화로 자원 확보의 압력이 증가하는 상황과 사회복지조직의 특성에 대한 고려를 바탕으로, 모금의 의미와 필요성, 모금의 과정과 유형, 모금 시 발생할 수 있는 윤리적 이슈와 고려해야 하는 요소, 우리나라에서 나눔 문화가 정착하기 위한 과제를 논의하고 학습한다.

주요학습내용

1. 사회복지조직에서 모금의 의미와 필요성
2. 모금의 유형
3. 기부자의 기부 동기
4. 모금 시 고려해야 할 윤리적 요소
5. 사회복지조직의 모금관리

1. 사회복지조직에서 모금의 의미와 필요성

모금(fundraising)은 사전적 의미로 기부금 혹은 성금을 모으는 행위(국립국어원 표준국어대사전)를, 「기부금품의 모집 및 사용에 관한 법률」에 의하면 '기부금품의 모집, 즉 서신, 광고, 그 밖의 방법으로 기부금품의 출연(出捐)을 타인에게 의뢰 · 권유 또는 요구하는 행위'를 말한다. 우리가 흔히 사용하는 기부(donation)라는 용어는 기부자의 관점을 반영하는 반면, 모금은 기부금품 모집자의 관점에서 사용되는 용어로 이해할 수 있다.

사회문제 해결을 목적으로 존재하는 비영리조직의 사회적 영향력을 증대시키기 위해서는 조직들의 안정적 발전이 무엇보다 중요한데, 정부, 기업 등에 의해 이루어지는 재정적 지원만으로 이를 위한 충분한 자원을 확보하는 것은 쉽지 않다(김운호, 2004). 뿐만 아니라 활동의 독립성을 유지하기 위해서 비영리조직은 정부 혹은 기업에 대한 재정적 독립을 위한 노력을 기울여야 한다. 이러한 측면에서 모금은 사회복지조직을 포함한 비영리조직의 안정적이고 독립적인 재원 마련 수단으로서 의의를 가진다.

비영리조직에서 모금은 기부자가 조직에 기부금을 전달하는 일방적 활동에서 기부자와 조직이 서로의 가치를 주고받는 상호적 활동으로 발전해 왔다. 가장 기초적인 형태의 모금은 기부자의 동정심을 유발해 돈이나 물품을 요청하는 형태였으나, 이후 종교기관에 의해 자발적인 기부를 장려하는 형태로, 다시 기술의 발전에 힘입어 언론 매체를 활용하여 특정 이슈를 후원하도록 하는 캠페인으로 발전하였다. 현대에 들어서 비영리조직의 모금은 자신들이 추구하는 가치를 홍보함으로써 그 가치에 동의하는 기부자를 모집하고 그들과의 관계 구축을 통해 기부자의 충성도를 이끌어 내는 '개발' 모금의 형태로까지 발전하였다(Kotler & Andreasen, 1991; 이준모, 2008). 즉, 오늘날 모금은 단순히 조직이 기부금품을 모집하는 것에서 나아가 비영리조직이 추구하는 비전과 가치를 기부자와 공유하고 관계를 형성하여 조직의 안정적 발전과 성장을 도모하는 것을 의미한다.

2. 모금의 유형

사회복지조직을 포함한 비영리조직에서 그 중요성이 커져 가는 모금은 크게 오프라인 모금과 온라인 모금으로 구분할 수 있다. 오프라인 모금의 대표적인 방법으로는 대면 및 전화 모금, 우편(Direct Mail: DM)모금, 모금 행사 등이 있다. 전통적인 온라인 모금 방법으로는 기관 홈페이지, 이메일 등을 이용한 방법이 사용되었으나, 최근에는 모금 전용 사이트 및 크라우드 펀딩 사이트를 활용한 모금이 증가하고 있다. 이 절에서는 주요 오프라인 및 온라인 모금 유형별 특징과 함께 현재 국내에서 그 활용 정도는 크지 않으나 높은 성장 가능성을 가진 모금 유형으로 계획기부(planned giving)를 검토한다.

1) 오프라인 모금

(1) 대면모금

대면모금(face to face)이란 시민들과 직접적인 소통을 통해 참여를 유도하는 적극적인 모금 방법이다. 직접 거리에 나가 조직의 미션과 활동 내용을 알리고 시민의 참여를 요청하는 모금 방식인 대면요금은 조직의 활동과 인지도를 향상시킬 수 있는 가장 전통적인 방법이다. 대면모금은 정기적으로 조직에 후원해 줄 후원자를 모집한다는 점에서 일회성 기부를 요청하는 모금 방식과 차이점이 있다.

비영리조직은 대면모금 기획에 앞서 모금의 이유, 모금에 나설 구성원, 장소, 후원자의 관리를 고민해야 한다. 시민들과 직접 소통하는 만큼 비영리조직은 대면모금을 통해 시민들에게 '우리 기관은 어떤 활동을 하고 있고, 우리는 왜 도움이 필요한가'를 확실하게 인식시킬 수 있어야 하며, 조직의 차원에서 모집된 후원자들의 신뢰도와 충성도를 높일 수 있는 차별적 방안을 강구해야 한다(박미정, 2008).

(2) 우편모금

우편모금(Direct Mail: DM)은 가장 전통적인 모금 방식 중 하나로, 다수의 사람을 대상으로 기부를 요청하는 내용의 편지를 발송하는 모금 방식이다. DM에는 회원 갱신 안내, 연회비/후원금 납부 안내, 기관 소식지, 특별 기부 요청 자료 및 특정 행동 요청 자료 등이 포함된다. DM 모금은 대면모금, 전화모금과 함께 후원자에게 기부를 요청하는 사적인 방법 중 하나라는 특성을 가지며, 발송 기관 스스로 DM을 통한 비용효과성을 산출해 보고 DM에 대한 반응을 바탕으로 기부자의 특성을 파악할 수 있다는 점에서 유용하다.

하지만 DM 모금은 다수를 대상으로 하는 우편 발송의 특성상 많은 비용이 소요되며, 기부자의 흥미를 끌기까지 여러 차례의 DM 발송이 필요하다는 한계를 가진다. 따라서 DM은 불특정 다수를 대상으로 관계를 구축하기 위해서보다는 이미 관계를 형성한 사람들을 대상으로 관계를 더욱 공고히 하는 데 활용하는 것이 더 적절하다.

(3) 모금행사

자선 골프대회, 모금 만찬, 스타 애장품 경매, 마라톤, 걷기대회, 바자회 등 모금행사의 종류는 다양한데, 주로 모금행사는 직접적인 후원 요청을 부담스러워하는 후원자들의 자발적인 참여를 이끌어 내기 위해 기획되는 우회적 모금 방법이다. 모금행사는 기부자 개발과 더불어 조직을 알릴 수 있는 가장 가시적인 방법으로, 대부분의 경우 목표 모금액을 달성할 수 있다는 점에서 조직의 즉각적인 필요를 충족시킬 수 있다.

하지만 동시에 행사를 준비하고 진행하기 위해 필요한 준비 기간과 부가적인 업무, 행사 준비 및 운영을 위한 추가 비용 지출, 행사의 실패 가능성에 대한 위험부담과 같은 한계를 갖기에 비영리조직들은 모금행사를 기획함에 있어 신중하게 접근해야 한다.

2) 온라인 모금

온라인에서 이루어지는 기부 활동을 의미하는 온라인 기부(e-Philanthropy, e-fundraising)는 비영리조직에 관심을 두고 있는 후원자가 인터넷을 통해 조직과 관계를 형성하는 것을 의미한다(Hart, 2002). 온라인 기부는 온라인을 통한 모금과 자원봉사활동 등을 포괄하는 개념으로, 자체 웹 사이트를 통한 모금, 온라인 모금플랫폼 활용, 크라우드 펀딩 사이트 활용, 이메일 등의 방법으로 이루어지고 있다. 최근에는 스마트폰의 대중화로 PC를 활용한 온라인 기부에 비해 스마트폰을 활용한 모바일 모금 및 기부 활동이 점차 증가하고 있는 추세이다.

온라인 모금은 오프라인 모금에 비해 모금액 비중은 적으나, 상대적으로 빠르게 성장하고 있는 모금 채널로서의 잠재력을 가진다. 온라인 모금은 시간적 · 공간적 한계와 정보 불평등의 문제를 온라인이라는 기술을 통해 해결하며, 비용 효율성, 후원자의 정보 접근성 증대, 후원자 중심의 서비스 제공, 결제 방식의 다양화를 통한 후원자 선택권 강화의 특성을 가진다. 온라인 모금의 유형별 특징을 간단히 살펴보면 다음과 같다.

(1) 기관 홈페이지를 통한 모금

기관의 홈페이지를 통한 온라인 모금은 크게 연간 계획에 따른 연례모금과 이벤트성 모금으로 진행된다. 연례모금은 매해마다 진행하는 특정한 사안에 대한 모금으로, 주로 국가 기념일, 국제 기념일, UN 지정 기념일 등으로 지정된 어떤 이슈에 대해 해당 기간 동안 모금을 진행하는 것을 말한다. 비영리조직들이 연례모금을 진행하는 대표적인 기념일로는 세계 여성할례 반대의 날(2월 6일, WHO 지정 기념일), 세계 물의 날(3월 22일, UN 지정 기념일), 장애인의 날(4월 20일, 국가기념일), 세계 아동 노동 반대의 날(6월 12일, UN 지정 기념일) 등이 있다. 연례모금은 사전에 기획되고, 정기적으로 진행되는 활동이라는 점에서 구조적인 특성을 띤다. 반면, 이벤트성 모금은 목적의 시급성으로 인해 비정기적으로 진행되는 모금으로, 주로 긴급구호, 의료비・생계비 등의 긴급 지원, 사업 지원을 위한 모금 등이 여기에 해당한다. 이벤트성 모금은 긴급성과 중요도에 따라 평가되어 기관별로 진행된다.

(2) 이메일 모금

정보통신기술의 발달로 후원자는 기관에 직접 방문하지 않고도 기관의 활동사항과 정보를 알 수 있게 되었다. 이제 대부분의 비영리조직은 직접 우편 발송 및 방문과 같은 방법이 아니라 이메일과 온라인 플랫폼을 활용하여 후원자에게 정보를 제공하고 모금을 진행하고 있다. 메일을 통한 모금은 비용 효과적이고, 기부자와의 첫 접촉점으로서 유용하며, 빠르게 전달된다는 장점을 가진다.

이메일을 통한 모금은 마케팅 비용의 부담을 경험하는 비영리조직이 시도하는 가장 비용 효과적인 방법 중 하나로, 다수의 잠재 후원자에게 조직의 활동과 이슈를 알리는 데 효과적이다. 또한 잠재 후원자들이 주소, 전화번호와 같은 정보는 알려 주기를 꺼리는 반면, 이메일 주소는 비교적 알아내기 쉽다는 것 또한 이메일이라는 매체가 가지는 중요한 장점이다. 이러한 이유로 이메일은 잠재 후원자와의 첫 접촉지점으로 많이 활용되며, 기관의 최신의 정보를 가장 빨리 다수의 사람에게 알릴 수 있다는 점에서 유용하다. 따라서 보다 효과적인 이메일 활용을 위해 비영리조직은 수신자를 세분화하여 관리하고, 지속적・정기적으로 후원자와 소통해야 한다.

(3) 온라인 모금 전용 사이트 활용

온라인 모금 전용 사이트를 활용한 모금은 우리나라의 경우 대형포털 사이트와 연계되어 어떤 다른 모금방법에 비해 높은 접근성을 갖는다. 대표적인 국내 온라인 모금 전용 사이트인 네이버 해피빈의 경우 아름다운재단과 (주)NHN이 온라인 공간에서의 기부 활성화 및 네티즌의 기부 참여 확대, 투명한 기부금의 운영 지원을 목적으로 개발한 온라인 기부포털이다. 네티즌(netizen)[1)]들은 해피빈 사이트를 통해 관심 이슈와 관심 있는 분야의 조직에 대한 정보를 검색할 수 있고, 공익 단체들은 단체의 사업을 홍보하고 다양한 모금 캠페인을 전개해 기부금을 모집할 수 있다(최유미, 2005). 온라인 모금 전용 사이트인 해피빈의 운영 체계는 [그림 12-1]과 같다. 해피빈은 2015년 이미 6,000개 이상의 비영리조직과 사회적 이슈에 대한 정보를 제공함으로써 비영리조직에 대한 정보 접근성의 향상과 더불어 시민들의 사회적 이슈에 대한 관심을 높이고 젊은 세대의 기부를 장려하는 데 기여한 것으로 평가된다(최상미 외, 2015).

또 다른 대표 온라인 모금 사이트인 카카오 같이가치 또한 (주)카카오가 개설한 사회공헌 플랫폼으로, 우리나라의 대표적 포털 사이트인 다음(Daum)과 연계되어 운영된다. 사회문제 중심으로 모금함을 개설할 수 있으며, 직접 기부나 공유, 응원, 댓글 등을 통한 참여 기부의 두 가지 유형의 기부가 가능하다. 카카오 같이가치 플랫폼은 [그림 12-2]와 같은 운영 체계를 가지며, 사회문제 중심, 공유와 공감 중심으로 운영되어 네티즌들의 기부에 대한 참여와 인식을 확산시키는 데 기여해 왔다(카카오, 2017).

1) 네티즌(netizen)이란 시민을 뜻하는 시티즌(citizen)과 통신망을 뜻하는 네트워크(network)의 합성어로, 정보통신망이 제공하는 새로운 공간에서 활동하는 사람을 지칭하는 합성어이다(두산백과사전).

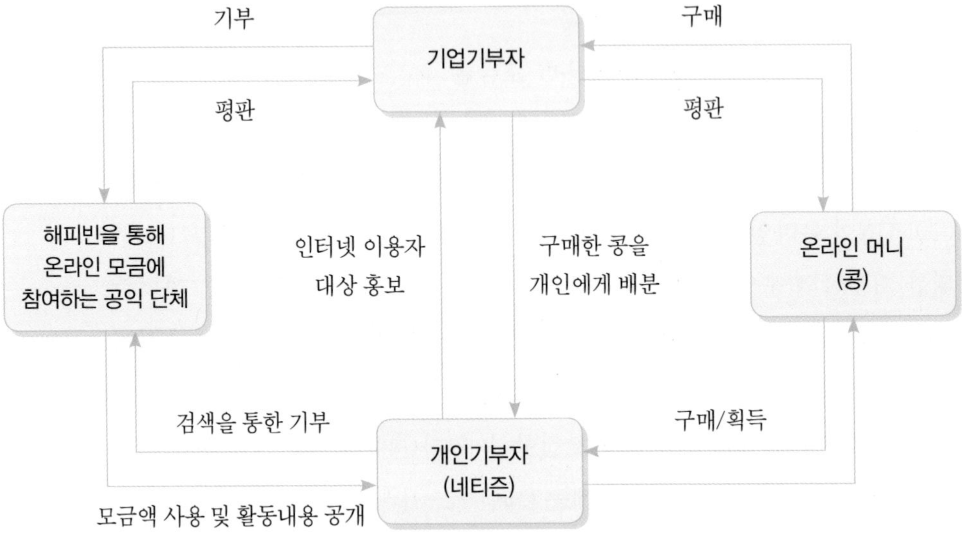

[그림 12-1] 네이버 해피빈의 온라인 기부 플랫폼 운영 체계

출처: 최상미 외(2015).

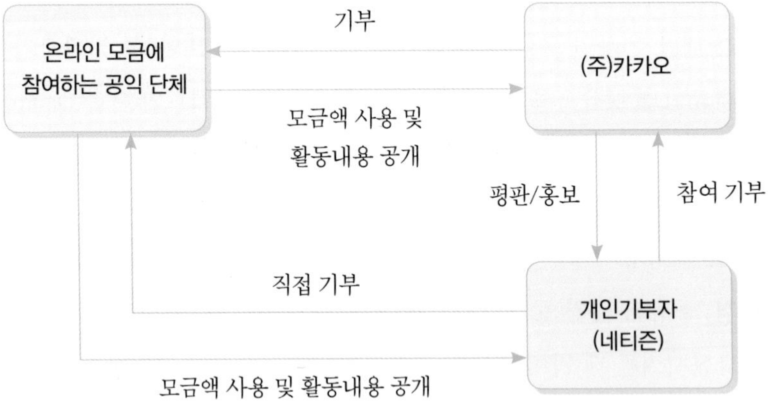

[그림 12-2] 다음 같이가치의 온라인 기부 플랫폼 운영 체계

(4) 크라우드 펀딩 사이트 활용

크라우드 펀딩(crowd funding)은 대중을 뜻하는 크라우드(crowd)와 펀딩(funding)의 합성어로, 온라인 플랫폼을 이용해 대중을 대상으로 자금을 조달하는 방식을 말한다. 등장 초기에는 주로 트위터, 페이스북 등과 같은 SNS를 통해 이루어져 소셜 펀딩으로 불리기도 했다. 크라우드 펀딩은 펀딩의 목적에 따라 후원형, 기부형, 대출형, 증권형(투자형)의 네 가지 형태로 나뉘는데, 후원형은 주로 공연과 예술 등의 분야에서 특정 프로젝트의 운영을 목적으로 진행되는 펀딩을 말하며, 기부형은 순수한 기부를 목적으로 진행되는 펀딩을 말한다. 대출형은 개인과 개인 사이에 이뤄지는 P2P금융을 말하며, 증권형(투자형)은 이윤 창출을 목적으로 비상장 주식 혹은 채권에 투자하는 형태로 진행되는 펀딩을 말한다(시사상식사전).

전 세계적으로 크라우드 펀딩 사이트를 활용한 모금과 기부가 빠르게 증가하고 있기에 크라우드 펀딩 사이트를 활용한 모금 또한 사회복지조직을 비롯한 비영리조직들이 모금을 위한 중요 채널로 고려해야 한다.

3) 계획기부

계획기부(planned giving)는 기부자가 자신의 의사로 계획을 통해 최대한 기부자에게 유리한 방식, 원하는 방식으로 기부를 할 수 있는 진화된 방식의 기부 유형이라 할 수 있다. 현재 국내에서는 잘 알려져 있지 않으나 미국 등 해외에서는 기부자조언기금 등의 계획기부 유형이 활발하게 활용되고 있어 사회복지조직을 비롯한 국내 비영리조직들도 계획기부를 활용한 모금을 고려하고 준비할 필요성이 있다.

계획기부라는 개념은 사실 모든 기부가 기부자의 계획에 의해 이루어진다는 점에서 다른 기부들과 구분하여 정의하기 어렵다. 실제로 합의된 정의 역시 존재하지 않아 어디까지를 계획기부로 볼지에 대한 명확한 범위를 규정하는 것 역시 모호한 것이 사실이다. 이에 여기서는 계획기부를 기부 시점과 지급 시점이 동시에 이루어지지 않는 '지급이 지연된 기부(deferred giving)'로 이해하고 살펴보고자 한다.

계획기부는 기부자가 기부에 대해 더 높은 세제 혜택을 받고, 기부금 사용 등에 기부자의 의사를 반영할 수 있다는 점에서 기부자의 입장에서 매력적인 기부 방식이다. 이에 계획기부는 개인의 재정 계획과 밀접한 관련을 가지며, 개인들의 경제적 부의 증가와 함께 발전되어 왔다. 대표적인 계획기부의 유

표 12-1 계획기부의 유형

구분	내용
유산 (bequest)	가장 간단한 형태의 계획기부로, 죽고 난 후에 재산을 비영리조직에게 기부하는 형태
생명보험 (life insurance)	자신의 자산을 직접 기부하는 것은 아니지만 비영리조직이 보험의 수혜자가 되도록 하여 기부하는 형태
기부 연금 (charitable gift annuity)	기부자가 세금 공제 혜택을 받기 위해 비영리조직에게 자산을 기부하고 비영리조직은 이 자산을 운용하여 기부자에게 일정 고정 소득을 제공
자산잔여신탁 (charitable remainder rust)	개인이 미래 기부를 목적으로 자산을 신탁에 양도하면, 신탁이 신탁 기간 동안 개인(혹은 개인이 지정한 다른 사람)에게 자산 수익을 제공. 신탁 기간 만료 후 남아 있는(remainder) 자산은 모두 비영리 자산에 기부 Charitable remainder annuity trust: 고정 소득 제공 Charitable remainder uniturst: 일정 비율에 따라 변동되는 금액의 소득 제공
자산수익 기여신탁 (lead trust)	일정 기간 동안 신탁 설정한 자산으로부터 발생하는 수익을 기부하고 신탁 기간 만료 후 자산이 다시 개인(혹은 상속자)에게 돌아가는 형태
종신물권 (life estate)	비영리조직에게 개인 거주지를 기부하지만, 기부자가 살아 있는 동안에는 그곳에 거주할 권리를 가질 수 있는 형태
기부자조언기금 (donor advised fund)	기부자가 다양한 형태의 자산을 기금의 형태로 출현시켜 자신이 원하는 곳에 사용될 수 있도록 영향력을 행사할 수 있는 형태. 하지만 이때의 영향력은 직접적으로 행사될 수 없음

출처: Worth (2013), pp. 284-285.

형은 〈표 12-1〉과 같다.

우리나라의 경우 보험, 기부자조언기금, 신탁, 연금 형태보다는 유산 기부, 증여 등 가장 단순한 형태를 중심으로 계획기부가 시도되고 있는데, 세제 혜택과 같은 제도적 지원, 인식 부족, 사회복지조직을 포함한 비영리조직의 역량 부족 등 여러 가지 해결해야 할 문제점을 갖고 있다. 하지만 복지를 위한 재원 확보가 점점 어려워지고 있는 상황에서 계획기부는 높은 잠재성을 가질 수 있으므로 이를 위한 준비가 필요하다. 특히, 계획기부 유형 중 신탁이나 연금 형태의 계획기부 유형의 경우 기금운용 등 전문적 관리 역량이 요구되므로 이를 위한 비영리조직들의 철저한 준비가 요구된다.

사례 어린이재단에 첫 사후 보험금… 1억 약정 최상인 씨

"돈보다는 나눔 정신 이게 최고 유산이죠." 자신의 사망 후 유족이 받게 될 거액의 보험금을 사회복지기관에 기증하기로 한 기부자가 나와 눈길을 끌고 있다. 주인공은 최상인(67) 세운물산 대표. 최 대표는 본인이 사망하면 지급될 보험금 1억 원을 초록우산 어린이재단 대구본부(이하 어린이재단)에 기부하기로 했다. 어린이재단은 18일 "농기계부품 제조업체를 운영하는 최 대표가 사후 보험금 1억 원을 기부하고 싶다는 의사를 밝혀 왔다"며 "어린이재단 역사상 이런 경우는 전국에서 처음"이라고 밝혔다.

사후 보험금 기부란 기부자가 사망했을 때 발생하는 보험금 수령인을 모금단체로 지정하는 방식이다. 대구사회복지공동모금회 관계자는 "대구에서는 지난 2013년에 사후 보험금 1천만 원을 기부키로 한 사례가 있었지만 흔치 않다"며 "사후 보험금은 가족에게 남기는 유산이기에 이를 기부하겠다는 결정을 내리기가 쉽지 않다"고 말했다.

18일 만난 최 대표는 "지난해 초부터 사후 보험금 기부를 고민했는데 아내와 두 자녀가 흔쾌히 동의해 결심할 수 있었다"며 "부동산 등 자산이 있지만 지금 당장 기부를 하기 힘들거나, 기부는 하고 싶은데 결심이 어려운 사람들에게 이런 기부 방식도 있다는 것을 알리고 싶었다"고 말했다.

최 대표는 젊은 시절 한센병 환자를 돕는 것으로 기부를 시작해 한국SOS 어린이마을, 초록우산 어린이재단 등 여러 사회복지기관에 30년 넘게 후원을 이어오고 있다. 어린 나이에 아버지를 여의고 20세까지 방황하는 사춘기 시절을 보냈다는 그는 "'그때는 세상이 단 한 번이라도 나를 돌봐 주었으면 좋겠다'는 생각이 간절했다"고 회고했다. 그는 이어 "당시의 나 같은 고민을 하는 어려운 사람들이 용기를 냈으면 좋겠다는 바람이 오랜 기부 생활의 동력이 됐다"고 덧붙였다. 그러면서 "한국SOS어린이마을에서 3살 때 인연을 맺은 아이가 40대가 된 지금까지 저를 삼촌이라 부르며 인연을 이어 가고 있다. 아이들에게 '저도 아저씨처럼 살고 싶어요'라는 말을 들을 때 큰 보람을 느낀다"고 말했다.

최 대표는 사후 보험금 기부가 자녀들에게도 긍정적 영향을 준다며 시민들의 적극적인 동참을 권유했다. 그는 "1억 원이란 돈을 자식에게 유산으로 주면 언젠가는 다 소모되고 말겠지만, 기부하면 자녀는 부모의 죽음을 슬퍼하면서도 앞으로 나누며 살아야겠다는 마음을 갖게 될 것"이라며 "그것이 더 가치 있는 유산"이라고 힘주어 말했다.

매일신문(2017. 1. 19.)

3. 기부자의 기부 동기

모금을 기획하고 관리하기 위해서는 '기부자들이 왜 기부를 하는지' 기부 동기를 이해하는 것이 필수적이다. 어떤 주체가 기부에 참여하는지에 따라 기부는 개인 기부, 재단 기부, 기업 기부로 구분할 수 있는데, 여기서는 개인 기부에 초점을 두고 기부 동기를 살펴본다.

전통적으로 개인 기부는 이타심(altruism)에 의해 동기부여된다고 이해되었으나, 최근의 연구들에서는 기부가 단순히 이타심이 아닌 이기심, 개인적 특성 뿐 아니라 개인이 가진 부의 정도, 세제 혜택, 문화 등 다양한 경제적·환경적 요인이 복합적으로 작용하여 나타나는 행위임을 발견하였다. Prince와 File(1974)은 개인의 기부 동기를 바탕으로 기부자를 일곱 가지로 유형화하여 제시하였는데, Prince와 File은 기부자 유형에 따라 기부를 대하는 방식, 기부에 대한 태도와 믿음, 다양한 고려사항과 평가과정, 그리고 비영리조직과의 관계 양상을 구분함으로써 사회복지조직을 포함한 비영리조직의 모금 전략 기획에 실제적 함의를 제공했다. Prince와 File이 제안한 기부 동기별 개인 기부자 유형의 특징은 다음과 같다.

먼저 기부자 유형에서 가장 많은 비중(26%)을 차지하는 ① 공동체주의자(communitarians) 유형은 기부가 더 나은 공동체를 만들 수 있다는 믿음을 가지며, 기부를 당연한 일로 생각한다. 다음으로 많은 비중을 차지하는 ② 신앙인(devout)(21%)은 종교적 동기로 기부하며, 자선을 신의 뜻이라 믿는다. ③ 투자자(investor)(15%)는 기부를 통해 개인의 세금 및 재산과 관련하여 재정적 이득을 기대하는 유형으로, 대부분 부유한 자산가이다. 이들은 세금이나 재산 관련 이득을 위해 기부를 선택함으로써 이러한 생각을 존중하고 배려해 주는 비영리조직에 기부하는 경향을 가진다. 투자자 유형 다음으로 많은 비중을 차지하는 ④ 사교가(socialites) 유형(11%)은 사회적 역할 수행을 즐기는 유형으로, 비영리조직이 주최하는 사교적 행사에 관심을 가진다. 다음으로 ⑤ 보은가(repayers) 유형(10%)은 학교나 의료기관 등으로부터 도움을 받았다가 이후에 충성심이나 의무감으로 다시 그 단체에 기부하게 된 사람들이다. ⑥ 이타주의자(altruists)(9%)는 대체로 너그럽고 공감의 마음으로 도움이 절실한 개인이나 조직에 기부하는 유형으로, 자선이 도덕적 과제라고 여기기 때문에 기부한다. 마지막으로 ⑦ 노블리스(dynasts)(8%)는 일반적으로 유산을 상속받은 사람들로, 이들의 기부 동기는 가정교육으로부터 형성된다. 이들에게 기부는 가족이 항상 관심을 가지고 이야기하며 다른 사람들로부터 기대받는 행동이다.

이와 같이 기부자들은 다양한 기부 동기를 가지고 기부하므로 기부를 독려하기 위해서는 기부자 개개인이 가지는 기부 동기별로 다른 접근이 필요하며, 기부 동기에 대한 이해 정도에 따라 모금 성과가 달라질 수 있다. 따라서 기부 동기에 대한 이해는 모금 전략을 기획하는 데 있어서의 기반이 되어야 한다.

4. 모금 시 고려해야 할 윤리적 요소

모금은 돈을 다룬다는 점, 자원제공자의 이용자가 다르다는 점 등에서 윤리적 문제에 노출되어 있고, 이는 모금 시 주의깊게 고려될 필요가 있다. 이민영과 윤민화(2015)는 〈표 12-2〉에서 볼 수 있듯이, 비영리조직에서 모금담당자가 경험할 수 있는 윤리적 딜레마를 ① 기부자와의 관계에서 발생하는 딜레마, ② 수혜자 보호에서의 딜레마, ③ 기부금의 출처에 대한 딜레마, ④ 모금 환경에서의 딜레마, ⑤ 모금 조직에서의 딜레마의 다섯 가지로 유형화하여 제안한 바 있다. 여기서는 이민영과 윤민화가 제안한 다섯 가지의 윤리적 딜레마 이슈를 이슈별로 살펴보고, 이런 딜레마 상황에서 어떠한 결정을 내릴지의 판단 기준이 될 수 있는 모금전문가협회에서 제안하고 있는 윤리원칙과 기준을 검토한다.

다섯 가지 윤리적 딜레마 유형별로 구체적 내용은 다음과 같다(〈표 12-2〉 참조). 먼저, **기부자와의 관계에서 발생하는 딜레마**는 두 가지 측면에서 발생할 수 있는데, 첫 번째는 기부자의 욕구와 기관의 필요가 합치하지 않는 경우에 기부금 활용에 있어서의 딜레마이며, 두 번째로는 기부자가 과한 예우를 요구하거나 사적인 부탁을 할 때 어디까지 허용할지에 대한 갈등이다.

다음으로는 **수혜자 보호에서의 딜레마**로, 더 많은 모금을 위해 점차 자극적인 문구, 사진, 영상 등을 활용하여 모금 상품을 홍보하는 것과 관련된 이슈

표 12-2 모금 활동에서 모금담당자가 경험하는 윤리적 딜레마

구분	갈등 상황
기부자와의 관계에서 발생하는 딜레마	• 기부자의 욕구와 기관의 필요 사이에서의 갈등 • 기부자 예우의 적정 수준에 대한 혼란
수혜자 보호에서의 딜레마	• 포장의 유혹으로부터의 갈등 • 사실의 왜곡에 대한 우려
기부금의 출처에 대한 딜레마	• 기부금 제한 기준 설정의 논란 • 기부가 이용당할 수 있는 위험
모금 환경에서의 딜레마	• 모금 목적의 전치 현상 • 협업 과정의 불평등성
모금 조직에서의 딜레마	• 조직의 정체성을 지키는 것의 어려움 • 조직으로부터 동의를 받지 못함

출처: 이민영 · 윤민화(2015).

이다. 모금에서도 투입 대비 모금액과 같이 모금 효과성과 성과가 강조되면서 외부의 지적과 내부의 자성에도 불구하고, 수혜자의 이야기, 사진, 영상을 사용하고 그 내용을 점차 자극적으로 구성하거나 과장하는 일이 빈번히 발생하고 있다. 이는 수혜자의 존엄과 인격을 존중하지 않는 것이며, 빈곤이나 특정 이슈에 대한 대중의 잘못된 인식을 야기하고, 과장된 콘텐츠의 활용은 법적인 문제까지 발생시킬 수 있으므로 최대한 지양해야 한다.

기부금의 출처와 관련하여서도 윤리적 이슈가 발생할 수 있는데, 이는 가장 직접적으로 비영리조직이 추구하는 미션과 상충되는 활동을 하는 조직의 기부금을 받을지의 문제와 관련된다. 예를 들어, 사행성, 주류, 담배 회사 등 비영리조직의 미션 달성과 상충되는 활동을 하는 조직의 기부금을 받을 것인지를 놓고 모금담당자는 딜레마를 경험할 수 있다.

또한 모금담당자는 그가 처한 **모금 환경 때문에 딜레마**를 경험하기도 하는데, 대표적인 예로 사회적 필요에 의해 시작했지만 모금의 목적이 불분명하거나 모금이 정치적인 이슈로 활용되는 상황을 경험할 수 있다. 또한 수혜자

를 위한 모금임에도 불구하고, 모금을 위해 매체 및 플랫폼이 원하는 바를 이루어 주어야 하거나, 기업 행위를 지원해 주어야 하는 등 모금을 위해 다른 조직과 협력하는 과정에서 불평등함을 느끼며 딜레마를 경험하기도 한다.

마지막으로, 모금담당자는 **조직의 미션과 모금액 달성 사이에서의 딜레마**를 경험할 수 있다. 조직의 미션과 목적이 기부자에게 받아들여지지 않는 상황, 혹은 모금액을 달성할 수 있는 사회적 이슈, 의제와 조직의 정체성이 합치하지 않는 상황에서 모금담당자는 모금액 달성과 조직의 방향성 사이에서 갈등을 경험할 수 있다.

이처럼 모금담당자들이 다양한 형태의 윤리적 딜레마를 경험하고 있음에도 불구하고, 모금과 관련된 윤리적 이슈는 지금까지 대체로 모금담당자 개인의 영역으로 이해되어 왔다. 그러나 모금을 통한 재원 마련의 필요성이 강조되고, 모금 시장이 확대되고 있는 상황에서 이제는 이에 대해 조직적·구조적 대응이 요구된다.

비영리조직에게 요구되는 윤리기준은 비영리조직이 속한 사회·문화적 환경, 관습, 이해관계자들과 밀접한 관련이 있는데, 특히 비영리조직의 재원을 마련하기 위한 활동인 모금은 돈을 다룬다는 점에서 특별한 투명성과 책임성을 요구받는다. 따라서 비영리조직이 모금 활동에서 경험하는 가치 충돌 상황에서 어떠한 결정과 행동을 할지에 대한 기준을 제공하는 윤리적 원칙의 수립과 준수는 중요한 이슈이다(신재은 외, 2012; 이민영·윤민화, 2015).

이러한 맥락에서 모금전문가협회(association of fundraising professional: AFP, 2006a; 2006b)는 모금담당자의 의사결정에 지침이 되어 줄 수 있는 윤리원칙과 기준을 제안하였는데, AFP에 따르면 모금담당자는 정직, 존중, 신의, 공감, 투명성의 다섯 가지 원칙을 바탕으로 25가지 윤리기준에 따라 의사결정을 해야 한다(〈표 12-3〉, 〈표 12-4〉 참조).

표 12-3 모금전문가협회(AFP)가 제시하고 있는 모금담당자의 윤리원칙

원칙	내용
정직 (honesty)	모금담당자는 공공의 신뢰감을 훼손하지 않고, 기부자와 수혜자가 잘못된 판단을 하지 않도록 항상 정직하고 신뢰할 수 있게 행동해야 한다.
존중 (respect)	모금담당자는 스스로의 업무와 조직의 미션과 목적, 기부자와 수혜자를 존중하는 마음을 가져야 한다.
신의 (integrity)	모금담당자는 열린 태도와 책임감을 바탕으로 행동해야 한다.
공감 (empathy)	모금담당자는 스스로의 목적을 달성하기 위해 일하고, 다른 사람들도 자신과 같은 직업적 기준과 서약을 지킬 수 있도록 독려해야 한다. 이들은 개인의 사생활보호, 선택의 자유 등과 같은 모든 종류의 다양성에 가치를 부여해야 한다.
투명성 (transparency)	모금담당자는 기부금이 지급되는 방식, 지출에 드는 부대비용 등 본인들의 일에 대해 정확하면서도 이해하기 쉬운 방식으로 공개해야 한다.

출처: AFP (2006b).

표 12-4 모금전문가협회(AFP)가 제시하고 있는 모금담당자의 윤리기준

1. 자신의 조직과 서비스 이용자, 전문성을 해하는 행동을 하지 않는다.
2. 자신의 조직과 서비스 이용자에게 윤리적 · 법적 책임을 다하고, 수탁인으로서의 역할에 위반되는 행동을 하지 않는다.
3. 모든 잠재적 · 실제적 이해관계의 충돌을 공개해야 하는데, 이러한 공개 조치는 윤리적 문제를 배제하거나 암시하지 않는다.
4. 기부자, 잠재 기부자, 자원봉사자, 서비스 이용자와의 관계를 이용하여 자신 혹은 조직의 이익을 취하지 않는다.
5. 지역, 주, 연방의 민사 및 형사법을 준수한다.
6. 자신이 가지는 능력의 한계를 인식한다.
7. 허위 사항이 없이 정직하게 재화와 서비스를 제공한다.
8. 처음부터 계약의 성격과 목적을 분명하게 밝히고, 재화와 서비스를 제공하기 전후나 제공하는 동안에도 계약자의 요청에 성실히 응해야 하며 지속적으로 정보를 제공하여야 한다.
9. 타인의 지적 재산권을 고의로 침해하지 않는다.

10. 기부자 및 서비스 이용자와 관련된 모든 정보에 대해 비밀을 보장한다.
11. 경쟁자를 비방하는 어떠한 행동도 하지 않는다.
12. 모금과 관련한 모든 자료가 정확성에 입각하여 제공하며, 모금의 요청이 조직의 미션 및 목적과 관련되었다는 사실에 확신을 줄 수 있도록 한다.
13. 기부자에게 기부의 가치, 관련 세금에 대해 정확하고 윤리적인 조언을 제공한다.
14. 기부자의 기부 의도에 따라 기부금을 사용한다.
15. 기부금의 운영과 사용에 대한 시의적절한 보고를 포함하여 모든 기부금에 대해 맡은 바 책임을 다한다.
16. 금융상의 거래 조건을 변경하기 전에 명시적으로 기부자에게 동의 의사를 확인한다.
17. 제3자에게 특정 정보나 기밀정보를 누설하지 않는다.
18. 모든 기부자 및 잠재 기부자의 정보가 조직 혹은 기부자의 자산이라는 원칙을 준수한다.
19. 기부자와 고객의 리스트를 다른 기관에 판매하거나 임대, 교환할 때 기부자와 고객이 자신의 이름을 리스트에서 삭제할 기회를 주어야 한다.
20. 모금 결과를 보고/공시할 때, 국가에 의해 채택된 관련 지침을 준수하는 정확하고 일관된 회계 방식을 사용한다.
21. 보상금을 받거나 모집한 기부금의 비율을 기반으로 하는 임금 계약을 체결해서는 안 되며, 중개수수료나 성공보수를 받아서도 안 된다.
22. 조직 내부의 관행에 부합하고, 모집한 기부금의 비율에 근거하지 않는 경우에만 성과급을 받을 수 있다.
23. 재화나 서비스의 선택에 영향을 미치기 위한 요소로서 기부자 혹은 고객에게 특별한 대가를 제공해서는 안 된다.
24. 중개수수료, 커미션, 기부금의 일정 비율 등의 보상을 지불하지 않는다.
25. 기부자 대신 기부금을 수령하는 경우, 자금의 지출에 대한 법적 요건을 충족시켜야 한다.

출처: AFP (2006a).

5. 사회복지조직의 모금관리

1) 모금의 과정과 모금담당자의 역할

이 절에서는 사회복지조직에서의 모금관리와 관련하여 Worth(2013)가 제안한 바 있는 모금 단계와 각 단계별 모금담당자의 역할을 검토한다. Worth (2013)는 사회복지조직을 포함한 비영리조직에서의 성공적인 모금을 위해 모금 과정을 다음 [그림 12-3]과 같이 우선순위의 설정과 모금의 개발, 대상의 설정과 평가, 관계 형성, 기부 요청, 인정과 보상의 제공을 통한 감사 표시, 기부자와의 관계 유지 및 강화의 6단계로 설명하였다.

이러한 모금의 과정은 법률행위로서 모금이 적법한 절차에 의해 이뤄지기 위해 모금담당자가 각 단계에서 수행해야 할 역할을 담고 있는데, 여기서는 Worth(2013)가 제안한 모금의 과정을 모금담당자의 역할에 초점을 두고 살펴본다.

[그림 12-3] 모금 기획의 과정

출처: Worth (2013).

① 1단계: 우선순위의 설정과 모금의 개발

모금의 첫 번째 단계는 우선순위를 설정하고 어떤 방식으로 모금을 수행할 것인지를 계획하는 단계로서 이 단계에서 가장 중요한 것은 명확한 목표의 수립과 목표의 정당성 확보를 위한 논리적 근거의 구성이다. 모금담당자는 조직의 미션과 목적을 달성하기 위해 설득력 있는 목표를 설정 및 구체화하고, 후원자에게 왜 유사한 활동을 하고 있는 다른 조직이 아니라 자신의 조직에 후원해야 하는지를 설득하고, 연대감을 마련하기 위한 전략적 계획을 수립해야 한다.

② 2단계: 대상의 설정과 평가

목표와 계획을 수립한 이후 모금담당자는 기부를 요청할 대상을 설정하고 평가해야 한다. 이때 모금담당자는 기부자를 기부자로서의 자격 평가와 특성 파악의 두 가지 측면에서 평가한다. 먼저 자격 평가는 잠재적 기부자들이 실제로 기부할 수 있는 경제적 능력을 갖추고 있는지를 평가하는 것이며, 기부자 특성 파악은 잠재적 기부자 중 경제적 능력을 갖추고 있다고 판단된 기부자들의 주요 관심사, 기관과의 연결점, 지역사회에서의 활동 등을 파악함으로써 관계 형성을 위한 기초 정보를 파악하는 것이다.

기부를 요청하고자 하는 기업들의 주요 관심이 무엇인지는 해당 기업의 활동 내용을 파악하는 것을 통해 가능하며, 개인 기부자들의 관심은 그들이 과거에 기부했던 조직 및 이슈 등을 통해 파악할 수 있다. 예를 들어, 여성 화장품을 제조하는 회사는 여성과 환경 문제를 해결하고자 하는 조직의 활동에 관심을 가지고 있을 확률이 높으며, 과거 아동 보호 단체를 후원한 경험이 있는 개인 기부자들은 아동 문제에 관심을 가지고 있을 확률이 높다.

③ 3단계: 관계 형성

세 번째 단계는 잠재적 기부자와의 관계를 형성하는 단계이다. 모금담당자는 잠재적 기부자들에게 기부를 요청하기 전에 이들과의 관계를 구축하기 위해 노력해야 한다는 것이다. 이는 모금 성공률을 높이기 위한 필수적 단계로서 모금담당자는 잠재적 기부자와의 관계를 형성하기 위해 다양한 수단과 과정을 활용할 수 있는데, 대표적으로 우편, 전화, 메일, 방문, SNS 등을 활용한다.

④ 4단계: 기부 요청

어느 정도 관계가 형성된 이후 비영리조직의 모금담당자는 기부를 요청하기 위해 다양한 온오프라인 수단을 활용하는데, 일반적으로 사적인 연락일수록 더 효과적이다.

⑤ 5단계: 감사 표시(인정과 보상의 제공)

기부자에게 기부를 받은 후 모금담당자는 조직 내부 기준에 따라 기부자에게 다양한 방식으로 감사를 표현한다. 많은 비영리조직이 기부자에게 감사 편지나 웰컴 키트(기관 소개서, 소식지, 감사 카드, 소정의 선물 등이 포함된 키트)를 발송함으로써 감사를 표현하는데, 기부 금액에 따라 소액 기부자에게는 감사 편지를, 고액 기부자에게는 감사패 등을 수여하는 등의 방법으로 감사를 차별화하기도 한다.

기부자들에 대한 적절한 감사표현은 다음 기부를 이끌어 내는 데 중요한 영향을 미치는 요소이다. 그러나 너무 과한 물질적 감사 표시는 기부자의 조직에 대한 신뢰성을 떨어뜨리는 요인으로 작용할 수 있기에 적절한 균형을 유지해야 한다.

⑥ 6단계: 기부자와의 관계 유지 및 강화

기부와 관련된 많은 연구에서 보고되는 것처럼, 과거 기부 경험이 있는 사람은 미래에도 기부할 가능성이 높기 때문에 모금담당자는 기부자와의 관계 유지를 위해 지속적으로 노력해야 한다. 특히 모금담당자는 조직의 활동에 대한 정보를 지속적으로 제공함으로써 기부자들에게 기부금이 본래의 목적에 맞도록 사용되고 있음을 상기시켜야 한다.

2) 모금과 관련된 사회복지조직의 과제

여기서는 앞서 검토한 모금에 대한 이해와 윤리적 이슈를 바탕으로 사회복지조직들이 모금의 과정을 통해 모금을 수행하는 데 있어서 수행해야 할 과제를 살펴본다.

(1) 투명성과 책무성 강화

최근 비영리 영역의 양적 확대와 더불어 비영리조직의 전체 규모와 활동 등 전반적인 실태 및 현황을 파악하는 것이 중요한 과제로 대두되고 있다. 대부분의 비영리조직은 민간의 기부금과 정부의 보조금을 주요 수입원으로 활동을 수행하는데, 최근 발생한 일련의 기부금 오남용 및 횡령 사건은 시민들의 비영리조직의 활동 및 존재 목적에 대한 신뢰를 약화시키는 데 일조했다.[2] 투명성은 조직 내에서 어떤 일이 일어나고 있는지를 이해관계자들이 충분히 알 수 있는 상태를 의미하는데, 투명성은 정보에 대한 접근성이 높을수록, 그리고 제공되는 정보의 내용이 완전할수록 높게 평가된다. 투명성의 확보는 비영리조직에 대한 감시라는 소극적 의미와 안정적 발전 보장이라는 적극적 의미를 동시에 갖는데, 이는 비영리조직의 투명성 확보가 사회적 신뢰를 증가시키고 이해관계자들의 합리적 기부 결정을 도움으로써 기부액을 증

2) 2010년 사회복지공동모금회 직원의 성금 유용 사례, 대한적십자사의 아이티 대지진 구호성금 유용 사례, 2017년 희귀병에 걸린 딸의 병원비가 필요하다고 받은 기부금의 대부분을 딸의 치료가 아닌 호화로운 생활에 사용한 어금니 아빠 이영학 사건, 4년간 128억 원을 기부받아 이 중 2억 원만을 목적한 대로 쓰고 나머지는 횡령한 새희망씨앗 사건 등 기부금 오남용, 횡령 사건이 지속적으로 생겨나며 기부금품의 모집 사용에 대한 사회적 신뢰 구축을 어렵게 하고 있다.

가시킬 수 있기 때문이다(김가율 · 조상미, 2014).

이에 투명성 확보를 통해 신뢰를 확보하는 노력이 요구되는데, 무엇보다도 조직 차원에서 기부금품의 모집 및 사용 내역을 투명하게 공개하고 소통하는 것이 가장 중요하다. 또한 조직들은 일회성 정보 공개에서 나아가 지속적으로 기부 · 후원자들에게 활동 내용을 알리고 소통함으로써 기부자들에게 자신이 제공한 기부금품이 어떻게 사용되었으며, 어떠한 사회적 변화를 야기했는지 공개해야 한다.

마지막으로, 제도적 차원에서 정보의 투명한 공개를 의무화하고, 기부금품의 횡령, 오남용에 대한 처벌을 강화하는 등의 정책적 노력 또한 수반되어야 한다. 이러한 제도적 · 법적 강화와 함께 민간 차원에서 비영리조직의 기부금품 사용 및 활동에 대한 모니터링을 강화하는 것도 비영리 영역의 투명성 강화를 위한 좋은 대안일 수 있다. 자선의 역사가 오래되고 규모가 큰 나라들의 경우에는 비영리조직의 활동 및 기부금품 모집과 활용내용을 모니터링하는 다수의 민간 기관[3]이 자발적으로 조직되어 활동하고 있다. 반면 우리나라의 경우에는 한국가이드스타 한 곳이 2013년 이래 기부금품 활용 내역을 공개하는 등의 활동을 하고 있으나 모든 비영리조직의 정보를 다루고 있지 못하고, 모니터링과 평가보다는 정보 제공과 교육을 주요 활동으로 하며, 아직 기부후원자들에게의 인지도도 높지 않아 민간 감독기관으로서의 모니터링 기관으로서의 역할을 충분히 수행하고 있지 못한 실정이다.

3) 비영리조직에 대한 민간 감시 기관으로는 Foundation Center(www.foundationcenter.org), Charity Navigator(www.charitynavigator.org), GuideSta(www.guidestar.org), New Philanthropy Capital(NPC)(www.thinknpc.org), Charities Aid Foundation(CAF) (www.cafonline.org), Charity Commission(www.charitycommission.gov.uk), Japan Foundation Center(www.jpf.go.jp), Japan NPO Center(www.jnpoc.ne.jp) 등이 있다.

(2) 모금 인프라 구축

기부 문화가 활성화되어 있는 미국의 경우 성공적인 모금 방법과 정보에 대한 지식의 공유가 활발하게 이루어지고 이를 바탕으로 전문적인 기부 전략과 모금에 대한 연구, 교육, 훈련이 체계화되어 있다. 또한 전문적인 모금담당자가 모금의 기획부터 기부자의 사후관리에 이르기까지 일련의 모금 과정을 포괄적으로 기부를 관리하는데, 이때 모금담당자는 기부자와의 관계 구축을 위한 체계적이고 종합적인 인간관계 기술의 습득을 필요로 한다. 국내의 경우에도 근래 모금전문가의 양성을 위한 민간 아카데미가 운영되고 있지만, 교육 과정의 전문성 확보 및 체계화는 여전히 부족한 실정이다.

따라서 모금 시장의 확대와 더불어 조직의 설립 취지에 부합하는 모금을 기획하고, 모금 채널을 개발하고, 기부자를 관리하며, 기부자 예우를 위한 방안을 마련하는 등의 모금 기획 및 기부자 관리의 내실화 및 체계화는 조직의 우선적 과제라 할 수 있다. 이와 관련하여 조직적 차원에서는 모금 부서 신설, 모금 업무만을 담당하는 전문직원 채용 및 배치, 조직의 모금담당자에 대한 교육 및 훈련 투자가 이루어져야 할 것이며, 협회 등 모금담당자들 간의 네트워크 또한 모금가들의 역량 강화를 위한 대안일 수 있다.

생각해 보기

1. 사회복지조직들이 직면한 어떠한 환경의 변화들이 사회복지조직에서 모금의 중요성을 더욱 강화하고 있을까?
2. 사회복지조직에서 모금담당자의 동기부여를 위한 인센티브 방법에는 어떠한 것들이 있을까?

참고문헌

김가율 · 조상미(2014). 한국 모금기관의 투명성에 관한 탐색적 연구: 웹 정보공개를 중심으로. **한국지역사회복지학**, 50, 27-52.

김운호(2004). 비영리단체 모금의 성공요인과 기준에 관한 소고. **한국비영리연구**, 3(2), 41-71.

박미정(2008). **거리캠페인 실행을 위한 주요 원칙**. 서울: 도움과 나눔.

신재은 · 박지영 · 허지은(2012). 사회복지모금 온라인 교육과정 개발보고서. 경기: 경기복지재단.

이민영 · 윤민화(2015). 비영리조직 모금실무자의 윤리적 갈등에 관한 질적연구. **한국사회복지행정학**, 17(2), 247-275.

이준모(2008). 비영리조직의 모금에 있어서 마케팅과 커뮤니케이션 요소 분석. 경희대학교 대학원 석사학위논문.

최상미 · 박재홍 · 김한성(2015). 온라인 기부 경험이 10대 청소년의 기부접근성, 시민의식, 향후 기부의향에 미치는 영향에 대한 연구. **한국사회복지행정학**, 17(4), 57-84.

최유미(2005). 새로운 기부문화의 씨앗! 해피빈! 즐거운 해피빈! 행복한 기부!. **Social workers**, 8, 50-51.

카카오(2017). 같이가치 with kakao 모금진행가이드.

AFP (2006a). Code of Ethical Standards.

AFP (2006b). International Statement of Ethical Principles in Fundraising.

Hart, T. (2002). E-Philanthropy:Using the Internet to Build Support. International *Journal of Nonprofit and Voluntary Sector Marketing*, *2*(4), 353-360.

Kotler, P., & Andreasen, A. (1991). *Strategic Marketing for Nonprofit Organizations* (4th ed.). Englewood Cliffs, NJ: Prentice-Hall.

Prince, R. A., & File, K. M. (1994). *The Seven faces of Philanthropy: A new approach to cultivating major donors*. San Francisco: Jossey-Bass.

Seltzer, M. (2002). *Securing Your Organization's Future: A complete guide to fundraising strategies*. The Foundation center.

Worth, M. J. (2013). *Nonprofit Management: Principles and Practice* (3rd ed). CA: Sage.

AFP(모금전문가협회). https://afpglobal.org/

국립국어원 표준국어대사전. http://stdict.korean.go.kr

두산백과사전. http://www.doopedia.co.kr/

매일신문(2017. 1. 19.). 어린이재단에 첫 사후 보험금… 1억 약정 최상인 씨. http://news.imaeil.com/SocietyAll/2017011904012725183

부록 1

사회복지공동모금회 양식

배분신청서

기관명		고유번호 (사업자등록번호)	
사업명	〈대상+목적+방법: 부제〉		
사업 기본 정보	연차	__① 1년차 __② 2년차 __③ 3년차 __④ 기타( )	
	대상 지역		사업수행 인력 명
	사업 기간	년 월 일 ~ 년 월 일(총 개월)	
사업 참여자	참여자 구분	__① 아동/청소년 __② 노인 __③ 장애인 __④ 여성/다문화 __⑤ 위기가정 __⑥ 지역사회 __⑦ 북한/해외/기타	
	핵심 참여자		인원수 명

사업구분	모금회 지속가능발전목표(C-SDGs)
□ 기초생계 지원	□ 경제적 빈곤 퇴치 □ 영양 및 급식지원/기아종식
□ 교육/자립 지원	□ 교육 및 자립역량 강화 □ 양질의 일자리 만들기 □ 적정기술과 정보기술격차 해소 지원
□ 주거/환경 개선	□ 모두를 위한 깨끗한 에너지 □ 지속가능한 지역사회 인프라 구축 □ 지속가능한 생산과 소비 □ 기후변화와 대응 □ 해양생태계 보존 □ 육상생태계 보호
□ 보건/의료 지원	□ 신체 · 정서적 건강과 회복 □ 깨끗한 물과 위생
□ 심리/정서 지원	□ 신체 · 정서적 건강과 회복
□ 사회적 돌봄 강화	□ 사회적 배제 감소와 불평등 완화
□ 소통과 참여 확대	□ 성평등 □ 지속가능한 지역사회 인프라 구축 □ 사회적 약자의 권리증진
□ 문화 격차 해소	□ 사회적 배제 감소와 불평등 완화

성과 목표	해당사항이 없을 경우에는 공란으로 표기	
주요 사업 내용	세부 사업명	주요 내용

사업비	총 사업비	원	신청금액		원	
신청 금액 세부 내역	사업비	원 %	인건비	원 %	관리 운영비	원 %
담당자	성명		직통전화		E-mail	@
	직위		휴대폰		FAX	

위와 같이 2020년도 사업을 신청합니다.

2019년 월 일

기관대표자 : (인)

사회복지공동모금회장 귀하

신청기관 현황

<table>
<tr><td colspan="2">기관명</td><td colspan="3"></td><td>대표자</td><td colspan="2"></td></tr>
<tr><td colspan="2">고유번호
(사업자등록번호)</td><td colspan="3"></td><td>전화번호</td><td colspan="2"></td></tr>
<tr><td colspan="2">E-mail</td><td colspan="3"></td><td>FAX</td><td colspan="2"></td></tr>
<tr><td colspan="2">홈페이지</td><td colspan="3"></td><td>설립연월일</td><td colspan="2">년 월 일</td></tr>
<tr><td colspan="2">주 소</td><td colspan="6">□□□□□</td></tr>
<tr><td colspan="2" rowspan="2">직원 현황</td><td rowspan="2">총 명
(①+②)</td><td colspan="3">상근(①)</td><td colspan="2">비상근(②)</td></tr>
<tr><td colspan="3">명</td><td colspan="2">명</td></tr>
<tr><td rowspan="2">기관
주요
사업</td><td>구분</td><td colspan="6">__① 노인복지 __② 영유아/아동복지 __③ 장애인복지 __④ 노숙인복지
__⑤ 지역복지 __⑥ 정신보건 __⑦ 여성복지 __⑧ 가족복지
__⑨ 청소년복지 __⑩ 다문화지원 __⑪ 북한/해외지원 __⑫ 기타( )</td></tr>
<tr><td>내용</td><td colspan="6"></td></tr>
<tr><td rowspan="4">결산</td><td rowspan="2">세입</td><td>총 계</td><td>보조금수입</td><td>전입금</td><td>후원금수입</td><td>사업수입</td><td>기타수입</td></tr>
<tr><td>천원</td><td>천원</td><td>천원</td><td>천원</td><td>천원</td><td>천원</td></tr>
<tr><td rowspan="2">세출</td><td>총 계</td><td>인건비</td><td>관리운영비</td><td>사업비</td><td>재산조성비</td><td>기타지출</td></tr>
<tr><td>천원</td><td>천원</td><td>천원</td><td>천원</td><td>천원</td><td>천원</td></tr>
<tr><td rowspan="4">예산</td><td rowspan="2">세입</td><td>총 계</td><td>보조금수입</td><td>전입금</td><td>후원금수입</td><td>사업수입</td><td>기타수입</td></tr>
<tr><td>천원</td><td>천원</td><td>천원</td><td>천원</td><td>천원</td><td>천원</td></tr>
<tr><td rowspan="2">세출</td><td>총 계</td><td>인건비</td><td>관리운영비</td><td>사업비</td><td>재산조성비</td><td>기타지출</td></tr>
<tr><td>천원</td><td>천원</td><td>천원</td><td>천원</td><td>천원</td><td>천원</td></tr>
<tr><td rowspan="5">운영
법인
또는
단체</td><td>운영주체 성격</td><td colspan="6">__① 사회복지법인 __② 사단법인 __③ 종교법인 __④ 학교법인
__⑤ 재단법인 __⑥ 국가지방자치단체 __⑦ 임의단체 __⑧ 개인(신고)
__⑨ 법인(기타) __⑩ 단체(기타)( ) __⑪ 개인(기타) ( )</td></tr>
<tr><td>법인
(단체)명</td><td colspan="3"></td><td>대표명</td><td colspan="2"></td></tr>
<tr><td>고유번호
(사업자번호)</td><td colspan="3"></td><td>전화번호</td><td colspan="2"></td></tr>
<tr><td>홈페이지</td><td colspan="3"></td><td>설립
연월일</td><td colspan="2">년 월 일</td></tr>
<tr><td>주소</td><td colspan="6">□□□□□</td></tr>
</table>

※신청기관 조직도, 운영위원회 및 운영법인 이사회 명단은 별첨자료로 첨부 요망

<성과중심형> 사업계획서

1. 사업명: 대상 목적 방법

• 대상, 목적, 방법과 관련된 정보를 담은 사업명을 적어주십시오.(슬로건은 부제(副題)로 병기해주세요)

2. 사업 내용 및 추진 전략

1) 사업 참여자 모집 전략

(1) 참여 대상 및 인원

핵심 참여자	
주변 참여자	

• 누가 이 사업에 참여합니까?
- (**핵심 참여자**) 성과를 측정하게 되는 대상은 누구이며, 인원은 몇 명입니까? (이 사업에 참여하게 함으로써 누구의 변화를 이끌어내려고 하는 것입니까?)
- (**주변 참여자**) 성과측정 대상은 아니지만 핵심 참여자의 변화를 이끌어내는데 중요한 역할을 하는 사람은 누구이며, 인원은 몇 명입니까?

(2) 참여자 선정 기준

• 어떤 기준을 세워서 참여자를 모집하게 됩니까?

(3) 참여자 모집 방안

• 기준에 적합한 참여자를 어떻게 모집할 예정입니까?

2) 사업 내용 및 사업 집행 전략

• 아래 내용을 모두 포괄하되, 자유롭게 (질문순서에 상관없이) 표현해 주시기 바랍니다.
- 전체 사업을 몇 개의 세부 사업으로 분류한다면 어떻게 구성될 수 있습니까?
- 사업을 어떻게 추진할 것인지에 대하여 세부 사업별 시행방법, 시행 시기 및 횟수, 사업 진행 일정 등 구체적인 정보를 담아서 기술해 주시기 바랍니다.

3) 기관 연계협력 전략

- 위의 사업 집행 전략과 관련하여, 지역사회 내(또는 그 범위를 넘어서) 어떤 기관들과 유기적인 협조관계를 가질 것인지에 대하여 아래 내용을 포함하여 기술해 주시기 바랍니다.
  –협력 기관이 세부 사업에서 어떤 역할을 담당하게 되는지, 그 때 신청기관의 역할은 무엇인지, 이러한 협력체계는 어떤 절차를 통해 진행되는지 등

3. 예산편성

(단위 : 원)

목	세목	세세목	계	산출근거	예산조달 계획				
					신청금액	비율(%)	자부담	비율(%)	자부담 재원
총 계									
인건비									
	소 계								
사업비									
	소 계								
관리운영비									
	소 계								

- 사업에 직접 투입되는 비용을 인건비, 사업비, 관리운영비로 구분하여 작성해주시기 바랍니다.
  –(인건비) 해당사업을 직접적으로 수행하는 인력에게 투입되는 비용
  –(사업비) 프로그램 수행에 필요한 직접비용
  –(관리운영비) 프로그램의 수행에 필요한 간접비용(사업관리에 필요한 비용)
  –예산 수립 시 예산편성기준표를 참고하여 주시기 바랍니다.
- 세목은 세부 사업별로 구분하고 단위가 큰 경우 세세목으로 구분하여 작성하시기 바랍니다.
- 산출근거는 실제 단가, 수량, 인원수, 건수, 횟수 등을 구체적으로 기록해 주시기 바랍니다.

4. 문제 의식(사업 필요성)

1) 사업 계획 배경

• 왜 이 사업을 기획하게 되었습니까?
–귀 기관이 관심을 가지기 전에는 어떤 상태에 있었는지, 인근 다른 지역에도 유사한 상황이 있다면 어떻게 대응하고 있는지에 대해서도 서술해 주시기 바랍니다.

2) 기존 유사사업과의 차별성

• 기존의 시각이나 접근방식과 다른 점은 무엇입니까?

3) 신청기관의 강점

• 이 사업을 신청기관에서 수행해야 하는 이유에 대해 사전조사 내용, 관련 분야 수행 경험 등을 포함하여 기재해주시기 바랍니다.

5. 목표 및 평가

1) 산출목표

세부 사업명	산출목표	모니터링 방법

• 성과목표를 달성하기 위해 이끌어내야 하고 모니터링 해야 하는 산출목표는 무엇입니까?

2) 성과목표 및 평가 방법

성과목표	평가 도구 및 방법	측정 시기

- **(성과목표)** 성과목표와 관련하여 아래 내용들에 대해 작성해 주시기 바랍니다.
  - 핵심 참여자의 어떤 부분을 어느 수준까지 변화시키는 것입니까?
  - 작성하고자 하는 성과목표가 이후에 기술되는 평가 방법을 통해 달성여부를 알 수 있게 됩니까?
  - (성과라고 강조하고 싶은데) 양적으로 드러내기(수치화하기) 어려운 성과목표가 있다면 무엇입니까?
  - 앞서 기술하신 사업내용과 성과목표를 논리적으로 연결하여 작성해 주십시오.
- **(평가 도구 및 방법/측정 시기)** 성과목표 달성 여부와 정도를 어떻게 평가하실 건가요?
  - 성과목표 달성 여부와 정도를 판단하기 위해 어떤 성과지표를 설정하실 건가요?
  - 제시된 성과목표에 대한 평가계획(자료수집방법, 측정시기 등)은 어떠한가요?
  - 수치화하기 어려운 성과목표가 있다면 어떤 평가 방법을 통해 변화의 수준과 의미를 드러내실 건가요?

6. 사업종료 후 지향점

1) 사업 수행으로 인한 기대 효과

- 이 사업이 성공적으로 수행된다면 기대되는 효과는 무엇입니까?

2) 사업 결과의 활용 계획

- 사업의 효과로 나타난 결과를 어떻게 활용할 계획입니까?
- 사업 결과를 통해 유사기관이나 지역사회에 꼭 알리고 싶은 이야기가 있다면 무엇입니까?

부록 2

사회복지법인 및 사회복지시설 재무 · 회계 규칙

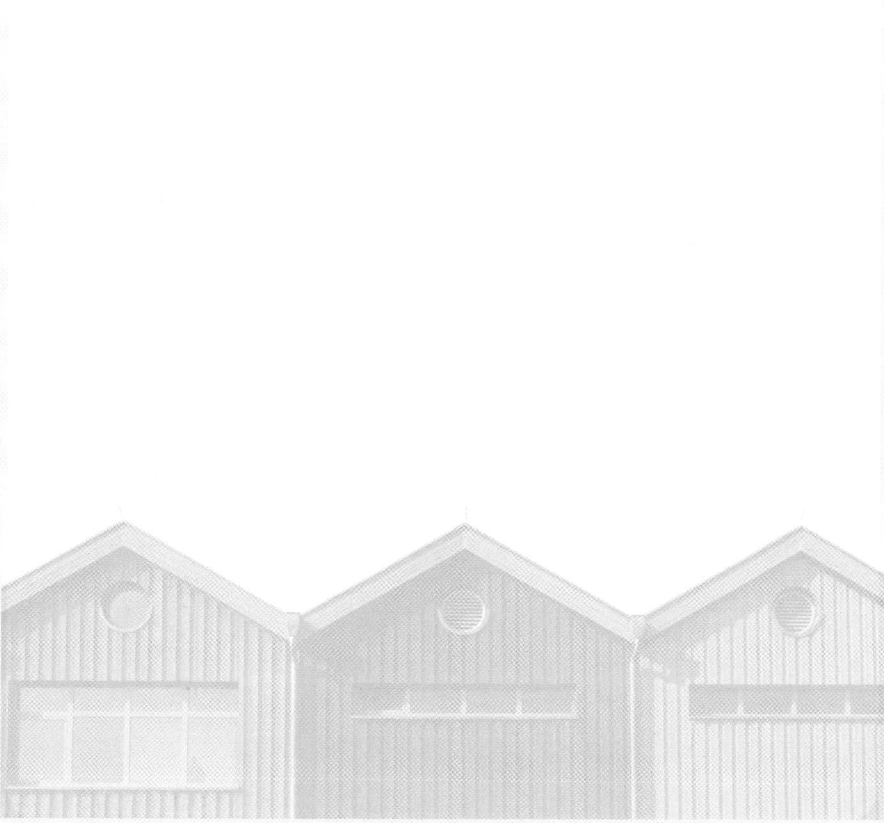

사회복지법인 및 사회복지시설 재무·회계 규칙

[시행 2019. 6. 12.] [보건복지부령 제642호, 2019. 6. 12., 일부개정]

보건복지부 (사회서비스자원과) 044-202-3256

제1장 총칙

제1조(목적) 이 규칙은 「사회복지사업법」 제23조제4항, 제34조제4항, 제45조제2항 및 제51조제2항에 따라 사회복지법인 및 사회복지시설의 재무 · 회계, 후원금관리 및 회계감사에 관한 사항을 규정하여 재무 · 회계, 후원금관리 및 회계감사의 명확성 · 공정성 · 투명성을 기함으로써 사회복지법인 및 사회복지시설의 합리적인 운영에 기여함을 목적으로 한다. 〈개정 2012. 8. 7., 2019. 6. 12.〉

[전문개정 2005. 7. 15.]

제2조(재무 · 회계운영의 기본원칙) 사회복지법인(이하 "법인"이라 한다) 및 사회복지시설(법인이 설치 · 운영하는 사 회복지시설을 포함하며, 이하 "시설"이라 한다)의 재무 · 회계는 그 설립목적에 따라 건전하게 운영되어야 한다. 〈개정 2012. 8. 7.〉

제2조의2(다른 법령과의 관계) 법인 및 시설의 재무 및 회계 처리에 관하여 다른 법령에 특별한 규정이 있는 경우를 제외하고는 이 규칙이 정하는 바에 따른다.

[본조신설 2012. 8. 7.]

제3조(회계연도) 법인 및 시설의 회계연도는 정부의 회계연도에 따른다. 다만, 「영유아보육법」 제2조에 따른 어린이집의 회계연도는 매년 3월 1일에 시작하여 다음 연도 2월 말일에 종료한다. 〈개정 2012. 8. 7., 2015. 12. 24.〉

제4조(회계연도 소속구분) 법인 및 시설의 수입 및 지출의 발생과 자산 및 부채의 증감 · 변동에 관하여는 그 원인이 되는 사실이 발생한 날을 기준으로

하여 연도소속을 구분한다. 다만, 그 사실이 발생한 날을 정할 수 없는 경우에는 그 사실을 확인한 날을 기준으로 하여 연도소속을 구분한다. 〈개정 2012. 8. 7.〉

제5조(출납기한) 1회계연도에 속하는 법인 및 시설의 세입 · 세출의 출납은 회계연도가 끝나는 날까지 완결하여야 한다. 〈개정 1993. 12. 27., 2012. 8. 7., 2015. 12. 24.〉 [제목개정 1998. 1. 7.]

제6조(회계의 구분) ① 이 규칙에서의 회계는 법인의 업무전반에 관한 회계(이하 "법인회계"라 한다), 시설의 운영에 관한 회계(이하 "시설회계"라 한다) 및 법인이 수행하는 수익사업에 관한 회계(이하 "수익사업회계"라 한다)로 구분한다.

② 법인의 회계는 법인회계, 해당 법인이 설치 · 운영하는 시설의 시설회계 및 수익사업회계로 구분하여야 하며, 시 설의 회계는 해당 시설의 시설회계로 한다.

[전문개정 2012. 8. 7.]

제6조의2(정보통신매체에 의한 재무 · 회계처리) ①법인 및 시설의 재무 · 회계는 컴퓨터 회계프로그램으로 처리할 수 있다. 〈개정 2012. 8. 7.〉

② 보건복지부장관은 법인 및 시설의 재무 · 회계업무의 효율성 및 투명성을 높이기 위하여「사회복지사업법」제 6조의2제2항에 따른 정보시스템으로서 법인 및 시설의 재무회계를 처리하기 위한 정보시스템을 구축 · 운영할 수 있다.〈신설 2012. 8. 7.〉

③ 보건복지부장관, 시 · 도지사, 시장(「제주특별자치도 설치 및 국제자유도시 조성을 위한 특별법」제11조제2항 에 따른 행정시장을 포함한다. 이하 같다) · 군수 · 구청장(자치구의 구청장을 말한다. 이하 같다)은 법인 또는 시설에 대하여 제2항에 따른 시스템을 사용할 것을 권장할 수 있다.〈신설 2012. 8. 7., 2015. 12. 24., 2018. 3. 30.〉

④「사회복지사업법」 제42조에 따른 보조금을 받는 법인 및 시설과 보조금을 받지 아니하는 시설로서 「노인복 지법」 제31조에 따른 노인복지시설 중「노인장기요양보험법」 제31조에 따라 장기요양기관으로 지정받은 시설(이하 "노인장기요양기관"이라 한다)은 제1항에 따른 컴퓨터 회계프로그램 중 보건복지부장관이 검증한 표준연계 모듈이 적용된 정보시스템 또는 제2항에 따른 정보시스템을 사용하여 재무·회계를 처리하여야 한다. 다만, 보건복 지부장관이 정하는 법인 및 시설은 그러하지 아니하다.〈신설 2012. 8. 7., 2018. 3. 30.〉

⑤ 제1항에 따른 컴퓨터 회계프로그램 또는 제2항에 따른 시스템에 의하여 전자장부를 사용하는 경우에는 제24조 에 따른 회계장부를 둔 것으로 본다.〈개정 2012. 8. 7.〉 [본조신설 2005. 7. 15.] [시행일] 제6조의2제4항의 개정규정은 다음 각 호의 구분에 따른 날부터 시행한다.

1. 「노인복지법」 제34조제1항에 따른 노인의료복지시설 및 같은 법 제38조제1항제2호·제3호의 서비스를 제공 하는 노인장기요양기관(이하 "주·야간보호기관등"이라 한다)으로서 2018년 5월 30일 기준으로 정원이 20명을 초과하는 기관: 2018년 5월 30일
2. 「노인복지법」 제38조제1항제1호·제4호 및 같은 법 시행규칙 제26조의2제2호의 서비스를 제공하는 노인장 기요양기관(이하 "방문요양기관등"이라 한다)으로서 2017년 일일평균 이용자가 20명을 초과하거나, 2018년 1월 1일 이후「노인장기요양보험법」제31조제1항에 따라 지정을 받고 같은 해 4월 30일까지 일일평균 이용자 가 20명을 초과하는 기관: 2018년 5월 30일
3. 주·야간보호기관등으로서 2018년 5월 30일 기준으로 정원이 20명 이하인 기관: 2019년 5월 30일
4. 방문요양기관등으로서 2017년 일일평균 이용자가 20명 이하이거나, 2018년 1월 1일 이후「노인장기요양보험 법」제31조제1항에 따라 지정

을 받고 같은 해 4월 30일까지 일일평균 이용자가 20명 이하인 기관 및 2018년 5월 1일 이후「노인장기요양보험법」제31조제1항에 따라 지정을 받은 기관: 2019년 5월 30일

제2장 예산과 결산

제1절 예산

제7조(세입 · 세출의 정의) 1회계연도의 모든 수입을 세입으로 하고, 모든 지출을 세출로 한다.

제8조(예산총계주의원칙) 세입과 세출은 모두 예산에 계상하여야 한다.
[전문개정 1998. 1. 7.]

제9조(예산편성지침) ① 법인의 대표이사는 제2조의 취지에 따라 매 회계연도 개시 1월전까지 그 법인과 해당 법인이 설치 · 운영하는 시설의 예산편성지침을 정하여야 한다. 〈개정 1998. 1. 7., 2012. 8. 7.〉
② 법인 또는 시설의 소재지를 관할하는 시장 · 군수 · 구청장은 특히 필요하다고 인정되는 사항에 관하여는 예산편성지침을 정하여 매 회계연도 개시 2월전까지 법인 및 시설에 통보할 수 있다. 〈개정 1998. 1. 7., 2012. 8. 7., 2015. 12. 24.〉 [제목개정 2012. 8. 7.]

제10조(예산의 편성 및 결정절차) ① 법인의 대표이사 및 시설의 장은 예산을 편성하여 각각 법인 이사회의 의결 및「사회복지사업법」제36조에 따른 운영위원회 또는「영유아보육법」제25조에 따른 어린이집운영위원회(이하 "시설운영위원회"라 한다)에의 보고를 거쳐 확정한다. 다만, 법인이 설치 · 운영하는 시설인 경우에는 시설운영위원회에 보고한 후 법인 이사회의 의결을 거쳐 확정한다. 〈신설 2012. 8. 7.〉
② 법인의 대표이사 및 시설의 장은 제1항에 따라 확정한 예산을 매 회계

연도 개시 5일전까지 관할 시장 · 군수 · 구청장에게 제출(「사회복지사업법」 제6조의2제2항에 따른 정보시스템을 활용한 제출을 포함한다)하여야 한다.

③ 제1항에 따라 예산을 편성할 경우 법인회계와 시설회계의 예산은 별표 1부터 별표 4까지에 따른 세입 · 세출예산과목 구분에 따라 편성하여야 한다. 다만, 다음 각 호의 시설은 각 호에서 정하는 바에 따라 편성한다.〈개정 2009. 2. 5., 2010. 3. 19., 2012. 8. 7., 2018. 3. 30.〉

〈개정 2009. 2. 5., 2012. 8. 7., 2015. 12. 24.〉

1.「사회복지사업법」 제34조의5에 따른 사회복지관,「노인복지법」 제36조제1항제1호에 따른 노인복지관,「장애인복지법」 제58조제1항제2호에 따른 장애인 지역사회재활시설, 그 밖에 보건복지부장관이 정하여 고시하는 시설: 별표 5 및 별표 6에 따른 세입 · 세출예산과목 구분에 따라 편성
2.「영유아보육법」 제2조에 따른 어린이집: 별표 7 및 별표 8에 따른 세입 · 세출예산과목 구분에 따라 편성
3. 노인장기요양기관: 별표 9의 세입예산과목 구분 및 별표 10의 세출예산과목 구분에 따라 편성하되, 세출예산을 편성하는 때에는「노인장기요양보험법」 제38조제4항에 따라 장기요양급여비용 중 그 일부를 보건복지부장관이 정하여 고시하는 비율에 따라 인건비로 편성
4. 삭제〈2012. 8. 7.〉

④ 시장 · 군수 · 구청장은 제2항에 따라 예산을 제출받은 때에는 20일 이내에 법인과 시설의 회계별 세입 · 세출명세서를 시(「제주특별자치도 설치 및 국제자유도시 조성을 위한 특별법」 제10조제2항에 따른 행정시를 포함한다. 이하 같다) · 군 · 구(자치구를 말한다. 이하 같다)의 게시판과 인터넷 홈페이지에 20일 이상 공고하고, 법인의 대표이사 및 시설의 장으로 하여금 해당 법인 및 시설의 게시판과 인터넷 홈페이지에 20일 이상 공고하도록 하여야 한다.〈개정 2009. 2. 5., 2012. 8. 7., 2018. 3. 30.〉

⑤ 제4항에 따른 공고는「사회복지사업법」제6조의2제2항에 따른 정보시스템에 게시하거나「영유아보육법」제49조의2제1항에 따라 공시하는 것으로 갈음할 수 있다.〈개정 2015. 12. 24.〉[전문개정 1998. 1. 7.]

제11조(예산에 첨부하여야 할 서류) ① 예산에는 다음 각호의 서류가 첨부되어야 한다. 다만, 단식부기로 회계를 처리하 는 경우에는 제1호 · 제2호 · 제5호 및 제6호의 서류만을 첨부할 수 있고, 국가 · 지방자치단체 · 법인 외의 자가 설치 · 운영하는 시설로서 거주자 정원 또는 일일평균 이용자가 20명 이하인 시설(이하 "소규모 시설"이라 한다)은 제2호 및 제6호의 서류만을 첨부할 수 있으며,「영유아보육법」제2조에 따른 어린이집은 보건복지부장관이 정하는 바에 따른다.〈개정 1993. 12. 27., 2012. 8. 7., 2018. 3. 30.〉

1. 예산총칙
2. 세입 · 세출명세서
3. 추정대차대조표
4. 추정수지계산서
5. 임직원 보수 일람표
6. 당해예산을 의결한 이사회 회의록 또는 해당 예산을 보고받은 시설운영위원회 회의록 사본

② 제1항제2호 내지 제5호의 서류의 서식은 별지 제1호서식 내지 별지 제4호서식에 의한다. 다만, 노인장기요양기관의 장이 첨부하여야 하는 제1항제5호의 임직원 보수 일람표는 별지 제4호의2서식에 따른다.〈개정 2018. 3. 30.〉[시행일] 제11조제2항 단서의 개정규정은 다음 각 호의 구분에 따른 날부터 시행한다.

1. 「노인복지법」제34조제1항에 따른 노인의료복지시설 및 같은 법 제38조제1항제2호 · 제3호의 서비스를 제공하는 노인장기요양기관(이하 "주 · 야간보호기관 등"이라 한다)으로서 2018년 5월 30일 기준으로 정원이 20명을 초과하는 기관: 2018년 5월 30일

2. 「노인복지법」 제38조제1항제1호 · 제4호 및 같은 법 시행규칙 제26조의 2제2호의 서비스를 제공하는 노인장기요양기관(이하 "방문요양기관등"이라 한다)으로서 2017년 일일평균 이용자가 20명을 초과하거나, 2018년 1월 1일 이후 「노인장기요양보험법」제31조제1항에 따라 지정을 받고 같은 해 4월 30일까지 일일평균 이용자가 20명을 초과하는 기관: 2018년 5월 30일
3. 주 · 야간보호기관등으로서 2018년 5월 30일 기준으로 정원이 20명 이하인 기관: 2019년 5월 30일
4. 방문요양기관등으로서 2017년 일일평균 이용자가 20명 이하이거나, 2018년 1월 1일 이후 「노인장기요양보험법」제31조제1항에 따라 지정을 받고 같은 해 4월 30일까지 일일평균 이용자가 20명 이하인 기관 및 2018년 5월 1일 이후 「노인장기요양보험법」제31조제1항에 따라 지정을 받은 기관: 2019년 5월 30일

제12조(준예산) 회계연도 개시전까지 법인 및 시설의 예산이 성립되지 아니한 때에는 법인의 대표이사 및 시설의 장은 시장 · 군수 · 구청장에게 그 사유를 보고하고 예산이 성립될 때까지 다음의 경비를 전년도 예산에 준하여 집행할 수 있다. 〈개정 2012. 8. 7.〉

1. 임 · 직원의 보수
2. 법인 및 시설운영에 직접 사용되는 필수적인 경비
3. 법령상 지급의무가 있는 경비

제13조(추가경정예산) ① 법인의 대표이사 및 시설의 장은 예산성립후에 생긴 사유로 인하여 이미 성립된 예산에 변경을 가할 필요가 있을 때에는 제10조 및 제11조의 규정에 의한 절차에 준하여 추가경정예산을 편성 · 확정할 수 있다. 이 경우 노인장기요양기관의 장은 「노인장기요양보험법」 제38조제4항에 따라 장기요양급여비용 중 그 일부를 보건복지부장관이 정하여 고

시하는 비율에 따라 인건비로 편성하여야 한다. 〈개정 2012. 8. 7., 2018. 3. 30.〉

② 법인의 대표이사 및 시설의 장은 추가경정예산이 확정된 날로부터 7일 이내에 이를 시장 · 군수 · 구청장에게 제출하여야 한다.〈개정 2012. 8. 7.〉

제14조(예비비) 법인의 대표이사 및 시설의 장은 예측할 수 없는 예산외의 지출 또는 예산의 초과지출에 충당하기 위하여 예비비를 세출예산에 계상할 수 있다. 〈개정 2012. 8. 7.〉 [전문개정 1999. 3. 11.]

제15조(예산의 목적외 사용금지) 법인회계 및 시설회계의 예산은 세출예산이 정한 목적외에 이를 사용하지 못한다.

제16조(예산의 전용) ① 법인의 대표이사 및 시설의 장은 관 · 항 · 목간의 예산을 전용할 수 있다. 다만, 법인 및 시설(소규모 시설은 제외한다)의 관간 전용 또는 동일 관내의 항간 전용을 하려면 이사회의 의결 또는 시설운영위원회에의 보고를 거쳐야 하되, 법인이 설치 · 운영하는 시설인 경우에는 시설운영위원회에 보고한 후 법인 이사회의 의결을 거쳐야 한다. 〈개정 1998. 1. 7., 2012. 8. 7.〉

② 제1항에도 불구하고 예산총칙에서 전용을 제한하고 있거나 이사회 및 시설 예산심의과정에서 삭감한 관 · 항 · 목으로는 전용하여서는 아니되며, 노인장기요양기관의 장은 예산을 전용하는 때에는 「노인장기요양보험법」 제38조제4항에 따라 장기요양급여비용 중 그 일부를 보건복지부장관이 정하여 고시하는 비율에 따라 인건비로 편성하여야 한다.〈신설 2012. 8. 7., 2018. 3. 30.〉

③ 법인의 대표이사 및 시설의 장은 제1항에 따라 관 · 항 간 예산을 전용한 경우에는 관할 시장 · 군수 · 구청장에게 제19조 및 제20조에 따른 결산보고서를 제출할 때에 과목 전용조서를 첨부하여야 한다.〈개정 2012. 8. 7.〉

제17조(세출예산의 이월) 법인의 대표이사 및 시설의 장은 법인회계와 시설회계의 세출예산중 경비의 성질상 당해회계 연도안에 지출을 마치지 못할 것으로 예측되는 경비와 연도내에 지출원인행위를 하고 불가피한 사유로 인하여 연도 내에 지출하지 못한 경비를 각각 이사회의 의결 및 시설운영위원회에의 보고를 거쳐 다음 연도에 이월하여 사용할 수 있다. 다만, 법인이 설치 · 운영하는 시설인 경우에는 시설운영위원회에 사전 보고한 후 법인 이사회의 의결을 거쳐야 한다. 〈개정 1998. 1. 7., 2012. 8. 7.〉

제18조(특정목적사업 예산) ① 법인의 대표이사 및 시설의 장은 완성에 수년을 요하는 공사나 제조 그밖의 특수한 사업을 위하여 2회계연도 이상에 걸쳐서 그 재원을 적립할 필요가 있는 때에는 회계연도마다 일정액을 예산에 계상하여 특정목적사업을 위한 적립금으로 적립할 수 있다. 〈개정 2012. 8. 7., 2017. 2. 14.〉

② 적립금의 적립 및 사용 계획(변경된 계획을 포함한다)은 시장 · 군수 · 구청장에게 사전에 보고하여야 한다. 〈신설 2012. 8. 7.〉

③ 적립금은 그 적립목적에만 사용하여야 한다. 〈신설 2012. 8. 7.〉

④ 시장 · 군수 · 구청장은 법인 및 시설의 재정 상태 등을 고려하여 적립금의 적립 여부, 규모 및 적립기간 등에 관하여 필요한 조치를 할 수 있다. 〈신설 2012. 8. 7.〉

제2절 결산

제19조(결산서의 작성 제출) ① 법인의 대표이사 및 시설의 장은 법인회계와 시설회계의 세입 · 세출 결산보고서를 작성하여 각각 이사회의 의결 및 시설운영위원회에의 보고를 거친 후 다음 연도 3월 31일까지(「영유아보육법」 제2조에 따른 어린이집의 경우에는 5월 31일까지를 말한다) 시장 · 군수 · 구청장에게 제출(「사회복지사업법」 제6조의2제2항에 따른 정보시스템을 활용한 제출을 포함한다)하여야 한다. 다만, 법인이 설치 · 운영하는 시설인 경우에는

시설운영위원회에 보고한 후 법인 이사회의 의결을 거쳐 제출하여야 한다. 〈개정 2012. 8. 7., 2015. 12. 24.〉

② 시장 · 군수 · 구청장은 제1항에 따라 결산보고서를 제출받은 때에는 20일 이내에 법인 및 시설의 세입 · 세출결산서를 시 · 군 · 구의 게시판과 인터넷 홈페이지에 20일 이상 공고하고, 법인의 대표이사 및 시설의 장으로 하여금 해당 법인 및 시설의 게시판과 인터넷 홈페이지에 20일 이상 공고하도록 하여야 한다. 〈신설 1998. 1. 7., 2009. 2. 5., 2012. 8. 7.〉

1. 삭제〈2012. 8. 7.〉
2. 삭제〈2012. 8. 7.〉

③ 제2항에 따른 공고는 「사회복지사업법」 제6조의2제2항에 따른 정보시스템에 게시하거나 「영유아보육법」 제49조의2제1항에 따라 공시하는 것으로 갈음할 수 있다. 〈개정 2015. 12. 24.〉

제20조(결산보고서에 첨부하여야 할 서류) ① 결산보고서에는 다음 각 호의 서류가 첨부되어야 한다. 다만, 단식부기로 회계를 처리하는 경우에는 제1호부터 제3호까지 및 제14호부터 제23호까지의 서류만을 첨부할 수 있고, 소규모 시설의 경우에는 제1호 및 제17호의 서류만을 첨부할 수 있으며, 「영유아보육법」 제2조에 따른 어린이집은 보건복지부장관이 정하는 바에 따른다. 〈개정 1993. 12. 27., 1998. 1. 7., 2012. 8. 7., 2015. 12. 24.〉

1. 세입 · 세출결산서
2. 과목 전용조서
3. 예비비 사용조서
4. 대차대조표
5. 수지계산서
6. 현금 및 예금명세서
7. 유가증권명세서
8. 미수금명세서

9. 재고자산명세서

10. 기타 유동자산명세서(제6호 내지 제9호의 유동자산외의 유동자산을 말한다)

11. 고정자산(토지 · 건물 · 차량운반구 · 비품 · 전화가입권)명세서

12. 부채명세서(차입금 · 미지급금을 포함한다)

13. 제충당금명세서

14. 기본재산수입명세서(법인만 해당한다)

15. 사업수입명세서

16. 정부보조금명세서

17. 후원금수입 및 사용결과보고서(전산파일을 포함한다)

18. 후원금 전용계좌의 입출금내역

19. 인건비명세서

20. 사업비명세서

21. 기타비용명세서(인건비 및 사업비를 제외한 비용을 말한다)

22. 감사보고서

23. 법인세 신고서(수익사업이 있는 경우에 한한다)

② 제1항제1호 내지 제3호의 서류는 별지 제5호서식 · 별지 제5호의2서식 내지 별지 제5호의4서식 · 별지 제6호서식 및 별지 제7호서식에 의하고, 제1항제4호 및 제5호의 서류는 별지 제2호서식 및 별지 제3호서식에 의하며, 제 6호부터 제17호까지의 서류는 별지 제8호서식부터 별지 제19호서식까지에 따르며, 제19호부터 제22호까지의 서류는 별지 제20호서식부터 별지 제23호서식까지에 따른다. 다만, 노인장기요양기관의 장이 첨부하여야 하는 제1항 제19호의 인건비명세서는 별지 제4호의2서식에 따른다. 〈개정 2005. 7. 15., 2012. 8. 7., 2018. 3. 30.〉 [시행일] 제20조제2항 단서의 개정규정은 다음 각 호의 구분에 따른 날부터 시행한다.

1. 「노인복지법」 제34조제1항에 따른 노인의료복지시설 및 같은 법 제38조 제1항제2호 · 제3호의 서비스를 제공하는 노인장기요양기관(이하 "주 ·

야간보호기관등"이라 한다)으로서 2018년 5월 30일 기준으로 정원이 20명을 초과하는 기관: 2018년 5월 30일

2. 「노인복지법」 제38조제1항제1호 · 제4호 및 같은 법 시행규칙 제26조의2제2호의 서비스를 제공하는 노인장기요양기관(이하 "방문요양기관등"이라 한다)으로서 2017년 일일평균 이용자가 20명을 초과하거나, 2018년 1월 1일 이후 「노인장기요양보험법」 제31조제1항에 따라 지정을 받고 같은 해 4월 30일까지 일일평균 이용자가 20명을 초과하는 기관: 2018년 5월 30일
3. 주 · 야간보호기관등으로서 2018년 5월 30일 기준으로 정원이 20명 이하인 기관: 2019년 5월 30일
4. 방문요양기관등으로서 2017년 일일평균 이용자가 20명 이하이거나, 2018년 1월 1일 이후 「노인장기요양보험법」 제31조제1항에 따라 지정을 받고 같은 해 4월 30일까지 일일평균 이용자가 20명 이하인 기관 및 2018년 5월 1일 이후 「노인장기요양보험법」 제31조제1항에 따라 지정을 받은 기관: 2019년 5월 30일

제3장 회계

제1절 총칙

제21조(수입 및 지출사무의 관리) ① 법인의 대표이사와 시설의 장은 법인과 시설의 수입 및 지출에 관한 사무를 관리한다.

② 법인의 대표이사와 시설의 장은 수입 및 지출원인행위에 관한 사무를 각각 소속직원에게 위임할 수 있다.

제22조(수입과 지출의 집행기관) ① 법인과 시설에는 수입과 지출의 현금출납 업무를 담당하게 하기 위하여 각각 수입원과 지출원을 둔다. 다만, 법인 또는 시설의 규모가 소규모인 경우에는 수입원과 지출원을 동일인으로 할 수 있다.

② 제1항의 수입원과 지출원은 각각 그 법인의 대표이사와 시설의 장이 임면한다.

제23조(회계의 방법) 회계는 단식부기에 의한다. 다만, 법인회계와 수익사업회계에 있어서 복식부기의 필요가 있는 경우에는 복식부기에 의한다.
[전문개정 1993. 12. 27.]

제24조(장부의 종류) ① 법인 및 시설에는 다음의 회계장부를 둔다. 〈개정 1998. 1. 7.〉

1. 현금출납부
2. 총계정원장
3. 삭제〈2012. 8. 7.〉
4. 재산대장
5. 비품관리대장
6. 삭제〈2009. 2. 5.〉
7. 삭제〈1998. 1. 7.〉
8. 삭제〈1998. 1. 7.〉
9. 삭제〈1998. 1. 7.〉
10. 삭제〈1998. 1. 7.〉
11. 삭제〈1998. 1. 7.〉
12. 삭제〈1998. 1. 7.〉

② 노인장기요양기관의 장은 제1항제1호 및 제2호에 따른 회계장부를 매년 7월 15일까지 시장 · 군수 · 구청장에게 정보시스템을 사용하여 제출하여야 한다.〈신설 2018. 3. 30.〉

③ 제1항제1호부터 제5호까지의 규정에 따른 회계장부는 별지 제24호서식, 별지 제24호의2서식, 별지 제25호서식 , 별지 제25호의2서식 및 별지 제26호서식부터 별지 제28호서식까지에 따른다.〈개정 2009. 2. 5., 2018.

3. 30.〉 [시행일] 제24조제2항의 개정규정은 다음 각 호의 구분에 따른 날부터 시행한다.

1. 「노인복지법」 제34조제1항에 따른 노인의료복지시설 및 같은 법 제38조제1항제2호 · 제3호의 서비스를 제공하는 노인장기요양기관(이하 "주 · 야간보호기관등"이라 한다)으로서 2018년 5월 30일 기준으로 정원이 20명을 초과하는 기관: 2018년 5월 30일
2. 「노인복지법」 제38조제1항제1호 · 제4호 및 같은 법 시행규칙 제26조의2제2호의 서비스를 제공하는 노인장기요양기관(이하 "방문요양기관등"이라 한다)으로서 2017년 일일평균 이용자가 20명을 초과하거나, 2018년 1월 1일 이후 「노인장기요양보험법」제31조제1항에 따라 지정을 받고 같은 해 4월 30일까지 일일평균 이용자가 20명을 초과하는 기관: 2018년 5월 30일
3. 주 · 야간보호기관등으로서 2018년 5월 30일 기준으로 정원이 20명 이하인 기관: 2019년 5월 30일
4. 방문요양기관등으로서 2017년 일일평균 이용자가 20명 이하이거나, 2018년 1월 1일 이후 「노인장기요양보험법」제31조제1항에 따라 지정을 받고 같은 해 4월 30일까지 일일평균 이용자가 20명 이하인 기관 및 2018년 5월 1일 이후 「노인장기요양보험법」제31조제1항에 따라 지정을 받은 기관: 2019년 5월 30일

제2절 수입

제25조(수입금의 수납) ① 모든 수입금의 수납은 이를 금융기관에 취급시키는 경우를 제외하고는 수입원이 아니면 수납하지 못한다.

② 수입원이 수납한 수입금은 그 다음날까지 금융기관에 예입하여야 한다.〈개정 1998. 1. 7.〉

③ 제1항 및 제2항의 규정에 의한 수입금에 대한 금융기관의 거래통장은

제6조의 규정에 의한 회계별로 구분될 수 있도록 보관 · 관리하여야 한다. 〈신설 1998. 1. 7.〉

제26조(과년도 수입과 반납금 여입) ① 출납이 완결한 연도에 속하는 수입 기타 예산외의 수입은 모두 현년도의 세입에 편입하여야 한다.

② 지출된 세출의 반납금은 각각 지출한 세출의 당해과목에 여입할 수 있다.

제27조(과오납의 반환) 과오납된 수입금은 수입한 세입에서 직접 반환한다.

제3절 지출

제28조(지출의 원칙) ① 지출은 제21조의 규정에 의한 지출사무를 관리하는 자 및 그 위임을 받아 지출명령이 있는 것에 한하여 지출원이 행한다.

② 제1항의 지출명령은 예산의 범위안에서 하여야 한다.

제29조(지출의 방법) ① 지출은 상용의 경비 또는 소액의 경비지출을 제외하고는 예금통장에 의하거나 「전자문서 및 전자거래 기본법」 제2조제5호에 따른 전자거래로 행하여야 한다. 다만, 시설에 지원되는 국가 또는 지방자치단체의 보조금 지출은 보조금 결제 전용카드나 전용계좌를 이용하여야 한다. 〈개정 2009. 2. 5., 2012. 8. 7., 2012. 8. 31., 2015. 12. 24.〉

② 제1항에도 불구하고 지출원은 상용의 경비 또는 소액의 경비를 지출할 수 있으며, 이를 위하여 100만원 이하의 현금을 보관할 수 있다. 〈개정 2009. 2. 5., 2012. 8. 7.〉

③ 제1항 및 제2항에 따른 상용의 경비 또는 소액의 경비지출의 범위는 시 · 도지사가 정할 수 있다. 〈신설 2012. 8. 7.〉

제30조(지출의 특례) ①지출에 있어서 선금급을 할 수 있는 경비의 범위는 다음과 같다. 〈개정 2009. 2. 5.〉

1. 외국에서 직접 구입하는 기계, 도서, 표본 또는 실험용재료의 대가
2. 정기간행물의 대가

3. 토지 또는 가옥의 임대료와 용선료
4. 운임
5. 소속직원중 특별한 사정이 있는 자에 대하여 지급하는 급여의 일부
6. 관공서(「공공기관의 운영에 관한 법률」에 따른 공공기관 및 특별법에 의하여 설립된 특수법인을 포함한다)에 대하여 지급하는 경비
7. 외국에서 연구 또는 조사에 종사하는 자에 대하여 지급하는 경비
8. 보조금
9. 사례금
10. 계약금액이 1천만원이상인 공사나 제조 또는 물건의 매입을 하는 경우에 계약금액의 100분의 50을 초과하지 아니하는 금액

② 지출에 있어서 개산급을 할 수 있는 경비의 범위는 다음과 같다. 〈개정 2009. 2. 5.〉

1. 여비 및 판공비
2. 관공서(「공공기관의 운영에 관한 법률」에 따른 공공기관 및 특별법에 의하여 설립된 특수법인을 포함한다)에 대하여 지급하는 경비
3. 보조금
4. 소송비용

제4절 계약

제30조의2(계약의 원칙) 계약에 관한 사항은 「지방자치단체를 당사자로 하는 계약에 관한 법률」, 같은 법 시행령 및 같은 법 시행규칙을 준용한다. 다만, 국가 · 지방자치단체 · 법인 외의 자가 설치 · 운영하는 시설의 경우에는 그러하지 아니하다. 〈개정 2012. 8. 7., 2015. 12. 24.〉 [전문개정 2009. 2. 5.]

제31조(계약담당자) ① 계약에 관한 사무는 각각 그 법인의 대표이사와 시설의 장이 처리한다.

② 법인의 대표이사와 시설의 장은 계약체결에 관한 사무를 소속직원에게

위임할 수 있다.

제32조 삭제 〈2009. 2. 5.〉

제33조 삭제 〈2009. 2. 5.〉

제34조 삭제 〈2009. 2. 5.〉

제35조 삭제 〈2009. 2. 5.〉

제36조 삭제 〈2009. 2. 5.〉

제37조 삭제 〈2009. 2. 5.〉

제37조의2 삭제 〈2009. 2. 5.〉

제4장 물품

제38조(물품의 관리자와 출납원) ① 법인의 대표이사와 시설의 장은 그 소관에 속하는 물품(현금 및 유가증권을 제외한 동산을 말한다. 이하 같다)을 관리한다. 〈개정 1998. 1. 7.〉

② 법인의 대표이사와 시설의 장은 그 소관에 속하는 물품관리에 관한 사무를 소속직원에게 위임할 수 있다.

③ 법인의 대표이사와 시설의 장(제2항의 규정에 의하여 위임을 받은 자를 포함한다. 이하 "물품관리자"라 한다)은 물품의 출납보관을 위하여 소속직원중에서 물품출납원을 지정하여야 한다.

제39조(물품의 관리의무) 물품관리자 및 물품출납원은 선량한 관리자의 주의로써 사무에 종사하여야 한다.

제40조(물품의 관리) ① 물품관리자는 물품을 출납하게 하고자 할 때에는 물품출납원에게 출납하여야 할 물품의 분류를 명백히 하여 그 출납을 명령하여야 한다.

② 물품출납원은 제1항의 규정에 의한 명령이 없이는 물품을 출납할 수 없다.

제40조의2(재물조사) 법인의 대표이사와 시설의 장은 연 1회 그 관리에 속하는 물품에 대하여 정기적으로 재물조사를 실시하여야 하며, 필요하다고 인정하는 때에는 정기재물조사외에 수시로 재물조사를 할 수 있다.

[본조신설 1998. 1. 7.]

제41조(불용품의 처리) ① 법인과 시설의 물품관리자는 물품중 그 사용이 불가능하거나 수리하여 다시 사용할 수 없게 된 물품이 있을 때에는 그 물품에 대하여 불용의 결정을 하여야 한다.

② 제1항의 규정에 의한 불용품을 매각한 경우 그 대금은 당해법인 또는 시설의 세입예산에 편입시켜야 한다.

제4장의2 후원금의 관리 〈신설 1998. 1. 7.〉

제41조의2(후원금의 범위등) ① 법인의 대표이사와 시설의 장은 「사회복지사업법」 제45조에 따른 후원금의 수입 · 지출 내용과 관리에 명확성이 확보되도록 하여야 한다. 시설거주자가 받은 개인결연후원금을 당해인이 정신질환 기타 이에 준하는 사유로 관리능력이 없어 시설의 장이 이를 관리하게 되는 경우에도 또한 같다. 〈개정 1999. 3. 11., 2012. 8. 7.〉

② 삭제〈1999. 3. 11.〉 [본조신설 1998. 1. 7.]

제41조의3 삭제 〈1999. 3. 11.〉

제41조의4(후원금의 영수증 발급 등) ① 법인의 대표이사와 시설의 장은 후원금을 받은 때에는 「소득세법 시행규칙」 제101조제20호의2에 따른 기부금영수증 서식 또는 「법인세법 시행규칙」 제82조제7항제3호의3에 따른 기부금 영수증 서식에 따라 후원금 영수증을 발급하여야 하며, 영수증 발급목록을 별도의 장부로 작성 · 비치하여야 한다. 〈개정 2009. 2. 5., 2012. 8. 7.〉

② 법인의 대표이사와 시설의 장은 금융기관 또는 체신관서의 계좌입금을 통하여 후원금을 받은 때에는 법인명의의 후원금전용계좌나 시설의 명칭

이 부기된 시설장 명의의 계좌(이하 "후원금전용계좌등"이라 한다)를 사용하여야 한다. 이 경우 후원자가 영수증 발급을 원하는 경우를 제외하고는 제1항에 따른 영수증의 발급을 생략할 수 있다.〈개정 2009. 2. 5.〉

③ 법인의 대표이사 및 시설의 장은 후원금을 받을 때에는 각각의 법인 및 시설별로 후원금전용계좌등을 구분하여 사용하여야 하며, 미리 후원자에게 후원금전용계좌등의 구분에 관한 사항을 안내하여야 한다.〈신설 2012. 8. 7.〉

④ 모든 후원금의 수입 및 지출은 후원금전용계좌등을 통하여 처리하여야 한다. 다만, 물품 형태의 후원금은 그러하지 아니하다.〈신설 2012. 8. 7.〉

[전문개정 2005. 7. 15.] [제목개정 2009. 2. 5.]

제41조의5(후원금의 수입 및 사용내용통보) 법인의 대표이사와 시설의 장은 연 1회이상 해당 후원금의 수입 및 사용내용을 후원금을 낸 법인·단체 또는 개인에게 통보하여야 한다. 이 경우 법인이 발행하는 정기간행물 또는 홍보지등을 이용하여 일괄 통보할 수 있다. [본조신설 1998. 1. 7.]

제41조의6(후원금의 수입·사용결과 보고 및 공개) ① 법인의 대표이사와 시설의 장은 제19조 및 제20조에 따른 결산 보고서를 제출할 때에 별지 제19호 서식에 따른 후원금수입 및 사용결과보고서(전산파일을 포함한다)를 관할 시장·군수·구청장에게 제출(「사회복지사업법」 제6조의2제2항에 따른 정보시스템을 활용한 제출을 포함한다)하여야 한다. 〈개정 2005. 7. 15., 2009. 2. 5., 2012. 8. 7., 2015. 12. 24.〉

② 시장·군수·구청장은 제1항에 따라 제출받은 후원금수입 및 사용결과보고서를 제출받은 날부터 20일 이내에 인터넷 등을 통하여 3개월 동안 공개하여야 하며, 법인의 대표이사 및 시설의 장은 해당 법인 및 시설의 게시판과 인터넷 홈페이지에 같은 기간 동안 공개하여야 한다. 다만, 후원자의 성명(법인 등의 경우는 그 명칭)은 공개하지 아니한다.〈신설 2005. 7. 15.,

2009. 2. 5., 2012. 8. 7., 2015. 12. 24.〉
③ 제2항에 따른 공개는 「사회복지사업법」 제6조의2제2항에 따른 정보시스템에 게시하는 것으로 갈음할 수 있다 .〈신설 2015. 12. 24.〉 [본조신설 1998. 1. 7.] [제목개정 2005. 7. 15.]

제41조의7(후원금의 용도외 사용금지) ① 법인의 대표이사와 시설의 장은 후원금을 후원자가 지정한 사용용도외의 용도로 사용하지 못한다.
② 보건복지부장관은 후원자가 사용용도를 지정하지 아니한 후원금에 대하여 그 사용기준을 정할 수 있다.〈신설 2012. 8. 7.〉
③ 후원금의 수입 및 지출은 제10조의 규정에 의한 예산의 편성 및 확정절차에 따라 세입 · 세출예산에 편성하여 사용하여야 한다.〈개정 2012. 8. 7.〉 [본조신설 1998. 1. 7.]

제5장 감사

제42조(감사) ① 법인의 감사는 당해법인과 시설에 대하여 매년 1회이상 감사를 실시하여야 한다.
② 법인의 대표이사는 시설의 장과 수입원 및 지출원이 사망하거나 경질된 때에는 그 관장에 속하는 수입, 지출, 재산, 물품 및 현금등의 관리상황을 감사로 하여금 감사하게 하여야 한다.
③ 제2항의 규정에 의한 감사를 함에 있어서는 전임자가 입회하여야 하며, 전임자가 입회할 수 없는 경우에는 그 전 임자가 지정하거나 법인의 대표이사가 관계직원중에서 지정한 입회인을 입회하게 하여야 한다.
④ 감사는 제1항 내지 제3항의 규정에 의하여 감사를 한 때는 감사보고서를 작성하여 당해법인의 이사회에 보고하여야 하며, 재산상황 또는 업무집행에 관하여 부정 또는 불비한 점이 발견된 때에는 시장 · 군수 · 구청장에게 보고하여야 한다.
⑤ 제4항의 감사보고서에는 감사가 서명 또는 날인하여야 한다.〈개정

1998. 1. 7.〉

제42조의2(회계감사) ① 시 · 도지사 또는 시장 · 군수 · 구청장은 법인 및 시설이 다음 각 호의 어느 하나에 해당하는 경우 회계감사를 실시할 수 있다.

1. 「사회복지사업법」 제40조제1항제4호에 따른 회계부정이나 불법행위 또는 그 밖의 부당행위 등이 발견된 경우
2. 「사회복지사업법」 제42조제3항제1호에 따라 거짓이나 그 밖의 부정한 방법으로 보조금을 받은 경우
3. 「사회복지사업법」 제42조제3항제2호에 따라 사업 목적 외의 용도에 보조금을 사용한 경우
4. 「사회복지사업법」 또는 「사회복지사업법」에 따른 명령을 위반한 경우
5. 제42조제4항에 따라 감사가 시장 · 군수 · 구청장에게 보고한 경우

② 제1항에서 규정한 사항 외에 공인회계사 또는 감사인의 추천 등 회계감사의 실시와 관련하여 필요한 사항은 해당 지방자치단체의 조례로 정한다.

[본조신설 2019. 6. 12.]

제6장 보칙

제43조(사무의 인계 · 인수) ① 회계사무를 담당하는 직원이 교체된 때에는 당해사무의 인계 · 인수는 발령일로부터 5일 이내에 행하여져야 한다. 〈개정 2012. 8. 7.〉

② 인계자는 인계할 장부와 증빙서류등의 목록을 각각 3부씩 작성하여 인계 · 인수자가 각각 서명 또는 날인한 후 각각 1부씩 보관하고, 1부는 이를 예금잔고증명과 함께 인계 · 인수보고서에 첨부하여 법인의 대표이사 및 시설의 장에게 제출하여야 한다. 이 경우 법인이 설치 · 운영하는 시설에 있어서는 시설의 장을 거쳐 제출하여야 한다. 〈개정 2012. 8. 7., 2015. 12. 24.〉

제44조(시행세칙) 이 규칙의 시행을 위하여 필요한 세부사항은 보건복지부장관이 정한다. 〈개정 1998. 1. 7., 2008. 3. 3., 2010. 3. 19.〉

제45조 삭제 〈2018. 12. 28.〉

부칙 〈제642호, 2019. 6. 12.〉

이 규칙은 2019년 6월 12일부터 시행한다.

부록 3

사회복지시설 유형

*보건복지부 '사회복지시설 관리안내'(2019)

소관 부처	시설종류	세부종류		관련법
		생활시설	이용시설	
보건 복지부	노인복지시설	• 노인주거복지시설 • 노인의료복지시설 • 학대피해노인전용쉼터	• 재가노인복지시설 • 노인여가복지시설 • 노인보호전문기관 • 노인일자리지원기관	「노인복지법」
	복합노인복지시설	• 농어촌에 지역에 한해 노인복지법 제31조 노인복지시설을 종합적으로 배치한 복합노인복지시설을 설치 · 운영 가능		「농어촌주민의 보건복지 증진을 위한 특별법」
	아동복지시설	• 아동양육시설 • 아동일시보호시설 • 아동보호치료시설 • 자립지원시설 • 공동생활가정	• 아동상담소 • 아동전용시설 • 지역아동센터 • 아동보호전문기관 • 가정위탁지원센터 • 다함께돌봄센터* ('19.4.16. 부터 적용)	「아동복지법」
	장애인복지시설	• 장애유형별 거주시설 • 중증장애인 거주시설 • 장애영유아 거주시설 • 장애인단기 거주시설 • 장애인공동생활가정	• 장애인지역사회재활시설 • 장애인직업재활시설 • 장애인의료재활시설 • 장애인생산품판매시설	「장애인복지법」
	어린이집		• 어린이집	「영유아보육법」
	정신보건시설	• 정신요양시설 • 정신재활시설 중 생활시설	• 정신재활시설 중 이용시설	「정신건강증진 및 정신질환자 복지서비스 지원에 관한 법률」
	노숙인시설	• 노숙인자활시설 • 노숙인재활시설 • 노숙인요양시설	• 노숙인종합지원센터 • 노숙인일시보호시설 • 노숙인급식시설 • 노숙인진료시설 • 쪽방상담소	「노숙인 등의 복지 및 자립지원에 관한 법률」
	사회복지관 결핵 · 한센시설	• 결핵 · 한센시설	• 사회복지관	「사회복지사업법」
	지역자활센터		• 지역자활센터	「국민기초생활보장법」

여성가족부	성매매피해지원시설	• 일반지원시설 • 청소년지원시설 • 외국인지원시설 • 자립지원공동생활시설	• 자활지원센터 • 성매매피해상담소	「성매매방지 및 피해자 보호 등에 관한 법률」
	성폭력피해보호시설	• 성폭력피해자보호시설	• 성폭력피해상담소	「성폭력방지 및 피해자 보호 등에 관한 법률」
	가정폭력보호시설	• 가정폭력피해자보호시설	• 가정폭력상담소 • 긴급전화센터	「가정폭력 방지 및 피해자 보호 등에 관한 법률」
	한부모가족복지시설	• 모자가족복지시설 (기본, 공동, 자립) • 부자가족복지시설 (기본, 공동, 자립) • 미혼모자가족복지시설 (기본, 공동) • 일시지원복지시설	• 한부모가족복지상담소	「한부모가족지원법」
	다문화가족지원센터		• 다문화가족지원센터	「다문화가족지원법」
	청소년복지시설	• 청소년쉼터 • 청소년자립지원관 • 청소년치료재활센터 • 청소년회복지원시설		「청소년복지 지원법」

*보건복지부 소관 사회복지시설의 세부 분류

대상자별	형태	시설 종류		소관부서	관련법령
노인	생활	• 주거	–양로시설, 노인 공동생활가정	요양보험운영과	「노인복지법」 제31조
			–노인복지주택		
		• 의료	–노인요양시설		
			–노인요양공동생활가정		
		• 학대피해노인전용쉼터		노인정책과	
	이용	• 재가	–재가노인복지시설(방문요양, 주 · 야간 보호, 단기보호, 방문목욕, 재가노인지원, 방문간호)	요양보험운영과	
		• 여가	–노인복지관	노인정책과	
			–경로당, 노인교실		
		• 노인보호전문기관			
		• 노인일자리지원기관		노인지원과	
아동	생활	• 아동양육시설, 공동생활가정		아동복지정책과	「아동복지법」 제52조
		• 아동일시보호시설			
		• 아동보호치료시설			
		• 자립지원시설			
		• 공동생활가정(학대피해아동쉼터로 지정된 곳에 한함)		아동권리과	
	이용	• 아동상담소, 아동전용시설, 가정위탁지원센터		아동복지정책과	
		• 지역아동센터		인구정책총괄과	
		• 아동보호전문기관		아동학대대응과	
		• 다함께돌봄센터('19.4.16.부터 적용)		인구정책총괄과	「아동복지법」 제44조의2
장애인	생활	• 생활시설	–장애유형별 거주시설	장애인권익지원과	「장애인복지법」 제58조
			–중증장애인 거주시설		
			–장애영유아 거주시설		
			–장애인단기 거주시설		
			–장애인공동생활가정		

장애인	이용	• 지역사회 재활시설	–장애인복지관	장애인권익지원과	「장애인복지법」 제58조
			–장애인주간보호시설		
			–장애인체육시설, 장애인수련시설, 장애인생활이동지원센터		
			–수화통역센터, 점자도서관, 점서 및 녹음서 출판시설		
		• 장애인의료재활시설			
		• 직업재활 시설	–장애인보호작업장, 장애인근로사업장, 장애인직업적응훈련시설	장애인자립기반과	
		• 장애인생산품판매시설			
영유아	이용	• 어린이집	–국공립, 법인, 직장, 가정, 부모협동, 민간	보육기반과	「영유아보육법」 제10조
정신 질환자	생활	• 정신요양시설, 정신재활시설 중 생활시설		정신건강정책과	「정신건강증진 및 정신질환자 복지서비스 지원에 관한 법률」 제22조 및 제26조
	이용	• 정신재활시설 중 이용시설			
노숙인 등	생활	• 노숙인 자활시설 • 노숙인재활시설 • 노숙인요양시설		자립지원과	「노숙인 등의 복지 및 자립지원에 관한 법률」
	이용	• 노숙인종합지원센터 • 노숙인일시보호시설 • 노숙인급식시설 • 노숙인진료시설 • 쪽방상담소			
지역주민	이용	• 사회복지관		사회서비스자원과	「사회복지사업법」
기타시설	복합	• 결핵 · 한센시설		질병관리본부 (결핵 · 에이즈관리과)	「사회복지사업법」
	이용	• 지역자활센터		자립지원과	「국민기초생활보장법」

찾아보기

인명

내용

저자 소개

최상미(Choi, Sangmi)
연세대학교 Ph.D. (사회복지학)
현 동국대학교 사회복지상담학과 조교수

김아래미(Kim, Ahraemi)
미국 University of Southern California Ph.D. (사회복지학)
현 서울여자대학교 사회복지학과 조교수

사회복지행정론
Management in Human Services

2020년 3월 5일 1판 1쇄 인쇄
2020년 3월 10일 1판 1쇄 발행

지은이 • 최상미 · 김아래미
펴낸이 • 김진환
펴낸곳 • ㈜학지사
04031 서울특별시 마포구 양화로 15길 20 마인드월드빌딩
대표전화 • 02-330-5114 팩스 • 02-324-2345
등록번호 • 제313-2006-000265호

홈페이지 • http://www.hakjisa.co.kr
페이스북 • https://www.facebook.com/hakjisa

ISBN 978-89-997-1789-5 93330

정가 19,000원

이 도서의 국립중앙도서관 출판시도서목록(CIP)은 서지정보유통지원시스템 홈페이지(http://seoji.nl.go.kr)와 국가자료공동목록시스템(http://www.nl.go.kr/kolisnet)에서 이용하실 수 있습니다.
(CIP 제어번호: CIP2020007922)